GEORG MARKUS
Die ganz Großen

Meine Erinnerungen
an die Lieblinge
des Publikums

Mit 151 Abbildungen

AMALTHEA

Bildnachweis

Fotos im Textteil: Klemens Groh (Seite 16), Peter Cermak (48), Wolfgang Weber (74), Michael Horowitz (96, 120), Edwin Walter (152), Th. Ramstorfer/ORF (174), Gino Molin-Pradel (188, 260), Mathias Hadwiger (250), Oscar Horowitz (282), Gabriela Brandenstein (308), Amalthea-Verlag (318).

Fotos im Bildteil: Gabriela Brandenstein (Nr. 1), Doliwa (3, 73), Paul Schirnhofer (4), Johann Klinger (5), ORF (6, 42, 43, 44, 64, 67, 83, 84), Gino Molin-Pradel (7, 15), Frank Hoffmann (8), Kövesdi (9, 14, 47), Gerhard Bartl (13, 30), defd-Archiv (16, 17, 18), Thea Fuchs-Leo-Heinz Hajek (20), Palffy (21, 60), Milan Poupa (22), Ernst Kainerstorfer (23), Österreichische Nationalbibliothek (27, 28, 29), Historisches Museum der Stadt Wien (31), Elisabeth Hausmann (33), Bruno Völkel (38), Scotia International Filmverleih (39), Oefram-Film (40), NDF/Herzog-Film Vogelmann (41), Radio Pictures Inc. (45), Österreichisches Filmarchiv (48), Archiv Rudolf Ulrich (50), Tele-Bunk (56, 57, 65, 72, 75, 76, 78, 79), Foto Renner (53), Norbert Noe (55, 70), Felicitas Timpe (58, 71), Hipp-Foto (59), Z. J. Keglevic (61), Deutsches Filmmuseum, Frankfurt am Main (62), Paramount Pictures (63), Sipa Press (66), Ursula Röhnert (74), Constantin-Film (77), Peter Lehner (85), Archiv der »Neuen Kronen Zeitung«, Privatarchiv des Autors.

Rechteinhaber von Bildern, die nicht geltend gemacht werden konnten, werden gebeten, sich wegen eventueller Ansprüche an den Amalthea-Verlag Wien zu wenden.

© 2000 by Amalthea
in der F. A. Herbig Verlagsbuchhandlung GmbH,
Wien · München
Alle Rechte vorbehalten
Umschlaggestaltung: Wolfgang Heinzel, München
Umschlagillustration Vorderseite: Paul Schirnhofer
Umschlagillustration Rückseite: Domino, US-Press/Udo Schreiber,
Hipp-Foto, Gerhard Bartl
Herstellung und Satz: VerlagsService Dr. Helmut Neuberger
& Karl Schaumann GmbH, Heimstetten
Personenregister: Margit Tiringer
Gesetzt aus der 12,5/17 Punkt Goudy
Druck und Binden: Wiener Verlag, Himberg
Printed in Austria
ISBN 3-85002-448-2

INHALT

Wo bleiben die ganz Grossen?
Vorwort 9

❖

Abschied von einer Legende

Das Jahrhundert der Wessely
oder Der Zauber einer Schauspielerin 15

❖

Die Volksschauspieler

»Wie nehm' ma'n denn?«
Sein Fach hieß »Moser« 33

Er hat für uns gespielt
Wie ich Paul Hörbigers Memoiren-Schreiber wurde 47

Die Tragödie eines Komödianten
Alexander Girardi, das Naturereignis 63

❖

»Die anderen sind auch vom Theater«

Der teuerste Ring der Welt
Josef Meinrad. Das letzte Interview. 73

VERGESSEN WIR EINMAL DEN KAISER
Katharina Schratt, die Schauspielerin   85

»WAS ICH BIN, VERDANKE ICH DER PAULA«
Eine Begegnung mit Attila Hörbiger   95

»DU WIRST DOCH NICHT AUCH
AUF MICH HEREINFALLEN«
Die ganz Großen des Burgtheaters   103

TANTE HILDA GREIFT EIN
*Ein Gespräch mit der 102-jährigen Rosa Albach-Retty.
Und wie es dazu kam.*   119

VOM WIRTSHAUSTISCH
IN DEN THEATERHIMMEL
Die ganz Großen des Theaters in der Josefstadt   131

DER ZAUBERER DES THEATERS
»Der Menschenfresser« Max Reinhardt   141

»KOMME SOFORT, HABE FRAU
FÜR DICH GEFUNDEN«
Die Thimigs   151

»EMPFINDSAMER ALS DIE ANDEREN«
Aufstieg und Fall des Oskar Werner   159

Musikalisches Zwischenspiel

»ICH GEH NICHT INS MAXIM«
Johannes Heesters, geb. Danilo   173

DER HERR INSPEKTOR UND DER OPERNSTAR
Ljuba Welitsch heiratet – und lässt sich wieder scheiden   181

CARUSO & CO.
Die Helden des hohen C   187

◆

Die ganz Grossen des Films

EIN SCHAUSPIELER ALS RENAISSANCEFÜRST
Curd Jürgens – Weltstar und Lebemann   197

»ICH WAR NICHT MEHR ROMY«
Vom Leben und Sterben einer Legende   207

»ABER SELBST GELACHT HAT ER NICHT«
Heinz Rühmann, ein Komödiant von höchsten Gnaden   219

ZWEI STUNDEN LANG VERGESSEN KÖNNEN
Die Ufa und ihre Stars   229

»WAS BLEIBT, IST DIE EINSAMKEIT«
Der Mythos Marlene Dietrich   237

AUS DER TRAUM!
Die Kinolieblinge der Wien-Film   249

Hollywood in Rot-Weiss-Rot

Der Regie-Sir
Ein Nachmittag mit Billy Wilder   259

Von »High Noon« bis »Casablanca«
Österreicher in der Filmmetropole   267

Wenn Sterne verblassen
Legende und Wirklichkeit der Hedy Lamarr   273

◆

Die ganz Grossen des Kabaretts

Schau'n Sie sich den an
Erinnerungen an Karl Farkas   281

»In einem kleinen Café in Hernals«
Hermann Leopoldi, Klavierhumorist   301

Er hätte so gerne gelacht
So erlebte ich Maxi Böhm   307

Das Gegenteil vom Herrn Karl
Helmut Qualtinger, wer sonst?   317

Quellenverzeichnis   327

Personenregister   330

Wo bleiben die ganz Grossen?

Vorwort

Keine Frage, auch unsere Zeit hat ihre Stars, hat wunderbare Schauspieler. Die außergewöhnlichen Persönlichkeiten jedoch, deren Auftreten allein uns schon einen kalten Schauer verspüren ließ, ehe sie noch ein Wort gesprochen haben, die gibt es nur noch ganz selten. Von Paula Wessely und Attila Hörbiger, von Oskar Werner und Heinz Rühmann, von Greta Garbo und Marlene Dietrich ging ein solcher Zauber aus. Schwerlich kann man sich vorstellen, dass ein heutiger Bühnenstar vermittelt, was Hedwig Bleibtreu bei den Burgtheaterauftritten ihres Kollegen Josef Kainz empfand: »Nach jeder Vorstellung habe ich den weiten Weg nach Döbling zu Fuß gehen müssen. Es war einfach nicht möglich, in der Straßenbahn nach Haus zu fahren, so aufgeregt hat einen der Mann.«

Sicher, große Persönlichkeiten gibt es nach wie vor, doch sie sind – nicht nur am Theater, sondern auch in der Politik, in der Forschung, im Sport und in vielen anderen Bereichen – rar geworden. Woran liegt es, dass die alles überragenden Erscheinungen immer seltener anzutreffen sind?

Zweifellos ist unsere Zeit viel zu schnelllebig, um eine Persönlichkeit über Jahrzehnte wachsen zu lassen, wie das früher der Fall war. Heute wird ein Star sehr schnell »gemacht« und kann daher ebenso schnell wieder »verlöschen«. Andererseits sind wir durch Film und Fernsehen anspruchsvoll geworden. Wodurch sich die Frage erhebt, ob wir all die »Götter« von einst auch heute noch als solche gelten lassen würden.

Das Fernsehen freilich hat viel dazu beigetragen, die Leitbilder ihrer Faszination zu berauben. Im Theater ist man elegant gekleidet, doch wenn uns Uschi Glas oder Harald Juhnke im Wohnzimmer besuchen, behalten wir die »Patschen« an. Diese Alltäglichkeit bringt es mit sich, dass die Stars unserer Tage fast schon zu »Menschen wie du und ich« geworden sind. Diese scheinbare Nähe stellt zwar vielleicht eine erfreuliche – demokratische – Entwicklung dar, hat den Lieblingen des Publikums aber viel von ihrem Nimbus genommen.

Je ferner sie ihrem Publikum waren, desto mehr wurden sie geliebt, verehrt, bewundert. So schreibt Stefan Zweig in seinen Erinnerungen, dass die Köchin seiner Eltern im Jahre 1897 schluchzend ins Zimmer stürzte, weil sie soeben erfahren hatte, dass die berühmte Burgschauspielerin Charlotte Wolter verstorben war. »Das Groteske dieser wilden Trauer bestand selbstverständlich darin, dass diese alte, halb analphabetische Köchin nicht ein einziges Mal im Burgtheater gewesen war und die Wolter nie auf der Bühne oder im Leben gesehen hatte.«

Den Verlust herausragender Bühnenfiguren zu beklagen, ist nicht der heutigen Zeit vorbehalten. Max Reinhardt erkannte schon in den dreißiger Jahren: »Was dem Theater wie aller Kunst am meisten Not tut, ist die Persönlichkeit.«

Dass diese »Not« seither nicht gelindert wurde, bestätigen zwei kompetente Stimmen unserer Tage: »Es gibt bei uns keine Stars mehr, deretwegen man ins Kino gehen würde«, meinte der

Regisseur Karl Hartl Ende der siebziger Jahre, als sich der Untergang der von ihm gegründeten Wien-Film abzeichnete. Und Oskar Werner stellte am Ende seines Lebens resignierend fest: »Am Theater ist der wundervolle Zauber verloren gegangen, weil die großen Persönlichkeiten fehlen.« Jahrhundertschauspieler wie eine Elisabeth Bergner, ein Raoul Aslan, ein Albin Skoda oder ein Oskar Werner eben, haben ihre Rollen nicht gespielt, sie waren Julia, Mephisto oder Hamlet. Werner Krauß trug in seinem linken Schuh monatelang Einlagen, ehe er am Burgtheater als Richard III. auftrat, um sich auch privat ans Hinken zu gewöhnen.

Auch wenn es heute vermutlich sogar mehr gute und hervorragende Schauspieler gibt als in früheren Zeiten, so ist die Blütezeit der »Giganten« wohl vorbei. Mimen wie Gründgens oder Bassermann wachsen nicht mehr heran. Darunter leidet das Theater, und das dürfte wohl auch ein Grund dafür sein, dass Regisseure Mittel und Wege suchen, um ohne diese einzigartigen Erscheinungen auszukommen. So haben plötzlich Inszenierung, Bühnenbild und Kostüm einen Stellenwert bekommen, den sie früher am Theater nie hatten.

Mein Lebensweg und mein Beruf als Journalist brachten es mit sich, dass ich die Gelegenheit hatte, einige der letzten Jahrhundertkünstler – wie Paula Wessely, Attila und Paul Hörbiger, Josef Meinrad, Rosa Albach-Retty, Curd Jürgens, Heinz Rühmann, Johannes Heesters, Vilma Degischer, Hermann Thimig, Helmut Qualtinger und Karl Farkas, aber auch das Regiemonument Billy Wilder – persönlich kennen zu lernen. Die Begegnungen mit diesen ganz Großen sind unauslöschlich in mir gespeichert. Und ich habe viele der Gespräche, die ich mit ihnen führte, auf Band aufgenommen, um in Erinnerung zu bewahren, was nicht verloren gehen soll.

Ihnen und einigen anderen ganz Großen ist dieses Buch gewidmet.

GEORG MARKUS
Wien, im Juli 2000

Abschied von einer Legende

DAS JAHRHUNDERT DER WESSELY

oder

Der Zauber einer Schauspielerin

Mit Paula Wessely, Wien, im Juni 1991.

Über die Frage, wann das alte Jahrhundert tatsächlich zu Ende ging, wurde viel gerätselt. Am 31. Dezember 1999, sagen die einen. Am 31. Dezember 2000, meinen die anderen. Theaterfreunde freilich lassen weder den einen noch den anderen Tag gelten. Für sie endete das Jahrhundert am 11. Mai 2000, exakt um 21.30 Uhr. Da ist die große Paula Wessely gestorben. Damit also war das Jahrhundert vorbei und ein neues begann.

Denn das 20. Jahrhundert, das war die Wessely. Unsere Großeltern haben schon geschwärmt von ihr, und wir taten es, seit wir denken können. Gerhart Hauptmann und Carl Zuckmayer schrieben ihr die Rollen auf den Leib; George Bernard Shaw drängte darauf, sie kennen zu lernen; und Ingrid Bergman antwortete, als man sie fragte, wer ihr Vorbild sei: »Die Wessely!«

Ich hatte oft die Freude, dieser Frau, der Wessely, zu begegnen, beruflich und privat. Und es war jedesmal ein Erlebnis. Einmal, im Juni 1991, wurde im Hotel Sacher eine Edition ihrer besten Filme auf Video vorgestellt. Ich saß an diesem Abend neben ihr und fragte sie, irgendwann nach dem Dessert, beiläufig, ob sie sich die Filme zu Hause ansehen würde.

»Ja, *Maskerade*«, antwortete Paula Wessely, »*Maskerade* möchte ich gerne noch einmal sehen. Aber leider – ich besitze kein Videogerät.«

Eher aus Höflichkeit denn in der Annahme, sie würde von meinem Angebot Gebrauch machen, erwiderte ich, dass ihr mein Recorder jederzeit zur Verfügung stünde.

Ein paar Wochen später erschien sie tatsächlich in meiner Wohnung. Und sah sich *Maskerade* an.

Ich wusste an diesem Nachmittag nicht recht, auf welche Wessely ich mehr achten sollte – auf die neben mir sitzende oder auf die im Film agierende, fand aber einen guten Mittelweg.

Nach einer halben Stunde etwa – im Ballsaal, bei ihrer ersten Begegnung mit Adolf Wohlbrück – holte die junge Wessely in ihrer Rolle als Leopoldine Dur zu einer wunderbar grazilen Handbewegung aus, mit der sie aber im Rückblick nicht ganz zufrieden schien. »Zu dumm«, unterbrach die neben mir sitzende Paula Wessely die im Film agierende, »zu dumm, das hätte ich anders machen sollen.« Und sie zeigte mir vor, wie's vielleicht besser gewesen wäre.

Auch wenn die kleine Begebenheit nicht wirklich weltbewegend war, bleibt mir unvergesslich, dass die – wie viele meinen – größte Schauspielerin des Jahrhunderts, als sie ihren berühmtesten Film wieder sah, mit einer kleinen Handbewegung, die sie vor sechzig Jahren durchführte, nicht ganz zufrieden war.

Das alte Winzerhaus in der Himmelstraße am Stadtrand von Wien, in dem sie ihr halbes Leben verbrachte, strahlt so viel Ruhe aus und ist voll von Erinnerungen. Die Erzählungen der Paula Wessely waren mit keinem anderen Gespräch zu vergleichen. Da war das Ereignis, einer Jahrhundertkünstlerin zu begegnen, da war der Zauber ihrer Sprache, der Klang, dieser einzigartige Klang.

Für ein Interview mit der Wessely – so man je das Glück hatte, eines zu bekommen –, musste man sich viel Zeit nehmen. Man ging hin, sprach mit ihr, nahm alles, was sie sagte, auf Band auf, schrieb es zu Hause nieder, kam wieder zu ihr zurück. Korrigierte das Geschriebene, kam noch einmal, korrigierte das Korrigierte ... Bis der letzte I-Punkt stimmte, bis alles so da stand, wie sie ihre Worte im Druck vorzufinden gedachte. Ja, wenn jemand ein Leben lang so präzise ist im Rollenerarbeiten, in der kleinsten Bewegung, in jeder Nuance des gesprochenen Wortes, dann ist er auch präzise, wenn es gilt, etwas aus diesem Leben niederzuschreiben. Es war anstrengend, zweifellos. Aber faszinierend.

Sie erzählte damals aus ihren Erinnerungen an Kindheit und Jugend, über ihre Eltern und die Tante Josefine – gesprochen: »Tant' Josefin'«. Sie sprach über ihr Leben mit Attila Hörbiger, ihre Film- und Theaterstationen (»Karriere dürfen Sie nicht schreiben, das klingt so schrecklich eitel«), über ihre Töchter, über die Religion und den Tod.

»Manchmal komme ich mir vor, als wäre ich hundert«, schmunzelte Paula Wessely, als sie mir – rund ein Jahr nach unserem gemeinsamen »*Maskerade*-Erlebnis« – die Erinnerungen an ihr Leben anvertraute. Die langen Gespräche damals, die sich über mehrere Wochen hinzogen, waren gleichzeitig das letzte große Interview ihres Lebens. So viel hatte sie erlebt, dass sie selbst es nicht fassen konnte, erst 85 Jahre alt zu sein.

Von Millionen bewundert, angehimmelt zu werden, das war ihr nicht in die Wiege gelegt worden. Sie kam als Tochter des Fleischermeisters Carl Wessely und seiner Frau Anna, geb. Orth, am 20. Jänner 1907 in der Vorstadt Wien-Sechshaus zur Welt. Ihre Tante, die große k. u. k. Hofschauspielerin Josefine Wessely, war die Schwester ihres Vaters, doch sie war, als Paula geboren wurde, schon seit zwanzig Jahren tot. »Dennoch hörte und las ich in meiner Jugend viel von der Tant' Josefin' und vom alten Burgtheater, an dem sie engagiert war. Ich hätte nie gedacht, dass ich eines Tages selbst dort auftreten würde. Die Scheu vor dem großen Haus war ungeheuer.« Josefine Wessely wurde als Luise Miller, als Klärchen und als Gretchen gefeiert. Sie starb im Alter von nur 27 Jahren während eines Theatergastspiels in Karlsbad.

Josefine Wessely (1860–1887) zählte in ihrer Zeit zu den Großen des Burgtheaters. Die Ähnlichkeit mit ihrer Nichte Paula ist unverkennbar.

»Mein Vater«, setzte Paula Wessely fort, »war ein begeisterter Theatergeher, meine Mutter wäre gar zu gerne Tänzerin geworden.«

Mit fünfzehn, in der Bürgerschule, wusste Paula bereits, »dass das Theater mein Wirkungskreis in späteren Jahren werden soll«.

Dabei wollte sie ursprünglich Lehrerin werden. »Ich habe als Kind gerne Schule gespielt. Mir war aber sehr bald klar, dass ich für den Lehrberuf viel zu ungeduldig gewesen wäre. Die Entscheidung fiel durch meine Deutschlehrerin Madeleine Gutwenger, die mich zum Vorsprechen in die Akademie für Musik und darstellende Kunst brachte.«

Durch Zufall fiel mir vor ein paar Jahren eine Ausgabe der Theaterzeitschrift *Die Bühne* vom 11. Dezember 1924 in die Hände, in der sich ein Kritiker unter dem Titel »Theater der Schauspielschüler« als Prophet in Sachen Schauspielkunst versuchte. In seinem Bericht von einer »Übungsaufführung der Akademie für darstellende Kunst« glaubte der Rezensent in *Wallensteins Lager* die »Marketenderin Mizzi Vlck als kommende Hansi-Niese-Begabung« zu erkennen. Für nicht minder talentiert hielt er »die Damen Duhm, Hradsky und Buschek sowie die Herren Schwandner, Zechel und Aichinger«.

Unnötig zu erwähnen, dass kein einziger der von dem Kritiker »entdeckten« Künstler in die Theatergeschichte eingegangen ist. Neben der Betrachtung in der *Bühne* findet sich jedoch ein Foto der gesamten Schauspielklasse, also auch jener Damen und Herren, die der Kritiker nicht für würdig befunden hat, als Begabungen zu erwähnen.

Und auf diesem Foto ist klar und deutlich Fräulein Paula Wessely zu erkennen.

Womit besagtem Kritiker eine der bedeutendsten Schauspielerinnen des Jahrhunderts nicht weiter aufgefallen wäre. Die Wessely schmunzelte, als ich ihr den Artikel zeigte. »Ist doch ein Glück, dass mich der Herr Redakteur nicht erwähnt hat. Sonst wär' vielleicht nichts aus mir geworden.«

Karl Paryla, ihr Jahrgangskollege in der Akademie, erinnerte sich freilich, dass »ihr außergewöhnliches Talent vom ersten Tag an spürbar war«.

Als Siebzehnjährige spielt sie eine Hofdame in George Bernard Shaws *Heiliger Johanna*. »Die Ehrfurcht vor den Schauspielern war so groß, dass ich es nicht wagte, meinen Fuß ins Konversationszimmer des Deutschen Volkstheaters zu setzen. Denn dort saßen die Schauspieler, die die großen Rollen spielten, und vor ihnen hatten wir tiefen Respekt.«

Zwei Jahre später ist sie am Deutschen Theater in Prag, wo der Kritiker Max Brod, ergriffen durch ihr Spiel, ankündigt: »Nächstesmal werde ich wohl schon ›die Wessely‹ schreiben.« Max Reinhardt holt sie nach Wien und Salzburg, und sie ist »die Wessely«, als ihr 1932 mit *Rose Bernd* in Berlin der Durchbruch gelingt.

»Reinhardt stand ich zum ersten Mal im legendären Elferzimmer des Theaters in der Josefstadt gegenüber. Man hatte mir vorher verraten: Er bringt junge Schauspieler sehr gerne in Verlegenheit, indem er nichts sagt. Glücklicherweise hatte ich die Kraft, auch nichts zu sagen. So sind wir also eine Zeit lang stumm dagesessen. Dann hat er als erster geredet, mir ein paar Fragen gestellt – und von da an gehörte ich dem Theater in der Josefstadt an.«

1933 ist sie das Gretchen in Reinhardts legendärer *Faust*-Inszenierung in Salzburg, im darauf folgenden Jahr wird sie durch *Maskerade* über Nacht weltberühmt. »Am Film faszinierten mich die Möglichkeiten, etwa in der freien Natur zu drehen. Ich war vor *Maskerade* schon zehn Jahre am Theater, hatte aber ein Gesicht, das als nicht fotogen galt. Willi Forst hat mir ein Tor geöffnet, als er den Mut hatte, mich in *Maskerade* zu besetzen. Es war mein Glück, zur richtigen Zeit dazugekommen zu sein, als der Stummfilm vom Tonfilm abgelöst wurde.« *Episode*, *Späte Liebe*, *Der Engel mit der Posaune*, *Cordula* waren weitere Stationen ihres Filmschaffens.

Mitunter ist man enttäuscht, wenn man großen Schauspielern privat begegnet. Was an ihnen fasziniert, ist oft doch »nur« gespielt. Ganz anders war es bei Paula Wessely, die ihr Visavis auch im persönlichen Gespräch bezaubern, durch ihre Ausstrahlung gefangen nehmen konnte. Unsere Gespräche fanden in ihrem Garten, im schattigen Innenhof oder in der Bibliothek ihres Hauses in der Grinzinger Himmelstraße statt. Dieses Haus passte auch in einzigartiger Weise zu ihr. Es ist elegant, ohne schick zu sein, riesengroß und doch verwinkelt. Als Kind bin ich, von Wienerwaldtouren kommend, immer wieder daran vorbei marschiert, und meine Eltern haben jedesmal darauf hingewiesen, dass hinter diesen Mauern die berühmteste Schauspielerin des Landes lebte. Ich war sehr beeindruckt, wenn auch eher von der geheimnisvollen Nachricht und den Mauern des lang gestreckten Gebäudes mit dem breiten, dunkelgrünen Tor – zumal ich keine Ahnung hatte, was eine »berühmte Schauspielerin« sein mochte.

Jetzt aber, als ich das Haus von innen sah und ihr gegenüber saß, da wusste ich es längst. Ich hatte sie im Burgtheater gesehen oder in Aufzeichnungen ihrer großen Rollen. Als Genia Hofreiter im *Weiten Land*, als Mrs. Arbuthnot in *Eine Frau ohne Bedeutung*, als Nora Melody in *Fast ein Poet*. »Meine Theaterauftritte, das sind Erinnerungen an eine andere Zeit«, sagte sie. »Inzwischen ist so viel passiert, so viel versunken am Theater und in der Welt überhaupt. Gleichgeblieben ist nur der Mangel an guten und publikumswirksamen neuen Bühnenstücken. Abgesehen davon nimmt das Theater nicht mehr die Stellung ein, die es zu meiner Zeit hatte. Das tut mir weh, denn es hat mir und meiner Generation so viel Freude bereitet.«

Zurück nach Prag, 1926. Dort lernt sie Attila Hörbiger kennen. »Ich war neunzehn Jahre alt, wurde als blutjunge Schauspielerin des Deutschen Theaters vom Ehepaar Dittrich liebevoll als ›Kind im Haus‹ aufgenommen. Wir wohnten Smečka – so hieß die Straße – Nummer 33. Vom Wenzelsplatz links hinein, das weiß ich noch. Durch die Familie Dittrich, er war Professor für Gerichtsmedizin, und beide waren unglaubliche Theaterliebhaber, begegnete ich damals, wenige Jahre nach dem Zusammenbruch der Monarchie, einem bunten Kreis interessanter Menschen. Die Gesellschaft in Prag war doch ganz anders als die in Wien. Ich habe ungeheuer viel gelernt, was mir menschlich und in meinem Beruf zugute kam, auch deshalb war Prag so wichtig für mich.«

Rund fünfzehn Prozent der Prager waren deutschsprachig, »ein phantastisches Publikum«, für das sie Komödien und Klassiker spielte. *Die neuen Herren* hieß das Stück, in dem sie zum ersten Mal in ihrem Leben mit einem jungen Schauspieler namens Attila Hörbiger auf der Bühne stand. Damals, in Prag, Premiere 10. September 1926. »Wir hatten eine Liebesszene, ich lief auf ihn zu und rannte ihn fast um. Von einer Beziehung keine Rede, ich wusste nicht viel mehr von ihm, als dass er sportbegeistert war, irgendwas mit Fußball. Erst in Wien haben wir uns näher kennengelernt, an der Josefstadt.«

Neun Jahre nach dem ersten Treffen in Prag sollten sie heiraten.

Noch im hohen Alter – er war schon gestorben – freute sie sich, »wenn ich Gelegenheit habe, einen Film mit Attila im Fernsehen zu sehen. Da sehe ich nicht nur den Schauspieler Attila Hörbiger, sondern auch meinen Mann. Es ist wie ein Wunder, ihn lebendig vor mir zu haben, und mir kommen eine Fülle von Gedanken über die Zeit, wie es damals war, auch außerhalb der Dreharbeiten, als dieser Film entstanden ist.« Sie sah zum Fenster hinaus, in den schönen Grinzinger Garten inmitten der Weinberge, als blickte sie den vielen Stunden nach, die sie da unten mit ihm verbracht hatte. »Ich kann gar nicht glauben, dass er nicht mehr da ist. Er hatte die seltene Gabe, auch das Negative positiv zu sehen.«

Eine Gabe, die ihr wohl fehlte.

1936 erhält Paula Wessely ein Traumangebot aus Hollywood, sie lehnt ab und hat es nie bereut. Es gab mehrere Gründe dafür, auch private. »Für mich galt, auch im Film, was Helene Thimig einmal im Salzburger Café Tomaselli zu mir sagte: ›Man kann in einer fremden Sprache nur Theater spielen, wenn man sie von Kindheit an spricht.‹ Die Warner Brothers verlangten, ich müsste zwei Jahre Englisch lernen – das Risiko schien mir zu groß, um dafür meine hiesige Film- und Theaterlaufbahn aufzugeben.«

Die ging mit Riesenschritten voran. Millionen Frauen kleideten sich, trugen ihr Haar wie sie. Die Wessely wurde zum Idol. Doch das waren nur die äußeren Zeichen einer Karriere (verzeihen Sie, Paula Wessely, jetzt hab ich das »eitle« Wort doch niedergeschrieben). Einer Karriere, die hart erarbeitet war. »Zugeflogen ist mir nichts, ich hab' es mir sehr schwer gemacht, habe mir auf den Proben jede Rolle erkämpfen müssen. Mir ging es um die Glaubwürdigkeit in der Darstellung, das war alles. Zufrieden war ich selten. Theater, Film, Erfolg – vieles war dann ganz plötzlich da.«

In den Jahren der Naziherrschaft wirkte sie in einem Propagandafilm mit, den sie besser nicht gedreht hätte. Und den man ihr später zum Vorwurf machte. Sie wollte das in unserem Gespräch nicht beschönigen, es lag ihr nur daran, »dass am Ende meines Lebens nicht das von mir übrig bleibt, und sonst gar nichts. Ja, es war ein Fehler, ein schwerer Fehler, dass ich nicht den Mut aufgebracht habe, abzulehnen. Es tut mir leid, dass ich die Dreharbeiten nicht abgebrochen habe – welche Konsequenzen das für mich und meine Familie auch immer gehabt hätte.«

Sicher: Damit konnte sie den Film *Heimkehr* nicht ungeschehen machen. Aber es war ein klares Wort. Das von ihren Gegnern – allen voran Elfriede Jelinek in dem Tendenzstück *Burgtheater* – nicht akzeptiert wurde. Simon Wiesenthal, zweifellos die oberste Instanz in diesen Fragen, bezeichnete das Jelinek-Stück als Höhepunkt einer »miesen Hetzjagd«. Zumal bekannt ist, dass das Ehepaar Wessely-Hörbiger Freunden zur Ausreise verhalf, seine gefährdete Sekretärin weiter beschäftigte und sich dafür einsetzte, dass diese mit ihrem jüdischen Ehemann zwischen 1938 und 1945 in ihrer Wohnung verbleiben konnte. Nach dem »Anschluss« kaufte Paula Wessely formell die Villa Kalbeck, um sie so vor der sicheren »Arisierung« durch die Nazis zu schützen. Florian Kalbeck bestätigte mir gegenüber, dass die Wessely auf diese Weise das Hab und Gut der Familie gerettet hat.

Paula Wessely wirkte sehr ernst, sehr betroffen, wenn sie über diese Zeit und das, was man ihr vorhielt, sprach. Die Angriffe haben ihr den Frieden der letzten Jahre geraubt, sie hat unvorstellbar darunter gelitten.

»Glauben Sie«, fragte sie mich und klopfte dabei eindringlich mit der Hand auf das kleine Kaffeetischchen ihres Wohnzimmers, »glauben Sie, Fritz Kortner, der seine Heimat verlassen musste, hätte nach dem Krieg mit mir gearbeitet, wenn auch nur ein einziger Punkt der Anschuldigungen, die ich mir gefallen lassen muss, zugetroffen hätte?«

Kortner. 1964 spielt sie unter seiner Regie am Burgtheater in dem Ibsen-Stück *John Gabriel Borkmann*. Die kleine Geschichte sei erzählt, um zu zeigen, dass die Wessely nicht nur sehr ernst sein konnte, sondern – was nur wenige wussten – auch über ein beachtliches Quantum feinen Humors verfügte. Kortner war für seine ausführliche Probenzeit bekannt. Nach zwei Wochen aufreibender Vorbereitungen erscheint Paula Wessely in der Kanzlei des Burgtheaterdirektors Ernst Haeusserman: »Es ist wirklich großartig«, sagt sie, »was Kortner alles sagt. Und wie er es sagt. Und diese Gründlichkeit. Heute, nach 14 Probentagen, sind wir glücklich auf Seite sieben des Rollenbuches angelangt. Sagen Sie, Herr Direktor, ist eigentlich auch daran gedacht, dass es in diesem Stück je eine Aufführung geben wird?«

Es war daran gedacht, und es gab auch eine. »Als Frau Wessely ihre Verzweiflung über ein verdorbenes Leben mit ganzer Seele und Stimme darbot«, heißt es in einer Rezension, »da reichte Theater weit über Kalkuliertes hinaus in Bezirke, die sonst nur der Musik geöffnet sind.«

Am 13. Oktober 1984 hatte sie – als Hoffnung in Ferdinand Raimunds *Der Diamant des Geisterkönigs* – ihre letzte Premiere am Burgtheater, es folgte eine Serie umjubelter Leseabende, 1987 zog sie sich für immer zurück. Ob sie die Bühne vermisste, fragte ich sie. »Eigentlich nicht. Eines Tages war's für mich ganz klar, dass ich aufhöre. Ich sollte die Fürstin Ettin in Molnárs *Olympia* spielen, eine Rolle, die mir seinerzeit viel Vergnügen bereitet hat. Als ich dann achtzig war, habe ich mir das nicht mehr zugetraut, weil die körperlichen Kräfte nachließen. Es war mir beschieden, im richtigen Moment aufgehört zu haben.«

Als Paula Wessely im Herbst 1992 am Wiener Rosenhügel der österreichische Filmpreis für ihr Lebenswerk verliehen wurde, durfte ich die Laudatio halten. Wir setzten uns vorher zusammen, sie legte Wert darauf, dass ich jedes Wort der Bewunderung, der Wertschätzung, der Betonung ihrer Größe vermeide. Ich habe es dann doch nicht ganz geschafft und gesagt, was sie uns allen bedeutet. Ihren strafenden Blick werde ich nie vergessen.

Sie dankte bescheiden unter *Standing Ovations*, wie ich sie davor und danach nie wieder erlebte. Wenn sie an die Leistungen der wirklich Großen – der Ärzte, der Forscher und Erfinder – dachte, so sagte sie, »dann war das nicht sehr viel, was ich den Menschen geben konnte«.

Zurück wieder in die Himmelstraße Nr. 24. Sie sitzt, während sie Bilanz zieht, im ersten Stock des Hauses, der immer ihr Bereich war. Im Parterre logierte Attila Hörbiger, jetzt lebt dort ihre Tochter Maresa. »Es war ein buntes, gnadenreiches Leben«, sagt die Wessely und streift mit einem Blick die vielen Bücher ihrer Bibliothek. »Zwei Kriege, viel Leid, aber auch sehr viel Freude durch

Beruf und Familie. Drei gesunde Kinder zur Welt gebracht zu haben, das hat mich mit Stolz erfüllt. Aber es war mir immer bewusst, dass ich ihnen zu wenig Zeit widmen konnte. Heute bin ich glücklich und dankbar, dass alle drei als Schauspielerinnen einen sehr, sehr guten Weg gehen. Sie setzen jetzt die Tradition aus meiner und aus der Familie meines Mannes fort. Anfangs war es für sie belastend, immer wieder mit mir verglichen zu werden. Gott sei Dank ist es ihnen gelungen, sich vollkommen zu lösen und einen eigenständigen Weg zu gehen. Jetzt im Alter mache ich für meine Töchter dieselben Ängste durch, die ich seinerzeit um das Gelingen meiner eigenen Rollen durchgestanden habe.«

Hin und wieder sah man die Doyenne des Burgtheaters auch in ihren letzten Lebensjahren noch durch Grinzing schreiten, von Einheimischen und Touristen bewundert wie eine Königin. Sie lebte nicht wie ein Star, wie eine Diva, sondern sehr bürgerlich. »Manchmal«, vermerkte, sie, »scheint es in Wien so zu sein: Ist man wer, haben sie's nicht gern. Ist man niemand, passt es ihnen auch nicht. Ich persönlich muss den Menschen dankbar sein, dass sie mir über eine so lange Zeit so viel liebevolle Anhänglichkeit zeigen.«

Paula Wessely war gläubig und befasste sich zuletzt intensiv mit dem Sterben. »Ich lese darüber in den Schriften bedeutender Theologen«, sagte sie, »ich lande aber doch wieder bei meinem Kinderglauben nach altkatholischem Bekenntnis. Und so erhoffe ich mir, im Jenseits all den Menschen, die ich geliebt habe, wieder zu begegnen.«

Als sie dann, im Mai 2000, am Ende ihres Jahrhunderts und am Anfang des neuen, im Alter von 93 Jahren gestorben war, fragten viele, warum die Wessely – ausgerechnet die Wessely! – nicht mit einer großen Trauerfeier verabschiedet worden sei. Sie hatte ihre Töchter in ihrem Letzten Willen ersucht, nur ja nicht, wie das bei Ehrenmitgliedern des Burgtheaters üblich ist, im Foyer des Bühnenhauses aufgebahrt und dann um das Gebäude getragen zu werden. Paula Wesselys schriftlich deponierte Begründung lautete: Sie hätte sich nie als reine Burgschauspielerin, sondern vielmehr als österreichische Schauspielerin gesehen. Sie hätte auch gefunden, es gäbe Berufenere, die dem Burgtheater mehr gedient haben. Und sie war der Auffassung, dass ein so großes Zeremoniell zu teuer wäre.

Sie dachte schließlich, dass ihr Abgang »ein privater« sein sollte.

»Privat« war dann auch die Trauerfeier in der kleinen Grinzinger Kirche, in der nur Familie und enge Freunde Platz fanden. Der Abschied war so ruhig, so schlicht, wie das Leben, das sie gerne geführt hätte. Sie selbst hatte noch alles minuziös geplant, von der ökumenischen Einsegnung mit zwei katholischen und zwei altkatholischen Priestern, bis hin zu Schuberts »Streichquintett«, dargeboten von fünf Herren der Wiener Philharmoniker. Es waren dieselben Klänge, mit denen man einst Attila Hörbiger verabschiedet hatte.

»Privat« ist schließlich auch der Ort ihrer letzten Ruhe. Werner Krauß, Curd Jürgens, Hans Moser, Paul Hörbiger und viele andere der ganz Großen wurden am Wiener Zentralfriedhof bestattet. Alle recht nah beisammen, in Ehrengräbern, als stünde der letzte – gemeinsame – Auftritt noch bevor. Paula Wessely hingegen ließ sich an der Seite ihres Mannes, in Grinzing, begraben. Fernab von den Freunden und Kollegen aus der alten Zeit.

»Manchmal«, schreibt Joachim Kaiser in seinem Nachruf in der *Süddeutschen Zeitung*, »gibt es auch Gründe, die ein höheres Alter vorteilhaft erscheinen lassen. Und wäre es nur der, die Wessely noch erlebt zu haben – und dafür dankbar zu sein.«

Die Volksschauspieler

»Wie Nehm' ma'n denn?«

Sein Fach hieß »Moser«

Man verwendet das Wort »unersetzlich« vielleicht allzu leichtfertig. Einige Jahre nach dem Ableben eines großen Künstlers stellt sich dann oft heraus, dass auch er zu »ersetzen« ist. Nicht als Mensch und Persönlichkeit, aber doch in seinem Beruf. Selbst die Darsteller der klassischen Rollen haben ihre Nachfolger gefunden. Wenn die Erinnerung an die ganz Großen auch noch so wehmütig stimmen mag – andere spielen ihre Rollen, müssen ihre Rollen spielen.

Aber wer ist Hans Mosers Nachfolger?

Auch nach so vielen Jahren scheint das Wort »unersetzlich« für ihn keineswegs übertrieben. Es wird keinen geben, der sein »Fach« übernimmt. Ein Fach, das in keine der üblichen Kategorien des Theaters und des Films einzustufen ist. Sein Fach ist nicht das des Komikers oder Charakterdarstellers. Sein Fach heißt »Moser«. Und es konnte im Film nur einmal, ein einziges Mal, besetzt werden. Oder wäre eine Neuverfilmung des Dienstmanns mit einem anderen denkbar?

Könnte irgend jemand sonst seinen Tanzlehrer Hofeneder in *Wir bitten zum Tanz* spielen? Oder die tragikomische Figur des Dieners in *Herrn Josefs letzte Liebe*?

Meinen Zugang zu Hans Moser fand ich über Paul Hörbiger, der mir viel von ihm erzählte, von den Extempores, mit denen die beiden ihre Rollen bis fast zur Unkenntlichkeit verändert hatten, aber auch von der tiefen Menschlichkeit, die Moser außerhalb des Studios zeigte. Geliebt hab' ich ihn schon früher, wenn er in seinen Filmen, sich mehrmals um die eigene Achse drehend, über den Bildschirm huschte.

Als im Herbst 1989 – also ein Vierteljahrhundert nach Mosers Tod – der künstlerische Nachlass des Volksschauspielers freigegeben wurde, wurde mir die Ehre zuteil, mit der Veröffentlichung betraut zu werden. Der Moser-Schatz war bis dahin in Kisten und Kartons verpackt. Tausende Fotos und Erinnerungsstücke lagerten jahrzehntelang in einer leer stehenden Wohnung aus Mosers Besitz, ohne dass irgendjemand davon Kenntnis hatte. Mehr als sechzig Jahre hatte seine Ehefrau Blanca alles gesammelt: jedes einzelne Bühnen- und Filmfoto der langen Karriere ihres Mannes, Kinoplakate und Theaterzettel, Hunderte handgeschriebene Rollenhefte, Kritiken und Zeitungsausschnitte. Aber auch Kurioses wie das »Polizeiliche Führungszeugnis für Herrn Hans Moser-Julier«, Bahn- und Flugbilletts seiner Reisen und ein Arztrezept aus dem Jahre 1928. Oder den Kaufvertrag seiner Villa, Mosers Burgtheatervertrag (öS 17 000,- brutto pro Monat) und sämtliche Honorarnoten seiner Filmengagements (für *Hallo Dienstmann*, 1951 gedreht, erhielt er als Gage 200 000 Schilling).

Da lagen sie also vor mir, die riesigen, prall gefüllten schwarzen Kartons, und ich konnte nicht fassen, was Österreichs großer Volksschauspieler neben seinen Filmen noch alles hinterlassen hatte. »Wie nehm' ma'n denn«, stand da in verwinkelter Kurrentschrift auf einem vergilbten Blatt Papier – zwischen Filmplakaten und alten Rechnungen steckte Mosers eigenhändig verfasstes Manuskript des Dienstmanns, der berühmten Szene, die er sich 1923 auf den Leib geschrieben hatte.

»Wie nehm' ma'n denn?« Hans Mosers Originalhandschrift – Auszug aus seiner berühmten Solonummer »Der Dienstmann«.

In einer anderen Kiste fand ich einen dramatischen Brief an Hitler, in dem er in verzweifelten Worten für seine jüdische Frau interveniert und den »Führer« anfleht, »die für Juden geltenden Sonderbestimmungen gnadenweise zu erlassen«.

Doch Hitler kannte keine Gnade – Blanca Moser musste emigrieren, lebte viele Jahre von ihrem Mann getrennt.

Im »Polizeilichen Führungszeugnis« aus dem Jahre 1948 ist eingetragen, dass Moser »weder als Bettler (!) noch als Mitglied der NSDAP« eingestuft wurde. 1960 ersuchte der als sparsam bekannte Schauspieler die Erzdiözese Wien in einem Brief um »Erlass der Kirchensteuer«, weil er – wie er schreibt – »seit zwei Jahren nichts verdiente, weder beim Film noch am Theater«.

Dabei hatte er in diesen beiden Jahren sieben Filme gedreht …

Hans Mosers Leben stellte sich mir nun in den vielen Dokumenten und Aufzeichnungen seines Nachlasses dar. Zuallererst erstaunt, wie lange es dauern sollte, bis man die wahre Größe dieses Mannes erkannt hatte. Es war ein schmerzlicher Weg, der ihn erst in reifen Jahren zum Erfolg und damit zu den Rollen führte, die er so unnachahmlich spielte.

Er wurde am 6. August 1880 als Sohn des Franz und der Serafina Julier in Wien geboren. Die Mutter war Wienerin und betrieb am Naschmarkt ein kleines Milchgeschäft. Den Vater, einen gebürtigen Ungarn, hatte es als jungen Mann in die Haupt- und Residenzstadt verschlagen, wo er als Maler und Bildhauer arbeitete. Dem Umstand, dass seine Vorfahren ursprünglich aus Frankreich stammten, verdankte Hans Moser – der wienerischste aller Schauspieler – seinen so unwienerischen Namen Julier.

»Schauspieler willst werden? Mit der Stimm' und der Figur?« Das war die erste Reaktion des Vaters, als er erfuhr, dass sein Sohn nach Abschluss der Handelsschule zur Bühne wollte. Auch die Aussage von Direktor Gutmayer – dem Leiter der privaten Theaterschule Otto – war alles andere als ermutigend: »Talent haben S' keines, junger Mann, aber wenn S' wollen, können S' bleiben!« Diese »Gnade« wurde Johann Julier zuteil, weil sich die Theaterschule in einer finanziellen Notlage befand und das monatliche Schulgeld in Höhe von fünfzehn Gulden dazu beitrug, das künstlerische Lehrinstitut über Wasser zu halten. Den tatsächlichen

Schauspielunterricht erhielt er dann von einem entfernten Verwandten, dem Hofschauspieler Josef Moser, der als Episodist am Burgtheater engagiert war. Ihm zu Ehren sollte sich Johann Julier später Hans Moser nennen.

Mit siebzehn Jahren war er also ein mehr oder weniger ausgebildeter Schauspieler und verließ seinen Posten in der Buchhaltung eines Lederwarengeschäfts, um zum Theater zu gehen. Damals, knapp vor der Jahrhundertwende, existierten drei Kategorien von Bühnenhäusern: die großen Theater in Berlin, Wien und Prag, von denen ein Anfänger nur träumen konnte, sowie hervorragende deutschsprachige Bühnen in der sogenannten »Provinz«: Reichenberg, Aussig, Czernowitz, Pilsen, Graz, Linz. Doch auch dort hatte kein Prinzipal Interesse an dem 1,58 Meter kleinen, ambitionierten Schauspieler aus Wien.

Blieb nur die »Schmiere«, die unterste Stufe des Theaterbetriebs. Schmutzige Gasthaussäle in Friedek-Mistek, Guben, Namslau, Neutitschein. Hans Moser war dazu verdammt, dort aufzutreten. Jahre vergingen, und er kehrte immer wieder – mit kurzen Unterbrechungen durch etwas bessere Engagements in der »Provinz« – zurück zur »Schmiere«. Er spielte die jugendlichen Liebhaber, für deren Darstellung er wirklich nicht geschaffen war, hatte aber auch Chor- und Statisterieverpflichtung, musste Kulissen schieben und Theaterzettel austragen.

Einmal sah er eine Chance, dieser Tätigkeit zu entkommen. Josef Jarno war im Jahre 1902 auf ihn aufmerksam geworden und engagierte den damals 22-Jährigen an das Wiener Theater in der Josefstadt. Doch selbst der große Theatermann erkannte Mosers Genie nicht, bemerkte nicht die komödiantische Begabung dieses

Mannes, ließ ihn fünf Jahre lang in winzigen Episodenrollen auftreten.

Enttäuscht und verzweifelt verließ Moser seine Heimatstadt und bereiste wieder »Provinz« und »Schmiere«, wo man ihm wenigstens etwas größere Rollen anvertraute. Keiner wollte an ihn glauben, nur er selbst wusste von seinem Talent, wie er viel später – 1926, bereits als berühmter Mann – in einem Zeitungsinterview feststellte, das ich in einer der Kisten fand. »Eines möchte ich schon sagen: Das, was ich heute kann, habe ich vor zwanzig Jahren schon gekonnt. Um kein Haar war ich damals anders als heute, ganz gewiss nicht.«

1910 lernte er die Frau kennen, die sich sowohl für sein Privatleben als auch für sein berufliches Fortkommen als Glücksfall erweisen sollte. Blanca Hirschler, zehn Jahre jünger als er, nahm seine Karriere in die Hand. Gemeinsam klapperten sie Kabaretts, Varietés und Nachtlokale ab, sie studierte mit ihm neue Rollen ein, handelte Verträge aus, kümmerte sich um Engagements. Vor allem aber machte sie ihm Mut und half, seine Depressionen zu überwinden.

Nach zahlreichen Absagen durch einschlägige Etablissements sprach er im Jahre 1912 im Kabarett »Max und Moritz« in der Wiener Annagasse vor – und wurde aufgenommen. Für kleine Rollen zwar, aber er konnte endlich als Komiker auf sich aufmerksam machen. Das Kabarett sollte sich als ideales Sprungbrett erweisen. Noch im selben Jahr holte ihn der berühmte Kabarettist Heinrich Eisenbach an sein »Budapester Orpheum« in der Taborstraße in Wiens Leopoldstadt. Moser stand jetzt mit den großen Komikern seiner Zeit auf der Bühne, und sein Weg schien gesichert.

Doch das Glück blieb nur ganz kurz auf seiner Seite. Der Erste Weltkrieg bricht aus, der 34-Jährige wird eingezogen, verbringt vier Jahre im Feld. Endlich heimgekehrt – und stolzer Vater geworden –, muss er wieder ganz von vorn beginnen.

Während des Krieges träumte er davon, das zu spielen, womit seine berühmten Kollegen im Eisenbach-Ensemble ihre Erfolge feierten: Solonummern.

1922 tritt er im Varieté »Reklame« auf der Praterstraße in einer kleinen Rolle in dem Einakter *Nachtasyl* auf. Im Ensemble des Varietés befindet sich eine junge Soubrette namens Friedl Weiss, die jeden Abend nach der Vorstellung, wie Moser bemerkte, vom berühmten Librettisten Fritz Löhner-Beda – der für Franz Lehár den Text zur Operette *Das Land des Lächelns* schrieb – abgeholt wurde. Wie sich bald herausstellte, war die Schauspielerin mit dem angesehenen Schriftsteller verlobt.

Hans Moser witterte seine Chance, wie mir Friedl Weiss viele Jahre später erzählte. »Eines Tages klopfte Herr Moser an meine Garderobentür, trat ein und sagte: ›Frau Weiss, ich bin ein armer kleiner Schauspieler, Sie sind doch immer in Begleitung des Herrn Löhner-Beda. Ich hätte eine Bitte an den Herrn Doktor. Vielleicht könnte er mir eine Soloszene schreiben, das wäre sehr wichtig für mich.‹«

Wie zu erwarten, explodierte der stets unter Zeitdruck stehende Löhner-Beda, als er durch seine Verlobte vom Wunsch des unbekannten Schauspielers erfuhr: »Immer kümmerst du dich um die anderen, ich komm' nicht einmal dazu, dir eine neue Nummer zu schreiben, und das wäre viel wichtiger.«

Moser ließ nicht locker und klopfte schon am nächsten Abend wieder an der Garderobentür des Fräulein Weiss. »No, was hat er gesagt, der Herr Doktor?«

»Sehr gut schaut's nicht aus, Herr Moser. Aber passen S' auf, wenn ich heut aus dem Theater geh, wird er draußen auf mich warten. Da werde ich Sie ihm vorstellen.«

Gesagt, getan. »Herr Doktor Beda – Hans Moser!«

»Ja, meine Freundin hat mir schon von Ihnen erzählt«, stöhnte der Vielbeschäftigte. »Ich soll Ihnen was schreiben. Was hätten S' denn gern?«

»A Type, Herr Doktor, wenn S' mir eine Type schreiben könnten, das wär sehr gut, wissen S', so was Wienerisches.«

»Was für eine Type denn?«

»Ich hab' mir dacht, einen Garderober oder einen Hausmeister oder so was halt.«

»Also gut, ich werd's versuchen«, erwiderte Löhner-Beda – wohl um den Schauspieler loszuwerden. »Kommen S' halt morgen vor der Vorstellung ins *Dobner*.«

Pünktlich, wie vereinbart, betrat Moser am nächsten Abend das beliebte Künstlercafé am Naschmarkt. Fritz Löhner-Beda saß an seinem Stammtisch, hatte die Vereinbarung aber längst vergessen. Er bat um Entschuldigung, sperrte sich eine dreiviertel Stunde lang in die Herrentoilette ein – und kam mit einem fertigen Einakter zurück. Der Titel lautete: *Ich bin der Hausmeister vom Siebenerhaus*.

Löhner-Beda hatte Moser die Szene eines »Hausdrachens« überlassen, der seine »Macht« gegenüber den Wohnungsmietern ausspielte, ohne dabei die Armut und die Erbärmlichkeit seines eigenen Daseins zu erkennen.

Der Direktor des Varieté »Reklame« war sofort begeistert, als er davon erfuhr. »Was, ein Sketch vom Löhner-Beda? Schon gekauft, das ist doch klar.« Drei Tage später spielte Hans Moser mit dem *Hausmeister vom Siebenerhaus* seine erste Solonummer.

Endlich und zum ersten Mal in seinem Leben bekam der jetzt schon 42 Jahre alt gewordene Schauspieler die Chance, sein überragendes Talent unter Beweis stellen zu können. Löhner-Beda war begeistert, als er sah, wie Moser seine Nummer »anlegte«. Er lud Gott und die Welt ins Varieté »Reklame«, und Moser wurde zum Gesprächsthema in Wien. Die berühmte Komikerin Gisela Werbezirk wünschte sich Moser nun als Partner für das von Karl Farkas an der Neuen Wiener Bühne inszenierte Lustspiel *Frau Lohengrin*.

Nach zwei weiteren Nummern, die Löhner-Beda für ihn verfasst hatte – *Der Patient* und *Der Heiratsvermittler* – ging Moser 1923 daran, sich selbst eine Solonummer zu schreiben. Die Idee erwies sich als durchschlagender Erfolg, er spielte die Rolle sein Leben lang: *Der Dienstmann*.

Robert Stolz sah Moser als Dienstmann und empfahl ihn dem Direktor des Ronacher, der ihn sofort für seine neue Revue *Wien gib' acht!* engagierte. Eduard Sekler, der Regisseur des Programms, erinnerte sich viel später: »Damals, im Ronacher, hat Moser, als Dienstmann verkleidet, zum ersten Mal genuschelt. Wir inszenierten die Kofferszene, und irgendwie ergab sich diese eigentümliche Sprechweise. Sie sollte ihm zur Eigenart werden. Und da er merkte, dass das dem Publikum gefiel, hat er es eben beibehalten.«

Einer anderen Version zufolge sei das Nuscheln krankheitsbedingt, durch eine Verkrümmung des Moser'schen Kehlkopfs, entstanden.

Wie auch immer, das Ronacher war – im Gegensatz zu den bisherigen Kellerbühnen – ein großes Theater. Zeitungskritiken erschienen, und Anton Kuh schrieb 1924 von dem »bald in Pallen-

Hans Moser, unvergessen und unverwechselbar: »Der Dienstmann« blieb die Rolle seines Lebens.

berg-Nähe rückenden Hans Moser«. Eines Abends kam kein Geringerer als Charlie Chaplin, auf Kurzbesuch in Wien, ins Ronacher. Moser spielte inzwischen die Solonummer eines Pompfunèbrers, die Karl Farkas für ihn verfasst hatte. Chaplin war hingerissen und kaufte Farkas die Rechte der Verwechslungsszene ab, weil er sie in Amerika verfilmen wollte. Er hat es – aus Respekt vor Mosers Leistung – nie getan.

Die verschenkten Jahre, die Auftritte mit Chor- und Statisterieverpflichtung, des Kulissenschiebens und Zettelaustragens waren vorbei. Jetzt ging alles Schlag auf Schlag. Das Theater an der Wien stieg durch Operetten aus der »Silbernen Ära« zu neuer Blüte auf. Hubert Marischka holte Moser als »Dritter-Akt-Komiker« für die Uraufführung von Kálmáns *Gräfin Mariza* und übertrug ihm von da an eine Traumrolle nach der anderen. Als Moser in Bruno Granichstaedtens Operette *Der Orlow* als Billeteur brillierte, kam Max

Reinhardt ins Theater an der Wien, um ihn zu sehen – und sofort zu engagieren.

Von einem Tag zum anderen stand er, der kurz zuvor noch der »Schmiere« angehört hatte, an vorderster Front. Und Moser wurde zu einem der Lieblingsschauspieler Max Reinhardts. Er gab ihm die Rollen, für die nur er geschaffen schien.

Auf der Leinwand allerdings konnte er sich erst durchsetzen, als die Technik den Tonfilm zuließ. Ab Mitte der dreißiger Jahre zählte Moser dann aber auch zu den meistbeschäftigten und bestbezahlten Filmstars. Er drehte 150 Filme, oft so trivialen Inhalts, dass sie ohne Mosers Mitwirkung unvorstellbar wären. Doch sein Auftreten adelte die banalste Handlung, ließ den Unsinn, der da verbreitet wurde, vergessen. Viele der alten Schwarzweißfilme kann man heute nicht mehr ansehen, sie sind langweilig, verstaubt und überholt – es sei denn, der Moser spielt mit.

Moser war bereits 53 Jahr alt, als er – 1933 – in dem Willi-Forst-Film *Leise flehen meine Lieder* einen kleinen Pfandleiher so überwältigend menschlich darstellte, dass er in einer Zeitung zum ersten Mal als »Volksschauspieler« bezeichnet wurde.

Franz Antel, der in der Nachkriegszeit die meisten Moser-Filme drehte, erklärt die Bedeutung dieses Titels so: »Curd Jürgens und Oskar Werner waren hinreißende Schauspieler. Aber sie haben mit dem Hirn gespielt. Der Moser und der Hörbiger hingegen – die haben mit dem Herzen gespielt. Und deswegen trugen sie, wie nur ganz wenige andere, den Titel Volksschauspieler.«

Das Glück, das die große Karriere und die damit verbundene Popularität brachte, sollte wieder nur auf ein paar Jahre begrenzt sein: Mosers Frau Blanca, die er über alles liebte, musste nach Hitlers

Einmarsch in Österreich das Land verlassen, ebenso Tochter Grete, die nach den Nürnberger Rassegesetzen als »Halbjüdin« eingestuft wurde. Auf Jahre war Moser von seiner Familie getrennt, verzweifelt, allein. Berühmt zwar, aber unglücklich.

Seine beiden letzten Lebensjahrzehnte, nach dem Zusammenbruch des »Dritten Reiches«, waren dann die schönsten seines Lebens. Alles schien perfekt, beruflich wie privat. Nur Tochter Gretl war – das beeinträchtigte die Idylle – in Südamerika geblieben. Sie hatte sich mit ihrer Mutter zerstritten und wurde von ihr, nach Hans Mosers Tod, enterbt. Ein jahrzehntelang andauernder Gerichtsstreit, in dem Grete Hasdeu der Pflichtteil nach dem Erbe ihres Vaters zuerkannt wurde, war die Folge. Jetzt erst, nach Abschluss des Erbschaftsprozesses, konnte auch der künstlerische Nachlass Hans Mosers freigegeben und veröffentlicht werden.

Wie groß der Hass auf ihre Mutter blieb, zeigt ein Brief, den mir Grete Hasdeu im April 1980 aus Buenos Aires schrieb: »Ihn habe ich sehr geliebt. Schade, dass Männer nicht ohne Frauen Kinder bekommen können.«

Mit achtzig hatte Hans Moser sein Comeback als Bühnenschauspieler gefeiert und das Publikum durch tiefe Menschlichkeit berührt, zu der sich nun auch die Weisheit des Alters gesellte. Susi Nicoletti erzählt über die legendären Aufführungen von Schnitzlers *Liebelei* am Akademietheater, in denen Moser als alter Weiring seine Kollegen dermaßen faszinierte, »dass alle, egal ob Arbeiter oder Schauspieler, während er gespielt hat, hinter der Bühne standen, um ihm zuzuschauen. Wir haben unzählige kleine Löcher in die Kulissen gebohrt, nur um den Moser beobachten zu können.«

Hans Moser starb 83-jährig am 19. Juni 1964. Er war bis kurz vor seinem Tod auf der Bühne und vor der Kamera gestanden, selbst im hohen Alter noch unnachahmlich, unerreicht. Und er ist bis heute unvergessen, und wie man auch nach Jahrzehnten ohne falsches Pathos sagen kann: unersetzlich.

Diesem einen Mimen flicht die Nachwelt Kränze.

ER HAT FÜR UNS GESPIELT

Wie ich Paul Hörbigers Memoiren-Schreiber wurde

Mit Paul Hörbiger, Wien, im Frühjahr 1979.

Es muss in den frühen Sommertagen des Jahres 1978 gewesen sein, da läutete bei mir zu Hause das Telefon. Ich glaubte meinen Ohren nicht trauen zu können, als sich eine markante Stimme mit den Worten »Hier spricht Paul Hörbiger« meldete. Wäre der Anruf des Filmstars bei einem damals noch jungen und unbekannten Reporter nicht schon außergewöhnlich genug gewesen, so folgte die eigentliche Überraschung erst. Als er mich nämlich fragte, ob ich nicht mit ihm gemeinsam seine Memoiren schreiben wollte.

Paul Hörbiger. 84 war er damals und selbstverständlich längst eine Legende. Seit vielen Jahren hatten sich prominente Autoren und Verlage um die Veröffentlichung der Lebenserinnerungen eines der letzten lebenden Filmstars im deutschen Sprachraum bemüht. Und dieser große alte Mann rief jetzt ausgerechnet bei mir zu Hause an.

Natürlich gab es eine Vorgeschichte. Ein bekannter Verlag hatte einen noch bekannteren deutschen Schriftsteller als »Ghostwriter« für Paul Hörbigers Memoiren engagiert. Nach Jahrzehnten beharrlichen Schweigens zeigte sich der Liebling mehrerer Generationen endlich bereit, sein bewegtes Leben zu erzählen. Doch die Sache ging nicht gut aus. Dem bekannten Schriftsteller kann man vielleicht gar keinen Vorwurf machen: Paul Hörbiger war – wie ich bald erfahren sollte – sicher kein einfacher Partner für ein so schwieriges Projekt. Es gab immer wieder Meinungsverschiedenheiten zwischen den beiden, zum Bruch kam es aber erst, als der Autor dem Schauspieler die ersten Manuskriptseiten für das geplante Buch vorlegte.

Das Urbild des Wiener Charmeurs, die Inkarnation der vom Heurigen genial inspirierten Kaiser-Franz-Joseph-Girardi-Strauß-Schrammel-Walzerseligkeit, blätterte also in seinen Erinnerungen und musste da im Originalton – Zitat Paul Hörbiger – den nicht gerade wienerischen Satz »Das kommt nicht in die Tüte!« lesen.

»Des gibt's net«, »Aber net mit mir«, »Das könnt's doch net machen« – das wären wohl seine Worte gewesen. Doch mit einer Tüte hatte ein Paul Hörbiger nichts, aber auch schon gar nichts im Sinn.

Das Manuskriptfragment beiseite gelegt und den bekannten deutschen Schriftsteller um Verständnis gebeten, dass er unter diesen Umständen lieber gar keine Memoiren veröffentlichen würde, war eins.

Paul Hörbiger wollte durchaus sein Leben erzählen. Aber wem? Ein Wiener, das wusste er jetzt, sollte es sein, ein Deutscher kam sozusagen nicht mehr in die Tüte.

Ich hatte das eine oder andere Interview mit ihm geführt und mir dabei offensichtlich sein Vertrauen erworben. Und so kam es dann eines Tages zu dem erwähnten Anruf.

Das Jahr, in dem wir dann intensiv an dem Buch arbeiteten, wird für mich eines der großen Abenteuer meines Lebens bleiben. Unvergesslich, wie der alte Mann, der fast siebzig Jahre Theater- und Filmgeschichte geschrieben hatte, erzählen konnte.

Nein, erzählen ist der falsche Ausdruck. Er erzählte nicht, er spielte. Er war ein solcher Vollblutkomödiant, dass er mir jede Szene seines Lebens vorspielte, vorspielen musste. Ging es beispielsweise um den Mordanschlag, der auf ihn verübt wurde, dann hat er nicht einfach davon erzählt, wie jeder andere das tun würde, sondern er spielte mir das Attentat vor: den Täter, der auf ihn schoss, ebenso wie die geschockte Kronzeugin und sich selbst, das schwerverletzte Opfer. Und er war dabei nie ein Herr in den Achtzigern, sondern immer so jung wie damals, als es passierte.

Tatsächlich, auf den jungen, noch unbekannten Schauspieler Paul Hörbiger war ein Eifersuchtsattentat verübt worden. Das Kapitel »Mordanschlag auf Paul Hörbiger« schien mir freilich ein wenig zu sensationell, man kennt ja derartige »Enthüllungen« aus diversen Biografien. »Ohne Beweis wird uns das kein Mensch glauben«, stimmte er mir zu und befand: »Wir müssen in die Nationalbibliothek gehen.« Er erinnerte sich, dass es damals »in irgendeiner Zeitung« eine winzige Erwähnung des Attentats gegeben hätte.

Das war der Augenblick, da ich zum erstenmal das Handtuch werfen wollte. »In den zwanziger Jahren gab es in Österreich zahllose Zeitungen«, entgegnete ich, »wir wissen weder das Jahr noch den Titel des Blattes und sollen eine winzige Erwähnung finden?«

»Wir müssen sie finden«, sagte er in seiner bestimmenden Art.

Tagelang durchwühlten wir Berge alter Zeitungen. Und fanden im *Neuen Wiener Journal* vom 10. August 1921 den Artikel »Die treulose Naive – Liebesdrama zwischen Schauspielern«. Wenn Paul Hörbiger sich etwas vorgenommen hatte, dann zog er es durch. Präzise und kompromisslos.

> **Die treulose Naive.**
> Liebesdrama zwischen Schauspielern.
> (Privattelegramm des Neuen Wiener Journals.)
> Prag, 9. August.
> Der jugendliche Schauspieler Rudolf D i e t z, Sohn eines bekannten Fabrikanten, war mit der Naiven des Prager Deutschen Landestheaters Pippa G e i t k e verlobt, die er bei einem gemeinsamen Engagement am Wiener Volkstheater kennen gelernt hatte. In wenigen Wochen hätte die Hochzeit stattfinden sollen. Dietz benützte die Ferien zu einer Reise ins mährische Mittelgebirge, wo er dieser Tage in dem kleinen Städtchen Wisowitz übernachten wollte. Als er das Fremdenbuch des Hotels nachsah, fand er darin den jugendlichen Bonvivant des Prager Deutschen Landestheaters H ö r b i g e r eingetragen und ging in dessen Zimmer, um den Kollegen zu begrüßen. Er überraschte ihn mit Pippa Geitke, welche die Abwesenheit des Bräutigams zu einem kleinen Ausflug benützt hatte. Dietz zog s e i n e n R e v o l v e r u n d f e u e r t e z w e i m a l a u f H ö r b i g e r, d e r s c h w e r v e r w u n d e t zusammenbrach. Einen dritten Schuß gab er gegen die eigene Brust ab. Sowohl Hörbiger wie Dietz sind s c h w e r v e r l e t z t.

Gesucht und gefunden: Zeitungsnotiz nach dem Attentat auf den damals 27-jährigen Paul Hörbiger im »Neuen Wiener Journal«, August 1921.

Ähnlich aufregend ging's dann weiter in seinem Leben – und auch in unserer Zusammenarbeit.

Paul Hörbiger, das ist ein Spiegel der Zeit- und Kulturgeschichte des 20. Jahrhunderts, von der Monarchie über die Nazidiktatur bis zur Ära Kreisky. Vom Stummfilm- ins Fernsehzeitalter. Geboren 1894 in Budapest, weil sein Vater dort gerade mit der Planung einer U-Bahn für die ungarische Metropole beschäftigt war, wächst Paul als echte »Kaisermischung« in wohl behüteten, gutbürgerlichen Verhältnissen auf. Da sind drei Brüder: Hanns und Alfred, die beiden älteren, und Attila, der jüngere. Vater Hanns Hörbiger ist ein erfindungsreicher Ingenieur, der es versteht, seine Patente in klingende Münze umzusetzen. Die Konstruktion eines revolutionären Ventils bringt der Familie Wohlstand. Berühmt wird Hanns Hörbiger jedoch als Begründer der »Welteislehre«, einer damals Aufsehen erregenden Theorie zur Entwicklungsgeschichte des Planetensystems.

Als Paul neun Jahre alt ist, übersiedelt er – ohne ein Wort Deutsch zu können – mit Eltern und Geschwistern nach Wien. Schon früh begeistert er sich, wie sein Bruder Attila, fürs Theater und den in den Kinderschuhen steckenden Stummfilm. Nach Ende des Ersten Weltkriegs, in dem er es zum Oberleutnant brachte, absolviert er ganze sieben Stunden einer Schauspielschule. »Einen geraden Satz sprechen zu können, erschien mir und meinen Klassenkollegen weniger bedeutsam als die Frage ›Was nimmst du für einen Künstlernamen?‹ Das war unser Hauptthema, darüber konnten wir stundenlang diskutieren.« Paul Hörbiger entscheidet sich für »Paul di Pauli«, bleibt später aber doch seinem wahren Namen treu.

Nach dem ersten Engagement im böhmischen Reichenberg wird er vom Theaterdirektor Leopold Kramer nach Prag geholt, der ihm bald »das Fach der guten Rollen«, wie Hörbiger sagte, zuwies.

Unter den vielen Schauspielern, die ich getroffen habe, gab's keinen Zweiten, der auch nur annähernd so pointiert aus dem Vollen schöpfen konnte, wenn es darum ging, Theateranekdoten wiederzugeben. Und wie er sie erzählen konnte: »Als eine unserer nächsten Premieren am Deutschen Theater in Prag war Roda Rodas *Feldherrnhügel* angesetzt«, schilderte er einmal, »ich spielte den Korporal Koruga. Roda Roda kam persönlich ins Theater und meldete dem Portier: ›Ich möchte, bitte sehr, zu Herrn Direktor Kramer!‹

›Ich darf leider nicht stören, der Herr Direktor ist auf einer Probe von der *Widerspenstigen Zähmung*.‹

›Gehen Sie hin und sagen Sie ihm, der Autor ist da.‹

›Ah so, verzeihen Sie, Herr Shakespeare!‹«

In einer Prager *Hamlet*-Aufführung tritt die junge Schauspielerin Josepha Gettke als Ophelia auf. Hörbiger verliebt sich Hals über Kopf in ›Pippa‹, wie sie von allen genannt wurde, und will sie heiraten.

Und dann das Attentat. »Pippa war in dem tschechischen Dorf Wisowitz auf Urlaub. Nach einem Gastspiel in Marienbad bin ich dort hingefahren, um sie zu besuchen. Wir saßen im Extrazimmer des Dorfgasthauses, als die Tür aufgerissen wurde. Ein Mann raste herein und zielte mit seiner Pistole auf uns.«

Paul Hörbiger breitet seine Arme schützend vor seiner Verlobten aus und ruft: »Auf mich können Sie schießen, aber tun Sie der Pippa nichts!« Der eifersüchtige Verehrer lässt sich jedoch nicht beirren. Drei Schüsse fallen. Der erste trifft Paul, nur wenige Millimeter unterhalb des Herzens, der zweite verfehlt die junge Frau. Dann richtet der Amokläufer die Waffe gegen sich selbst, drückt ab und bricht – nur leicht verletzt, wie sich später herausstellen sollte – zusammen.

Ein Arzt legt Paul Hörbiger auf eine Bahre und ruft den Schaulustigen zu: »Gehen Sie auf die Seite, damit er ruhig sterben kann!«

Tagelang schwebt er zwischen Leben und Tod. Hörbiger wird in das Wiener Sanatorium Hera gebracht, mehrmals operiert, ohne dass sich sein Zustand bessert. Der junge Schauspieler hat noch einen letzten Wunsch: Er will Pippa heiraten. Ein Priester kommt ins Spital. »Zuerst hat er mir die letzte Ölung gegeben, dann hat er uns getraut. Der Attila hat schwarze Lackschuhe mitgebracht, die ich anziehen sollte, aber ich hab ja gar nicht aufstehen können.«

Paul Hörbigers »Rossnatur« siegt. Fünf Monate nach dem Attentat kehrt er zurück nach Prag und feiert als Liliom einen Sensationserfolg. Bald werden die Direktoren anderer Bühnen auf den Star des Deutschen Theaters aufmerksam. Ein Agent unterbreitet ihm das Angebot, nach Frankfurt am Main zu wechseln, doch Hörbiger lehnt selbstbewusst ab: »Wenn ich jemals aus Prag weggehen sollte, dann gibt's nur zwei Möglichkeiten. Entweder ans Burgtheater nach Wien oder zu Max Reinhardt nach Berlin. Was anderes kommt für mich nicht in Frage.«

»Ob du es glaubst oder nicht«, fuhr er fort, als er mir aus seinem Leben erzählte, »zwei Wochen später meldeten sich bei mir fast gleichzeitig die Direktion des Burgtheaters und das Büro von Max Reinhardt.«

Hörbiger entscheidet sich für Berlin, Europas damalige Unterhaltungsmetropole – und Bruder Attila tritt in Prag seine Nachfolge an. Paul wird in den »wilden« zwanziger Jahren schnell ein Liebling des Publikums und die Berliner nennen den unübertroffenen Interpreten des »Fiakerliedes« liebevoll »Fiaker-Paule«. Max Reinhardt ist es schließlich, der Paul einen entscheidenden Rat erteilt, den er sein Leben lang beherzigen sollte: »Herr Hörbiger, bemühen Sie sich nicht allzu sehr, hochdeutsch zu reden. Bleiben Sie beim Wiener Dialekt, das haben die Berliner gern.«

In Berlin kommen die ersten Stummfilmrollen auf das Naturtalent Paul Hörbiger zu, 1928 dreht er *Spione* unter der Regie von Fritz Lang. »So schwer wir es hatten, uns alles zu erarbeiten«, sagte Paula Wessely einmal zu mir – »dem Paul ist's einfach zugeflogen.«

»Um besser extemporieren zu können, habe ich das Textbuch meistens nur schnell überflogen«, bestätigte er diese Aussage seiner Schwägerin. »Und kurz vor Drehbeginn habe ich mir die jeweilige Stelle im Buch schnell noch angeschaut, damit ich weiß, worum es geht. So passierte es, dass ich mitten unter den Dreharbeiten des Edgar-Wallace-Films *Der Zinker* den Regisseur Carl Lamac fragte: ›Entschuldige, wer ist in diesem Film eigentlich der Mörder?‹

Seine Antwort kam prompt: ›Na du, natürlich, du Depp!‹«

Dreihundert Filme – und damit mehr als jeder andere deutschsprachige Schauspieler – hat er gedreht. Aber jetzt, als Paul Hörbiger im hohen Alter zurückblickte auf ein reiches Leben, da wollte er in erster Linie über seine Zeit als Soldat im Ersten Weltkrieg berichten und nicht so sehr von den Filmen und den schönen Partnerinnen, die mit ihm spielten. Fragte ich ihn über Marlene Dietrich oder Zarah Leander, dann winkte er schnell ab und kam einmal mehr auf die Schützengräben zu sprechen, in denen er liegen musste. »Millionen Männer waren im Krieg«, unterbrach ich ihn, wenn er wieder allzu ausführlich vom Kasernenleben in Möllersdorf berichtete, »aber eine Filmkarriere wie du hat sonst niemand gemacht. Darüber wollen die Menschen etwas erfahren.« Er indes kam neuerlich auf die Brussilow-Offensive oder die Schlachten am Isonzo zu sprechen und ich hatte rechte Mühe, ihn über Dreharbeiten mit Willi Forst, Hans Albers und Heinz Rühmann erzählen zu lassen. Er fand das alles nicht so bedeutsam wie den Zusammenbruch der alten Donaumonarchie, der geradewegs in die Katastrophe führte. Das war wohl auch das große Trauma seiner Generation, und deshalb ließ ihn das Thema nicht los. Irgendwie ist es uns dann aber doch gelungen, seinen Anteil an der Filmgeschichte aufzuarbeiten.

Die Nationalsozialisten kommen an die Macht, und Hörbiger empfindet die Situation in Berlin zunehmend als unerträglich. Er fällt mehrmals »unangenehm« auf, schützt seinen jüdischen Sekretär, verhilft ihm dann zur Flucht. Obwohl Hitler ihm bei einem Empfang mitteilte, er sei einer seiner Lieblingsschauspieler, wird Hörbiger zeitweise mit einem Drehverbot belegt. Als er 1940 auf Anweisung von Goebbels eine Rolle im Deutschen Theater nicht übernehmen darf, zieht er die Konsequenzen. Inzwischen geschieden, geht er mit seinen drei Kindern nach Wien und wird Mitglied des Burgtheaters.

Auch hier hat er immer wieder Probleme mit den Behörden. Schon nach seiner ersten Premiere – er spielt die Titelrolle in *Der Franzl* von Hermann Bahr – erteilt ihm der »Reichstheaterdramaturg« die Anweisung, das (verbotene) Wort Österreich in dem Stück wegzulassen. Hörbiger weigert sich und sagt jeden Abend, oft unter stürmischem Applaus, »Österreich«.

So geht es bis kurz vor dem Ende des Krieges weiter. Im Frühjahr 1979 fanden wir, während der Recherchen zu seinem Buch, im American Document Center in Berlin einen dicken »Paul-Hörbiger-Akt«, in dem sämtliche »Untaten« des aufmüpfigen Volksschauspielers penibel aufgelistet sind. Daraus geht auch hervor, dass er lange Zeit viel zu populär war, um ganz »aus dem Verkehr gezogen« zu werden.

Doch Hörbiger ging noch weiter, »zu weit« für die Machthaber. Nachdem er schon einmal in Prag vorübergehend festgenommen wurde, weil er dort das von den Nazis verbotene Lied »Pisnička Česka« gesungen hatte, wird er in Wien ein zweites Mal verhaftet. Der Grund: In den Räumen einer Widerstandsgruppe tauchte ein Scheck über 3000 Mark mit Paul Hörbigers Unterschrift auf.

»Am 20. Jänner 1945 kamen Gestapoleute in mein Hietzinger Haus, um mich abzuholen. Da hab ich plötzlich die Nerven verloren.« Hörbiger läuft ins Badezimmer, schneidet sich mit einer Rasierklinge die Pulsader der linken Hand auf. Nachdem ihm ein benachbarter Arzt erste Hilfe erteilt, wird der Schauspieler ins Gefangenenhaus abgeführt.

Ich habe mit ihm, als wir sein Leben dann auch für das Fernsehen verfilmten, die Zelle besucht, in der er bis Kriegsende gesessen ist. Wiener Landesgericht, E-Trakt, 4. Stock, Zelle 289. Paul standen die Tränen in den Augen, als er hier die Stunden seiner Todesängste nach 35 Jahren noch einmal Revue passieren ließ. »Da bin ich g'sessen, und es war furchtbar. Wir haben alle mit unserem Ende gerechnet, keiner konnte ernsthaft glauben, dass er da wieder lebend herauskommt. Dann brach auch noch Typhus aus, wir wurden kahl geschoren, und es hat entsetzlich gestunken. Viele meiner Zellennachbarn sind an der Epidemie elend zugrunde gegangen.«

Seine Tochter erhielt in diesen Tagen die Nachricht, dass im »Feindsender« BBC eine Aufnahme von Pauls Fiakerlied gespielt und danach vom Sprecher gemeldet wurde: »Diese Stimme ist für immer verklungen, der beliebte Wiener Schauspieler Paul Hörbiger wurde heute Nacht im Wiener Landesgericht hingerichtet«.

Das war zwar ein wenig übertrieben, »aber meine Familie stand unter einem großen Schock, man hat mit dem Schlimmsten gerechnet«.

Am 5. April 1945 ist der Spuk vorbei. Als die Truppen der Alliierten näher rücken, werden die Gefangenen überraschend freigelassen. Paul Hörbiger ist der erste »Politische«, der durch das große Tor des Wiener Landesgerichts in Freiheit gelangt. Ihm folgen der spätere Bundeskanzler Leopold Figl und dreitausend weitere Häftlinge.

Paul Hörbiger hat sich nie als Held gesehen, er lehnte es ab, Widerstandskämpfer genannt zu werden – »dafür habe ich zu wenig geleistet. Ich habe nichts weiter getan, als meine Meinung gesagt. Was eine Diktatur wirklich ist, das habe ich, wie die meisten anderen, viel zu spät erkannt.«

Die Gespräche führten wir fast immer in seinem Haus in Wieselburg. Dass es in der Paul-Hörbiger-Gasse lag, war verständlich – die Gemeinde hatte ihren berühmtesten Sohn auf diese Weise geehrt –, dass das Gasthaus, in dem wir hin und wieder einkehrten, »Haus Moser« hieß, war hingegen reiner Zufall – der Wirt hieß wirklich so. Meist bereitete Paul Hörbiger, der leidenschaftlich gerne kochte, unser Mittagessen aber selbst zu. Am Nachmittag erzählte er dann weiter aus seinem Leben, während wir, begleitet von mindestens vier Hunden, über das kleine Grundstück hinüber zu seinen Glashäusern spazierten, in denen der begeisterte Hobbygärtner jede Menge Orchideen, Obst, Gemüse und Salate gepflanzt hatte.

Irgendwann fragte ich ihn, warum er sich denn ausgerechnet in dem kleinen Städtchen, hundert Kilometer westlich von Wien, angesiedelt hätte. Weder der Ort noch das schmucklose Haus in einer Arbeitersiedlung entsprachen den Vorstellungen des Publikums, wie ein Filmstar zu wohnen hat.

»Ja, das ist so eine Geschichte«, lachte er. »Ich hab' einmal in der Gegend gedreht, da lud mich der Verwalter eines benachbarten Schlosses ein, ich könnte auf dem an der Erlauf gelegenen Gut jederzeit fischen. Es war ein Paradies für Petrijünger, und so kaufte ich das kleine Grundstück hier im nahen Wieselburg und baute das Haus drauf. Ein paarmal habe ich dann auf dem herrschaftlichen Gut den Fischereihimmel auf Erden erlebt. Aber das Glück hielt nicht lange an. Mein Sohn Thommy hatte damals ein Tanzlokal in der Wiener Innenstadt, in dem eines Abends ein Betrunkener randalierte. Thommy wies ihn aus dem Lokal. Was soll ich dir sagen – der Randalierer war ausgerechnet der Sohn des Verwalters vom Schloss. Seither sitz ich in Wieselburg, aber zum Fischen bin ich nicht mehr gekommen.«

Paul Hörbiger setzte seine Karriere nach dem Krieg fort. Spielte wieder am Burgtheater – von dem aus er jeden Abend per Bahn ins entlegene Wieselburg fuhr – drehte Filme, vor allem und am liebsten mit seinem kongenialen Partner Hans Moser, der, wie er sagte, »ein einmaliger Glücksfall für mich gewesen ist«. *Hofrat Geiger, Hallo Dienstmann, Ober zahlen, Hallo Taxi* … zeugen davon.

Zwei Volksschauspieler, die auch außerhalb des Studios der Typ Wiener waren, den sie im Film verkörperten. Moser blieb, auch als reicher und berühmter Mann, der raunzende Kleinbürger. Hörbiger war immer Lebemann. Und wie sie lebten, so sind sie auch gestorben. Moser, der Sparsame, als Millionär. Hörbiger, der Bonvivant, hatte die Gagen seiner Filme aufgebraucht. Er hatte, im wahrsten Sinne des Wortes, gelebt.

Ein Volksschauspieler, wie er im Buche steht: Lebemann und Publikumsliebling Paul Hörbiger.

Es bereitete Paul Hörbiger sichtliches Vergnügen, in den vielen Gesprächen, die wir miteinander führten, einmal noch sein langes, reiches Leben Revue passieren zu lassen. Seine Töchter Christl und Monica sagten mir nach seinem Tod, das Erinnern und der anschließende Erfolg des Buches, das wir *Ich hab' für euch gespielt* nannten, hätten ihm ein Jahr voller Freude geschenkt.

Als wir, wie erwähnt, seine Memoiren, nach Erscheinen des Buches, an den Stätten seiner Karriere verfilmten, fuhren wir auch nach Berlin, Reichenberg und Prag. Im Prager Restaurant Opera Grill hatten wir nach Drehschluss, beim Abendessen, ein berührendes Erlebnis. Wie so oft, wenn der große Mann mit dem schlohweißen Haar ein Lokal betrat, applaudierten die Gäste spontan. Der Pianist unterbrach seine Musik, spielte eine andere Melodie, und Hörbiger rannen plötzlich – wie auch damals schon, in seiner Zelle – dicke Tränen über beide Wangen. Als das Lied verklungen war, stand er auf und umarmte den Klavierspieler.

Was war geschehen? Der Musiker Arnos Vrana hat jenes tschechische Volkslied »Pisnička Česka« intoniert, das 1940 Anlass für Hörbigers Verhaftung durch die Gestapo gewesen war, nachdem es die Nazis verboten hatten. Und jetzt, vierzig Jahre später, spielte derselbe Pianist, als er Hörbiger erkannte, dieses Lied noch einmal. Und beide lagen einander weinend in den Armen.

Paul Hörbiger stand bis zuletzt auf der Bühne des Wiener Burgtheaters. Er starb am 5. März 1981 im Lainzer Krankenhaus in Wien. Wo ich ihn wenige Tage vor seinem Tod ein letztes Mal besucht hatte. Fast 87 Jahre alt und gezeichnet von der Schwäche seines Herzens, war er auch im Angesicht des Todes der Alte geblieben, hatte seinen Humor nicht verloren. Als ich ihm am Krankenbett erzählte, dass dem beliebten Schauspieler Alfred Böhm – seinem Nachbarn in Wieselburg – als Nächstem die Goldene Kamera überreicht würde, sagte Paul, dem sie vier Jahre zuvor verliehen worden war: »Jetzt ist Wieselburg die Stadt mit den meisten Goldenen Kameras pro Kopf der Bevölkerung.«

Mit den Worten »Ihr werdet's net so lang um mich weinen, wie ihr über mich g'lacht habt's«, ließ Paul Hörbiger seine Memoiren ausklingen. Wenn wir heute einen seiner Filme sehen, sind wir glücklich, über ihn lachen zu können. Und traurig, dass es ihn nicht mehr gibt.

Die Tragödie eines Komödianten

Alexander Girardi, das Naturereignis

Wir können sein komödiantisches Talent nur erahnen, kaum jemand der heute Lebenden wird Alexander Girardi noch auf einer Bühne gesehen haben. Und wir können seine Zeitgenossen zu Rate ziehen. Felix Salten etwa, der »Schauspieler wie Girardi als Naturereignisse« bezeichnete, »die auch wie diese mit unwiderstehlicher Macht wirken. Erscheinungen wie er gehen neben der Kunst einher, gehen, wenn man will, manchmal hoch über die Kunst hinaus. Man muss sie hinnehmen, wie man ein Wunder hinnimmt, muss sie als Wunder staunend genießen.«

Alexander Girardi, so wird erzählt, hätte einmal den alten Kaiser bei einem Spaziergang durch Bad Ischl begleitet, da drehten sich die Leute um und fragten: »Wer ist denn der alte Herr neben dem Girardi?« Es wird schon nicht ganz so gewesen sein, aber die Episode zeigt, wie populär der Volksschauspieler war. Jeder Wiener, der auf sich hielt, trug einen Girardihut, stützte sich auf einen Girardistock, sprach und bewegte sich wie Girardi. Johann Strauß hatte einige seiner schönsten Melodien für ihn geschrieben, kurzum: Österreich war im Girardi-Fieber.

1850 in Graz geboren, musste der junge »Xandl« vorerst gegen seinen Willen das Schlosserhandwerk erlernen. Erst nach dem Tod des strengen, aus Cortina d'Ampezzo eingewanderten Vaters konnte er zum Theater gehen. Ohne Schauspielausbildung debütierte er 19-jährig in Nestroys *Tritsch-Tratsch* am Sommertheater von Rokitsch-Sauerbrunn. Nach mehreren Provinzengagements ging Girardi ans Strampfertheater auf der Wiener Tuchlauben.

Bald holte ihn das Theater an der Wien, an dem er das Lied »Nur für Natur« in der Strauß-Operette *Der lustige Krieg* so unvergleichlich interpretierte, dass er über Nacht berühmt wurde. Mehr als zwanzig Jahre blieb er an diesem Theater, an dem er in den komischen Rollen fast aller Strauß-Operetten wahre Triumphe feiern sollte. So kreierte er den Frosch in der *Fledermaus* und den Zsupan im *Zigeunerbaron*. Er war in seiner Glanzzeit so populär, dass er es sich leisten konnte, den wohl kuriosesten Vertrag der Theatergeschichte abzuschließen. Da er mit der Eigentümerin und Direktorin des Theaters an der Wien verfeindet war, lautete eine Passage seines Kontrakts: »Wenn Herr Girardi die Bühne betritt, hat Fräulein von Schönerer dieselbe augenblicklich zu verlassen.«

1885 hob er das Fiakerlied von Gustav Pick bei einem Praterfest der Fürstin Pauline Metternich aus der Taufe, später – nach seinem Abgang als »Dritter-Akt-Komiker« am Theater an der Wien – gastierte er auf allen großen Bühnen der Stadt, zeigte seine unübertroffene Komödiantik vor allem in den großen Raimund-Rollen.

Seine Karriere hätte keinen besseren Verlauf nehmen können – doch sein Privatleben entwickelte sich zur Katastrophe. Von Millionen geliebt, bewundert, verehrt, lernte Girardi – just auf dem Höhepunkt seiner Popularität – die Hölle auf Erden kennen.

Schuld an der Tragödie, die im Leben und nicht auf einer Bühne zur Aufführung kam, war die Liebe zu seiner Frau, der ebenso populären wie schönen Helene Odilon. Die Schauspielerin des Wiener Volkstheaters galt als verführerischste Frau ihrer Zeit, mit ihrem schmiegsamen Körper und der ihr eigenen sinnlichen Sprechweise betörte sie Wiens Männerwelt. Und »sie hatte den gesunden Appetit eines jungen Raubtieres«, wie ein Chronist sie beschrieb.

Ausgerechnet diesem »Raubtier« war Alexander Girardi, der ehemalige Schlosserbub, mit Haut und Haaren verfallen. Am 14. Mai 1893 wurde Hochzeit gefeiert, doch schon nach wenigen Monaten kam, was kommen musste: Treu blieb Helene Odilon selbst als Ehefrau nur ihrem Ruf, »Wiens gefährlichste Frau« zu sein. Und Girardi, der sich auch als Volksliebling sein schlichtes Gemüt bewahrt hatte, wurde krank vor Eifersucht. Zwischen der 27-jährigen Herzensbrecherin und ihrem 43-jährigen Ehemann kam es zu erbitterten Szenen.

Konkreten Anlass für die Tragödie gab Helene Odilons Flirt mit dem Bankier Albert Baron Rothschild. In den ersten Dezembertagen verließ sie seinetwegen die eheliche Wohnung in der Wiener Nibelungengasse, um sich im Hotel Sacher einzuquartieren.

Was bisher immer noch als ganz »normale« Ehekrise anzusehen war, wurde jetzt zu einer Affäre, die bald ganz Österreich in Atem hielt. Denn um ihren Mann »loszuwerden«, ersann die Odilon einen teuflischen Plan, der um ein Haar aufgegangen wäre. Die Schauspielerin ließ den berühmten Psychiater Professor Dr. Julius Wagner-Jauregg ins Hotel kommen und beauftragte ihn, den Geisteszustand ihres Ehemannes zu untersuchen. Der spätere Nobelpreisträger setzte sich vorerst mit Girardis Hausarzt Dr. Joseph Hoffmann in Verbindung und ging gemeinsam mit ihm zur Wohnung des »Patienten«, den sie dort jedoch nicht antrafen. Und dann passierte das Unfassbare: Ohne den Schauspieler je persönlich gesehen, geschweige denn untersucht zu haben, stellte Professor Wagner-Jauregg die Diagnose, dass Girardi »vom Cocainwahn befallen, irrsinnig und gemeingefährlich« sei, und beantragte bei der Polizeidirektion dessen Einweisung in die Wiener Irrenanstalt

Svetlin. Später rechtfertigte sich Wagner-Jauregg damit, er hätte sich »auf Dr. Hoffmanns Aussagen verlassen«. Jedenfalls beauftragte Polizeipräsident Franz Ritter von Stejskal mittels Fahndungsbefehl sämtliche Dienststellen, »den Schauspieler Alexander Girardi, wo immer er angetroffen werde, als gemeingefährlich festzunehmen«.

Kurzfristig nahm die Tragödie jetzt eher komödiantische Züge an: Als der Ambulanzwagen mit zwei Wärtern vor Girardis Haus vorfuhr, trat gerade der Nachbar des Schauspielers – ein hochrangiger Staatsbeamter – auf die Straße. Wie so viele Wiener war auch er, mit Strohhut und elegantem Stock, à la Girardi gekleidet. Worauf der gute Mann von den beiden Wärtern in den Krankenwagen gezerrt und ins Privatsanatorium Svetlin eingeliefert wurde.

Girardi, von Freunden rechtzeitig gewarnt, befand sich zu diesem Zeitpunkt bereits auf der Flucht. Er wusste: Die Einzige, die ihm helfen konnte, war seine Kollegin Katharina Schratt – mit der er in Jugendtagen kurzzeitig verlobt gewesen war.

Die Burgschauspielerin und Vertraute des Kaisers erklärte sich bereit, Franz Joseph ehestmöglich von der Affäre zu informieren, und ließ Girardi, um ihn vor seinen Verfolgern zu schützen, in ihrem Gartenhaus in der Gloriettegasse übernachten. Am nächsten Morgen begrüßte Katharina Schratt den Kaiser mit den Worten: »Majestät, in Ihrem Staat geht es schön zu« und erzählte ihm von der Verfolgung Girardis.

Da der gewissenhafte Monarch den umjubelten Theaterstar nicht voreilig »freisprechen« wollte, ordnete er die Einberufung einer ärztlichen Kommission an. »Wenn die konstatiert, dass er gesund ist, lass ich die polizeiliche Verfügung sofort aufheben«, sagte der Kaiser, »früher nicht.«

Tags darauf wurde Girardi von einem Ärztekonsilium unter dem Vorsitz des Psychiaters Regierungsrat Dr. Hinterstoisser untersucht und für »völlig normal« befunden.

Bald danach war der große Komödiant auch von Helene Odilon »geheilt«, die Ehe wurde am 16. Jänner 1896 geschieden. Girardi heiratete später noch einmal und verbrachte mit seiner zweiten Frau Leonie – der Adoptivtochter des Klavierfabrikanten Bösendorfer – zwanzig glückliche Jahre.

Der »Fall Girardi« hatte in allen Teilen der Monarchie einen Sturm der Entrüstung ausgelöst. Wie war es möglich, dass ein Mann ohne ärztliche Untersuchung für geisteskrank erklärt werden konnte? Und wie schützt sich ein Betroffener, der nicht gerade über einen Draht zum Kaiser verfügt?

Die scharfen Presseattacken auf die geltenden »Vorschriften des Irrenwesens« waren von Erfolg gekrönt: Franz Joseph verfügte mittels kaiserlicher Verordnung eine völlige Neuregelung des Entmündigungsverfahrens. Seit damals – und so blieb es bis zum heutigen Tag – ist ein Gerichtsbeschluss notwendig, ehe eine Person in eine Anstalt für Geisteskranke eingeliefert werden kann. Ein »Fall Girardi« könnte sich in dieser Form nicht mehr wiederholen.

Helene Odilon wurde nach Bekanntwerden des Skandals gemieden, die Verbindung mit Baron Rothschild ging bald in Brüche. Die ehemals berühmte Schauspielerin verbrachte ihre späten Jahre in großer Armut. Girardi aber wurde durch die Affäre noch populärer.

Alexander Girardi, begleitet vom berühmten Pianisten Alfred Grünfeld
Zeichnung: Theo Zasche

Am 15. Februar 1918 erfüllte sich sein lebenslanger Traum, als er in der Rolle des Fortunatus Wurzel in Raimunds *Der Bauer als Millionär* zum ersten Mal auf der Bühne des Burgtheaters stand. Doch er konnte die späte Ehrung nicht lange genießen. Nach wenigen Vorstellungen wurde der schwer zuckerkranke Schauspieler ins Spital eingewiesen, wo ihm das linke Bein amputiert werden musste. Er starb dort am 20. April 1918.

»Seine angeborene Tragikomik lag darin«, meinte Anton Kuh in seinem Nachruf, »dass sich hinter seiner Spitzbüberei der Schmerz, hinter dem Schmerz die Spitzbüberei duckte, dass er in derselben Falte seines Gesichtes Spaß und Unglück stecken hatte.« Und noch einmal Felix Salten: »Es wird ein Wein sein und wir wer'n nimmer sein, 's wird schöne Maderln geben und wir wer'n nimmer leben – niemand hat das so gesungen. Niemand, den wir noch hören können, wird das wieder so singen wie er.«

Nach seinem Tod munkelte man hinter vorgehaltener Hand: Der Johann Strauß ist tot, der alte Kaiser ist tot – und jetzt ist der Girardi g'storben. Da wird's die Monarchie a nimmer lang geben.

Ein halbes Jahr später sollte sich diese düstere Prophezeiung bewahrheiten.

»Die anderen sind auch vom Theater«

DER TEUERSTE RING DER WELT

Josef Meinrad. Das letzte Interview.

Mit Josef Meinrad, Großgmain bei Salzburg, im Oktober 1995.

Besuch bei dem zu Lebzeiten schon legendären Schauspieler in Großgmain bei Salzburg. Schmal ist er geworden, sehr schmal. Schmal und zerbrechlich. Einmal noch gibt Josef Meinrad, obwohl er seit Jahren zurückgezogen lebte, ein Interview. Es sollte sein letztes sein.

Germaine, die treue Begleiterin in all den Jahren, ist an seiner Seite. Sie öffnet die Tür des großen Hauses, das einmal eine Scheune mit anschließendem Schweinestall gewesen ist. Als die Meinrads das Anwesen zum ersten Mal gesehen hatten, verliebten sie sich in den für Wohnzwecke völlig ungeeigneten, mit Heu angefüllten Schober. Und ließen daraus ein elegantes Landhaus entstehen.

Das ist lange her. Der Träger des Ifflandrings ist schwer krank.

»Pepi« Meinrad – wie die Nation ihn nannte –, das sind die großen Nestroy- und Raimund-Rollen am Wiener Burgtheater, das sind ein unvergesslicher Liliom und ein unvergesslicher Theodor in Hofmannsthals *Der Unbestechliche*. Josef Meinrad, das ist aber auch Don Quixote, Professor Higgins, das sind unzählige Film- und Fernsehauftritte.

Vor sich, auf dem Tisch seines großen Salons, hat der 82-jährige Schauspieler ein altes, abgegriffenes Heftchen liegen, das er seit Kindertagen akribisch genau führt und das zur Grundlage seiner Erinnerungen wurde. »Meine Vorstellungen« ist vorne auf den Umschlag gekritzelt, und der Schauspieler hat darin jeden Auftritt seines Lebens notiert. 7228-mal stand er auf der Bühne, erstmals mit zehn Jahren, am 1. Oktober 1923, in einer *Wilhelm-Tell*-Aufführung seiner Volksschule. Am 16. Februar 1988 das letzte Mal.

Er leidet an der Parkinsonkrankheit. Durch schwere Medikamente, die er einnehmen muss, hat er 17 Kilogramm verloren. Berühmt für seine Bescheidenheit, sagt er: »Ich bin zufrieden, habe keine Schmerzen. Mit dem Zittern in den Händen kann ich leben. Ich hab' schon so viel gearbeitet in meinem Leben, dass ich's mir leisten kann, nicht mehr spielen zu müssen.«

Er spricht nicht viel, geht langsam und bedächtig durch Haus und Garten. Und ich hatte den Eindruck, dass er sich über jeden Baum, jeden Strauch, jedes Möbelstück, jeden Augenblick seines Daseins freuen kann.

Und an den Erinnerungen. Erinnerungen an ein Leben, in dem einzig und allein seine Auftritte Höhepunkte waren. Josef Moučka, wie er eigentlich hieß, kam 1913 als Sohn eines Straßenbahners und einer Milchfrau in Wien-Hernals zur Welt. Auf Wunsch der Mutter besuchte er die Klosterschule. Der Internatsfreiplatz war mit der Verpflichtung verbunden, nach der Matura Theologie zu studieren.

Doch als sich »Pepi« mit vierzehn zum ersten Mal verliebte, wusste er, dass er für das Priesteramt nicht geschaffen ist. »Die Mutter war sehr deprimiert, aber sie akzeptierte es.« Josef wurde Lehrling in einer Lackfabrik und besuchte nebenbei die Schauspielschule.

Der Alkohol war in Arbeiterkreisen ein großes Problem, also entschloss sich der junge Mann, Mitglied eines Abstinenzvereins zu werden. Tatsächlich hat er in seinem ganzen Leben nie einen Tropfen Alkohol angerührt.

Bis auf einmal, erzählt er, und angesichts der sich anbahnenden Pointe leuchten plötzlich die Augen des alten Mannes kurz auf. »Denn die Wahl eines neuen Vorsitzenden des Hernalser Abstinenzvereins wurde mit großen Mengen Weins begossen.«

Ausgerechnet! »Alle Abstinenzler waren blau.«

Mitte der dreißiger Jahre trat Meinrad an Kleinkunstbühnen auf. 35 Groschen erhielt er pro Abend, »etwas mehr, als ein Tramwayfahrschein kostete«. Die Gage war es auch nicht, die ihn lockte, sondern »dass die Leute ruhig sein müssen, wenn wir auf der Bühne sprechen«. Man glaubt es kaum, dass der große Schauspieler anfangs mit Sprachschwierigkeiten zu kämpfen hatte. Lange noch drang sein »Hernalserisch« durch.

Mit 24 war Josef Meinrad immer noch so arm, dass er, als er die Weltausstellung besuchen wollte – zu Fuß von Wien nach Paris ging! Frankreich wurde dann überhaupt sein Schicksal: Ein Mädchen namens Jacqueline verliebte sich während des Krieges in den jugendlichen Helden des deutschen Fronttheaters in Metz und lauerte ihm nach jeder Vorstellung auf. »Mir ging die Schwärmerei ziemlich auf die Nerven – bis Jacqueline einmal ihre Freundin Germaine mitnahm.«

Mit der er dann 45 Jahre lang verheiratet war.

1947 rief das Burgtheater. Legendär sein Weinberl in *Einen Jux will er sich machen*, sein Schnoferl im *Mädl aus der Vorstadt*, sein Valentin im *Verschwender*. »Ich hatte keinen freien Abend und lebte ganz nach meinem Motto: ›Ein Tag ohne Vorstellung ist ein verlorener Tag.‹«

Einer, der ihm auf der Bühne besondere Beachtung schenkte, war Werner Krauß. Doch Meinrad hat nie etwas davon bemerkt, die beiden haben kaum je ein Wort miteinander gewechselt.

»Ich fiel aus allen Wolken, als Werner Krauß 1959 starb.« Er hatte ihm den Ifflandring, die höchste Auszeichnung, die einem deutschsprachigen Schauspieler widerfahren kann, vermacht. Das prominente Erbe sorgte für große Aufregung, nicht nur in Schauspielerkreisen. »Am meisten habe ich selbst mich gewundert«, erzählte Meinrad, »weil kein Mensch außerhalb Wiens damals diesen 46-jährigen Wiener namens Josef Meinrad kannte, den der große Werner Krauß zu seinem Nachfolger als Träger des Ifflandringes ernannt hatte.«

Meinrad, so gestand er viele Jahre später, hätte bis dahin »nicht einmal gewusst, ob der Werner Krauß überhaupt meinen Namen kannte, ob er mich je bemerkt hatte auf der Bühne. Wir haben zwar ein paarmal zusammen gespielt, aber nie privat etwas geredet. Der Werner Krauß war ja hauptsächlich mit dem Oskar Werner unterwegs, die waren sehr eng miteinander befreundet.«

Oskar Werner soll sich – so erzählt man in Theaterkreisen – von dem Schock nie richtig erholt haben, dass nicht er, sondern Meinrad mit dem »Ring der Ringe« bedacht wurde. Er empfand den »Entzug« der Auszeichnung durch Werner Krauß als Verrat, den sein Freund an ihm begangen habe.

So sehr Krauß die Genialität Oskar Werners erkannt hatte, so sehr wusste er auch von dessen Schwächen: »Der Oskar«, sagte er einmal zu Heinrich Schweiger, »kann sich überhaupt nicht einordnen. Das wird ihm noch einmal sehr schaden.«

So sehr jedenfalls, dass Werner Krauß ihm den Ifflandring verweigerte. Noch Jahre später sagte Oskar Werner voller Bitterkeit: »Sollte ich mir jemals einen Rolls-Royce anschaffen, dann habe ich mein Talent verloren« – ein Satz, der eindeutig auf den Rolls-Royce-Fahrer Josef Meinrad gemünzt war.

Das Tagesgespräch in der Theater- und vor allem Schauspielerstadt Wien gipfelte in einer bitterbösen Anekdote, die »belegen« sollte, wie Meinrad zum Ifflandring gekommen sei: Als Werner Krauß, auf dem Totenbett liegend, gefragt wurde, wer denn nach ihm den Ring erhalten sollte, da röchelte der sterbende Mime mit letzter Kraft die Worte: »Mein Rat ist …« – doch ehe Krauß den Namen nennen konnte, war sein Leben ausgehaucht. Es blieb als letzter Wunsch: »Mein Rat« – und so bekam Meinrad den Ring.

Anekdoten müssen immer zum Lachen, aber nicht immer wahr sein. Dieser Fall beweist es, denn Werner Krauß deponierte schon am 3. Dezember 1954 bei der österreichischen Bundestheaterverwaltung die folgenden Zeilen: »Ich habe den Wunsch, dass nach meinem Tode den Ifflandring Josef Meinrad erhält. Werner Krauß.«

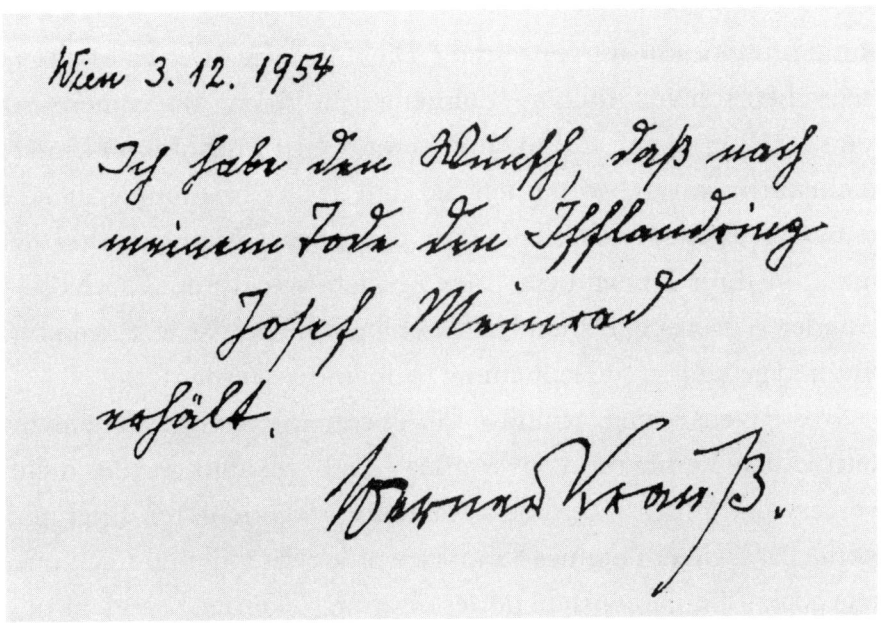

Mit diesem Brief bestimmte Werner Krauß seinen Nachfolger als Träger des Ifflandrings.

In einem weiteren Brief vom 9. Juni 1958 – der sich dann bei der Eröffnung des Testaments im Nachlass fand – begründete Werner Krauß seine Entscheidung: »Lieber Josef Meinrad! Am 28. November 1954 erhielt ich den Ifflandring. Im selben Jahr übergab ich der Bundestheaterverwaltung in Wien meine Verfügung über den Nachfolger. Der Träger des Ringes sind nun Sie, lieber Josef Meinrad. Nicht die Meinung der Kollegen ist maßgebend, nicht die öffentliche Meinung ist maßgebend, wer den Ring bekommt, nur der jeweilige Träger hat darüber zu verfügen. So hat Friedrich Haase dem jungen, modernen Schauspieler Albert Bassermann ihn hinterlassen. Albert Bassermann bestimmte zuerst Alexander Girardi. Er starb. Dann Alexander Moissi. Er starb. Dann Max Pallenberg. Er stürzte mit dem Flugzeug ab. Und da Bassermann abergläubisch war, bestimmte er keinen Nachfolger mehr. Er übergab ihn der Bundestheaterverwaltung. Diese ließ die österreichisch-deutschen-schweizerischen Bühnenangehörigen abstimmen: so kam der Ring an mich. Nun können Sie, lieber Josef Meinrad, mich nicht mehr fragen, warum ich Sie zum Träger bestimmt habe, da muss ich es niederschreiben. Sie, lieber Josef Meinrad, sind für mich, in Ihrer Einfachheit, Ihrer Schlichtheit, Ihrer Wahrhaftigkeit der Würdigste. Darum bitte, nehmen Sie den Ring, tragen Sie ihn und gedenken Sie manchmal meiner. Ihr Werner Krauß.«

Ernst Haeusserman erzählte, dass er den Augenblick, in dem die letztwillige Verfügung von Werner Krauß bekannt wurde, nicht vergessen konnte: »Meinrad las den an ihn gerichteten Brief und schluchzte wie ein kleines Kind. Es wurde sehr still und noch einmal zogen die dämonischen Gestalten des Werner Krauß an uns vorbei.«

Der Ring kam Meinrad teuer, sehr teuer – »er ist der teuerste Ring der Welt«, sagte er mir damals, in Großgmain, nahm er doch von nun an keine seichten Filmrollen mehr an. »Ich wusste, dass mich das Publikum jetzt noch genauer beobachten würde.«

Er blieb dem Burgtheater treu, unternahm Ausflüge ins Musical als *Der Mann von La Mancha* und in *My Fair Lady*. Pfarrer, wie seine Mutter es sich erträumt hatte, ist er keiner geworden, aber er spielte viele Geistliche, in einem Film von Otto Preminger gar den Kardinal Innitzer. »So weit hätte ich es in der kirchlichen Hierarchie nie gebracht, wenn ich wirklich Priester geworden wäre«, lachte er noch einmal kurz auf. Ein Pfarrer teilte ihm einmal mit, dass ihm seine Predigt als Kapuziner in *Wallenstein* Vorbild für eigene Predigten war. Als aber der Abt eines Klosters einmal verriet, er hätte »gerne einen Mitbruder wie den Josef Meinrad im Orden«, meinte der – im Verhandeln von Gagen überaus erfahrene – Chef der Bundestheaterverwaltung: »Ich fürchte, Hochwürden, Sie werden sich ihn nicht leisten können.«

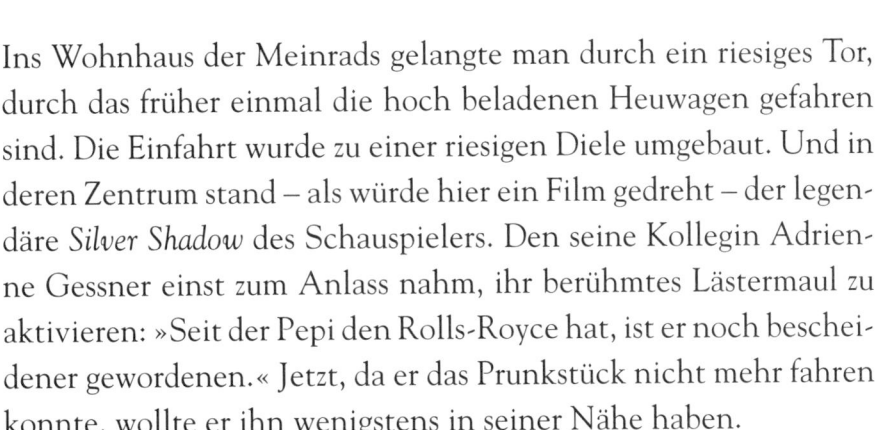

Josef Meinrad als Nestroys »Kampl«, 1978, wie sein Freund Hugo Gottschlich ihn sah.

ZEICHNUNG: HUGO GOTTSCHLICH

Ins Wohnhaus der Meinrads gelangte man durch ein riesiges Tor, durch das früher einmal die hoch beladenen Heuwagen gefahren sind. Die Einfahrt wurde zu einer riesigen Diele umgebaut. Und in deren Zentrum stand – als würde hier ein Film gedreht – der legendäre *Silver Shadow* des Schauspielers. Den seine Kollegin Adrienne Gessner einst zum Anlass nahm, ihr berühmtes Lästermaul zu aktivieren: »Seit der Pepi den Rolls-Royce hat, ist er noch bescheidener geworden.« Jetzt, da er das Prunkstück nicht mehr fahren konnte, wollte er ihn wenigstens in seiner Nähe haben.

Der »Royce« im Wohnzimmer war aber auch schon der einzige Hinweis auf ein außergewöhnliches Leben. Ein Leben, in dem es weder Eskapaden noch Skandale oder Schreiduelle mit Regisseuren gab. »Wenn ich nur von ein paar Täg' sagen könnt': Da war ich ein verfluchter Kerl«, zitierte Meinrad »seinen« Weinberl aus Nestroys *Jux*. »Aber ich war kein verfluchter Kerl, ganz und gar nicht. Und das ist gut so. Ich bin zufrieden.«

Meinrad hat gespielt, so lange er konnte. »Bis er eines Abends heimkam und zu mir sagte, dass er zum ersten Mal in seinem Leben auf den Souffleur hören musste«, erinnerte sich seine Frau Germaine an jenen Tag im Frühjahr 1988, an dem er den Entschluss fasste, mit dem Theaterspielen aufzuhören. »Leicht ist mir das nicht gefallen«, gestand er, »ich hab' dabei an die berühmte Charlotte Wolter gedacht, die einmal gesagt hat: ›Spielen ist keine Kunst, aber aufhören zu spielen, *das* ist eine Kunst!‹«

Ein paar Fernsehrollen noch, dann zog er sich ganz zurück. Die Werkstatt des einstigen Hobbytischlers, der stolz darauf war, seine Antiquitäten selbst restaurieren zu können, stand noch da, doch Motorsäge und Drehbank blieben stumm. 137-mal hat er im Burgtheater den Valentin im *Verschwender* gespielt (auch das war seinem Heft »Meine Vorstellungen« zu entnehmen). Jetzt stand die Stunde bevor, in der das Schicksal zur letzten Strophe des »Hobelliedes« aufrief:

> *Zeigt sich der Tod einst mit Verlaub*
> *Und zupft mich: Brüderl, kumm,*
> *Da stell' ich mich in Anfang taub,*
> *Und schau' mich gar net um.*
> *Doch sagt er: Lieber Valentin,*
> *Mach keine Umständ', geh'!*
> *Da leg' ich meinen Hobel hin*
> *Und sag der Welt Ade!*

»Es soll neue Medikamente für Parkinsonkranke geben«, sagte Frau Meinrad noch zu mir, als ich in den Mantel schlüpfte, »aber hier auf dem Land bekommt man die ja nicht.«

Wieder in Wien, erkundigte ich mich nach dem ersten Experten für diese Krankheit. Er fuhr nach Großgmain und untersuchte den alten Mimen, konnte ihm aber nicht mehr helfen. Josef Meinrad starb am 18. Februar 1996, vier Monate nachdem ich ihn in Großgmain besucht hatte, im Alter von 83 Jahren.

Natürlich hatte ich bei dem Treffen damals auch die unvermeidliche Frage nach dem Ifflandring gestellt. Er befände sich, erzählte Meinrad, nicht in seinem Hause, sondern im Banksafe. Dass er den Namen seines Nachfolgers laut Statuten nicht nennen dürfte, hat jahrzehntelang für Spannung gesorgt. Wer immer Meinrad getroffen oder nicht getroffen hat, wer ihn auf der Bühne oder im Film gesehen oder nicht gesehen hat, beteiligte sich an dem beliebten »Wer ist der nächste Ifflandringträger?«-Spiel.

Man hatte Josef Meinrad, für den Fall, dass er das Geheimnis lüften würde, Millionen geboten, doch er schwieg beharrlich, und das fast vierzig Jahre lang. Auch bei meinem letzten Besuch lächelte er nur milde, als das Wort Ifflandring ausgesprochen wurde. Ob er vielleicht eine Frau als Nachfolgerin eingesetzt hätte, fragte ich. Und erhielt als Antwort: »Nein, das wäre nicht im Sinne des Stifters August Wilhelm Iffland gewesen.« Auch der nächste Träger des Rings sei ein Mann.

Vier Monate später, als Josef Meinrads Tod gemeldet wurde, setzte dann in der Öffentlichkeit das große Rätselraten um den begehrten Ring ein. Als von Meinrad möglicherweise nominierte Nachfolger wurden in den Zeitungen u. a. genannt: die Schauspieler

Helmuth Lohner, Klaus Maria Brandauer, Gert Voss, Michael Heltau, Will Quadflieg, Otto Schenk, Fritz Muliar, Karlheinz Hackl, Romuald Pekny, Erwin Steinhauer, Heinz Petters und Robert Meyer. Es hieß auch, Meinrad hätte den Ring ursprünglich Oskar Werner und Attila Hörbiger vermacht, und als diese starben, zweimal seinen letzten Willen geändert.

Ganz Österreich beteiligte sich in diesen Tagen an den Spekulationen um den Ifflandring. An deren Höhepunkt verlautet wurde: Meinrads schriftlicher Entscheid sei verloren gegangen. Tatsächlich setzte sofort nach dem Tod des Mimen in den Räumen des Bundestheaterverbandes eine hektische Suchaktion ein. Frau Meinrad erklärte, sie stünde »vor einem Dilemma«, sie wüsste zwar, wen ihr Mann nominiert hatte, wäre aber nicht bereit, den Namen des Nachfolgers zu nennen, da man ihr möglicherweise nicht glauben würde. Georg Springer, der Chef der Bundestheater, überlegte, »ein Gremium von Künstlern einzusetzen, das darüber befinden soll, wer den Ifflandring erhält«. Er ging aber »immer noch davon aus, dass das Kuvert mit dem Namen auftauchen wird«.

Es tauchte auf – im Archiv der Österreichischen Bundestheaterverwaltung, unter der Aktenzahl »615/79/vertraulich«.

Am 28. Februar 1996 wurde dann feierlich bekannt gegeben, welchen Namen Josef Meinrad auf ein Blatt Papier, das in einem versiegelten Kuvert lag, geschrieben hatte. Die Überraschung war groß, er hatte den Ifflandring Bruno Ganz vermacht.

Und damit dem Einzigen unter all den Großen, der in den Nachfolge-Spekulationen der letzten Tage *nicht* genannt worden war.

Vergessen wir einmal den Kaiser

*Katharina Schratt,
die Schauspielerin*

Zugegeben, ohne ihre Beziehung zum Kaiser von Österreich wäre der Name Katharina Schratt wohl ebenso vergessen wie der vieler anderer Schauspieler ihrer Generation. Doch es lohnt sich, das Augenmerk einmal weniger auf ihre Liaison zu richten und mehr auf ihre Bühnenkarriere. Denn »die gnädige Frau«, wie ganz Österreich sie nannte, war zweifellos auch eine bedeutende Künstlerin, »in der alle guten Geister unserer gemütlichen Eleganz versammelt sind«, wie Hermann Bahr sie beschrieb.

Laut Eintragung im Matrikelamt der Kurstadt Baden bei Wien war sie dort am 11. September 1853 als Tochter eines Schnittwarenhändlers zur Welt gekommen. Interessant ist, dass ihr Geburtsjahr in etlichen Lexika mit 1855 angegeben wird; man kann vermuten, dass sie sich als junge Schauspielerin irgendwann um zwei Jahre jünger gemacht hat. Derlei Raffinement war damals nicht unüblich.

Aus ihrer Kindheit erzählte sie selbst, dass sie, »als die Sehnsucht zum Theaterspielen in meinem Herzen erwachte, ein Fratz von sechs Jahren war. In der Schule machte ich die Bekanntschaft einer Schauspielertochter, mit der ich von meinen Neigungen zum Theater sprach. Sie sagte mir einmal zu, mich in das von mir unbekannterweise, aber abgöttisch verehrte Theater mitzunehmen.« Man gab Mosenthals *Deborah* und forderte Katharina auf, in der Vorstellung ein paar Worte zu sprechen. »Ich entledigte mich meiner ›Rolle‹ zur Zufriedenheit des gesamten Publikums – mit Ausnahme eines einzigen Herrn, der unmittelbar nach meinem Erscheinen ziemlich geräuschvoll den Zuschauerraum verließ. Dieser Herr war niemand anderer als mein Vater, der unglücklicherweise den Entschluss gefasst hatte, das Theater zu besuchen und nun nicht wenig überrascht war, zu sehen, dass seine Tochter ohne sein Wissen eine Künstlerin geworden war. Er waltete daraufhin seines Amtes, wobei diese Schicksalsschläge zu den schmerzlichen Erinnerungen meiner Jugendzeit zählen.«

Freilich konnten sie den künstlerischen Weg des Mädchens nicht aufhalten, Katharina Schratt musste zum Theater. Mit fünfzehn spielte sie in der Dilettanten-Bühne Leobersdorf im Lustspiel *Eigensinn* von Roderich Benedix eine Bediente und war »wie geschaffen für diese Rolle, die wie auf den Leib geschrieben zu ihrer niedlichen Erscheinung passte«, vermerkte der Kritiker eines Lokalblattes.

Mit einer »großartigen Idee« glaubten die Eltern, ihre Tochter auf andere Gedanken bringen zu können: Sie schickten sie fort aus dem »gefährlichen« Theaterstädtchen Baden, nach Köln, wo sie als Schülerin im Internat der Schwestern Haas eingeschrieben wurde. Doch der Erfolg der Übersiedlung war gleich Null. In unzähligen Briefen flehte Kathi förmlich, nach Baden zurückkehren zu dürfen – ausschließlich des dortigen Theaters wegen. Der Vater, der sein Töchterchen über alles liebte, sah ein, dass jeder Widerstand zwecklos war. Und holte sie, ohne Schulabschluss, nach einigen Monaten heim.

In Wien absolvierte sie nun bei dem berühmten Rezitator Alexander Strakosch ihre Sprechausbildung. Sie spielte in Baden und erhielt nach Vorsprechterminen an »Burg«, Stadttheater und Carltheater von allen drei Wiener Bühnen das Angebot, sofort engagiert zu werden.

Sie entschied sich jedoch vorerst für keine von ihnen, sondern ging ans Königliche Schauspielhaus Berlin, weil man ihr dort das

»Erste Fach« als jugendliche Naive vertraglich zusicherte. Theodor Fontane konnte sich, schon nach der ersten Schratt-Premiere, »dem Zauber dieser Erscheinung nicht entziehen«.

Kaiser Franz Joseph war übrigens nicht der erste Monarch, den sie betörte. Nach einem Gastspiel der knapp Neunzehnjährigen am Kurtheater von Bad Ems berichtete der deutsche Korrespondent eines Wiener Blattes: »Besonders Kaiser Wilhelm hat auch an Fräulein Schratt – um uns nobel auszudrücken – ›einen Narren gespeist‹ und alle ihre Vorstellungen mit seiner Gegenwart beehrt.« Heinrich Laube, der *Das Käthchen von Heilbronn* für Berlin bearbeitet hatte, sah sie dort in der Titelrolle des Kleist-Stückes und holte sie nach Wien, an das von ihm geleitete Stadttheater. Jetzt wurden ihr auch hier die »Ersten Rollen« garantiert. Laube führte die Schratt behutsam von den naiven Rollen ins Charakterfach.

Bald war sie das Zugpferd des Stadttheaters, ihr Name auf dem Spielplan sorgte für volle Häuser. Als Laube nach einem Streit mit seinen Geldgebern die Direktionsgeschäfte niederlegte, kündigte auch die Schratt und wechselte an die Hofbühne im fernen St. Petersburg. Das Heimweh hielt sie freilich nicht lange aus, sie kehrte nach Wien und ans Stadttheater zurück, nachdem sich auch Laube mit seinen Finanziers wieder ausgesöhnt hatte.

Knapp über zwanzig, zählte sie nun schon zu den Theatergöttern der Reichs- und Residenzstadt. Und das lange bevor man ihren Namen mit dem Kaiser in Verbindung bringen konnte. Den traf sie zum ersten Mal, als sie mit dreißig ans Burgtheater verpflichtet wurde. Wie damals üblich, hatte sie sich für die Aufnahme an die Hofbühne zu bedanken. Dabei hinterließ sie auf Franz Joseph vorerst noch keinen nachhaltigen Eindruck, was weiter nicht verwundert, war sie doch eine von rund 150 000 Untertanen, die der Monarch im Laufe seiner langen Regentschaft in Audienz empfangen hat.

Erst zwei Jahre nach diesem Fünf-Minuten-Gespräch sollte der Grundstein zu der Beziehung gelegt werden. Kaiserin Elisabeth bemerkte bei einem Souper, zu dem mehrere Künstler geladen waren, dass sich Franz Joseph sehr angeregt mit Katharina Schratt unterhielt. Die Kaiserin beauftragte daraufhin den Hofmaler Heinrich von Angeli, ein Porträt der Schratt anzufertigen, das sie dann ihrem Mann schenkte. Während die Schauspielerin Modell saß, kam der Kaiser überraschend – aber natürlich von Elisabeth eingefädelt – ins Atelier, wo es dann auch »gefunkt« haben dürfte, denn bei Meister Angeli wurde das erste geplante Rendezvous vereinbart.

Es ist klar, was die Kaiserin veranlasst hatte, für ihren Mann in die Rolle der »Kupplerin« zu schlüpfen: Ihre Ehe bestand zu diesem Zeitpunkt, im Jahre 1885, längst nur noch auf dem Papier, Franz Joseph liebte seine Frau zwar über alles, doch sie zog es vor, ständig auf Reisen zu gehen, weil sie das höfische Leben langweilte. Sie hoffte, dass der 55-jährige Franz Joseph in Katharina Schratt einen »Ersatz« für ihre Person finden würde.

Die Schratt konnte Elisabeths »schlechtes Gewissen« beruhigen, verstand sie es doch in den nun folgenden drei Jahrzehnten, dem Kaiser all das zu bieten, was man bis dahin von ihm fernhielt. Wobei ihn die Welt hinter den Kulissen besonders interessierte. »Überhaupt, wenn Sie mir Theatertratsch erzählen, machen Sie mir eine Freude«, schreibt der Kaiser am 1. November 1888 an die Seelenfreundin. »Sie merken sich ganz gut die hübschesten und interessantesten Sachen, um mich durch Mitteilung derselben zu erfreuen.« Anderswo erklärt er, wie er während einer Vorstellung mit dem Opernglas beobachtete, dass die neu engagierte Burgschauspielerin Margarethe Formes »keine durchstochenen Ohrläppchen« hätte. Er will »genauestens informiert« werden über das »Malheur mit der platzenden Taille« und andere amüsante Zwischenfälle auf und hinter der Bühne. »Stimmt es, dass dem Schauspieler Luis Nötel die linke kleine Zehe, wieder die Folge einer Hühneraugenoperation, amputiert werden musste?« Und Franz Joseph ist auch »neugierig, alle Details der schwarzen Theaterverschwörung bei einer Promenade mündlich zu hören«.

Katharina Schratt hatte am Burgtheater in der Rolle der Lorle in dem Rührstück *Dorf und Stadt* von Charlotte Birch-Pfeiffer debütiert. Während die Zeitungen von einem »trefflichen Lorle« und einer »überaus sympathischen, jugendlichen Liebhaberin« sprachen und sie vom Publikum »nach jedem Aufzug wiederholt gerufen wurde«, hielt sich die Begeisterung der Kollegen in Grenzen. Hugo Thimig notierte: »Sie ist, was man sagt, ein lieber Kerl. Gar zu jung nicht mehr. Ein tiefliegendes, raues Organ. Manchmal drollig. Keine Vertiefung und Innerlichkeit.«

Ihr Stand war jetzt wesentlich schwieriger als zuvor am Stadttheater, denn an der »Burg« gab es in ihrem Fach etliche beliebte Darstellerinnen, und innerhalb des Ensembles herrschte ein harter, erbitterter Konkurrenzkampf. Katharina Schratt scheute sich nicht, das freundschaftliche Verhältnis zum Kaiser für ihre Karriere zu nützen. »Ich kann nur wünschen«, schreibt er ihr im Februar 1886, »dass meine Intervention Erfolg habe und dass auch mir dadurch die Freude werde, Sie in neuen Rollen zu sehen.«

Schon Mitte der achtziger Jahre begann den Wienern aufzufallen, dass der Monarch wesentlich öfter als früher ins Burgtheater ging – im Besonderen dann, wenn die Schratt spielte.

In Gesprächen und Briefen schien es Franz Joseph ungeheuren Spaß zu machen, sich als ihr persönlicher »Theaterkritiker« zu betätigen. Wobei natürlich klar war, dass er die Angebetete immer wieder lobte, an ihren Konkurrentinnen hingegen kaum ein gutes Haar ließ. »Wie lieblich, wie schön durchdacht und wie rührend haben Sie diese Rolle wiedergegeben«, schreibt er ihr, nachdem er sie in *Dorf und Stadt* bewundert hatte, »Valerie* weinte gegen Ende unaufhörlich, so ergriffen war sie.« Ein andermal »muss ich meiner Bewunderung und meinem Entzücken über Ihr gestriges Spiel Ausdruck geben; es ist nicht möglich, diese Rolle besser zu geben, besonders die Scene an der Thüre haben Sie ebenso nobel als elegant gespielt… Ihre einfache neue Frisur im 3. Akte ist Ihnen ganz besonders gut gestanden.« Und etwas später: »Ich war glücklich, Sie den ganzen Abend bewundern zu können und danke herzlich für den freundlichen Blick aus der rückwärtigen Culisse.«

Die Stücke selbst konnten den Kaiser nur selten ins Theater locken, ihn interessierte fast immer nur der Auftritt der Schratt. Wenn sie nicht mitspielte, er aber aus gesellschaftlichen Gründen dennoch hingehen musste, »opfere ich mich fürs Vaterland«. Als sie einmal aus gesundheitlichen Gründen kurzfristig ihre Rolle an eine Kollegin abgab, blieb der Kaiser »nur bis 8 Uhr im Theater und hatte vollkommen genug«.

---

* Erzherzogin Marie Valerie (1868–1924), jüngste Tochter des Kaisers

Bei anderen Schauspielerinnen fand er meist nur Negatives. »Adele Sandrock war gelegentlich besser, als ich erwartete, passte aber, besonders im Aussehen, nicht für ihre Rolle, Fräulein X. sieht entsetzlich aus und spielte namenlos gemein ...« Katharina Schratts Erzrivalin an der Burg, Stella Hohenfels, hielt der kaiserlichen Kritik überhaupt nie stand: »Eigentlich eine schöne blonde Frau, aber welches Spiel! So etwas habe ich im Burgtheater noch nie gesehen. Unnatürlich affektirt, immer in Bewegung, herumtrippelnd, falsch aussprechend, lamentirend, schreiend, dabei wenigstens für meine tauben Ohren fast ganz unverständlich, es war wirklich eigenthümlich ...«

Die Schratt wurde von den meisten Burgtheaterdirektoren unter ihrem Wert eingesetzt, wohl auch weil ihnen die Nähe zum Kaiser nicht unbedingt behagte. Nur Max Burckhard schien ihr gut gesonnen. Während sie sonst fast ausschließlich in Boulevardkomödien auftrat, spielte sie in seiner Direktionszeit – die von 1890 bis 1898 dauerte – auch die Petra in Ibsens *Volksfeind*, die Erny in Grillparzers *Ein treuer Diener seines Herrn*, die Franziska in Lessings *Minna von Barnhelm*, die Toni in Schnitzlers *Vermächtnis* und – neben Adolf von Sonnenthal – die Lady Percy in Shakespeares *König Heinrich IV*. Und sie wurde von Presse und Publikum fast immer einhellig umjubelt.

Burckhards Nachfolger, Paul Schlenther, lehnt die Schratt wieder total ab. Kein Wunder, hat sie doch lange Zeit seine Bestellung (vergeblich) zu verhindern versucht. Es kommt zum Krach, zehn Tage nach der Premiere von Raimunds *Verschwender*, in der sie neben Josef Kainz als Rosa zu sehen war, sagt sie die Vorstellung ab. Der Stern der Burgschauspielerin Katharina Schratt beginnt zu verlöschen.

Wenige Monate später, im Juni 1900, bittet sie, noch nicht 47 Jahre alt, um ihre vorzeitige Pensionierung. Diese wird – womit sie nicht gerechnet hatte – von Schlenther angenommen. Ein Vermittlungsversuch des Kaisers scheitert. Drei Jahre später wird sie noch einmal auf der Bühne stehen – und damit einen Riesenwirbel auslösen.

Grund für den Skandal war die Tatsache, dass sie als Freundin des Kaisers – eine Kaiserin spielte: Im Deutschen Volkstheater gab man Franz von Schönthans Lustspiel *Maria Theresia* mit der Schratt in der Titelrolle, was Karl Kraus in der *Fackel* als »Gipfel der Geschmacklosigkeit« brandmarkte. Während Kaiser und Künstlerin über Jahrzehnte Bedacht nahmen, mit ihrer engen Beziehung möglichst wenig Aufsehen zu erregen, hatte die Hofschauspielerin in diesem Fall in den Augen vieler Wiener die Grenzen des guten Geschmacks verlassen. Selbst Franz Joseph konnte nicht recht glauben, was er da erfahren musste: »In der Zeitung habe ich gelesen«, schreibt er der Seelenfreundin am 26. August 1903, »dass Sie im Oktober die Maria Theresia spielen werden. Ist das wahr?«

»Das Unglaubliche geschah«, schäumte Karl Kraus, »Frau Schratt griff nach der Rolle, auf deren Feingehalt die Theatermacher ihre Hoffnungen bauten. Die Sensation verlief programmgemäß. Die in- und außerhalb der Volkstheaterkasse etablierte Agiotage feierte Orgien, die gewiss nicht in der schauspielerischen Anziehungskraft der Frau Schratt begründet sind. Frecher Reklameeifer, der noch ein Übriges tun zu müssen glaubte, ließ verkünden, der Kaiser werde der Premiere beiwohnen.« Der Skandal war die Tatsache, dass man die Schratt auf der Bühne als das sah, was sie im Leben nicht sein durfte: eine Kaiserin! Katharina Schratt hat nach den Aufregungen um dieses Stück nie wieder eine Bühne betreten.

Die k. u. k. Hofschauspielerin Katharina Schratt stirbt am 17. April 1940 im Alter von 87 Jahren. Von ihrer Welt war zu diesem Zeitpunkt nicht mehr viel übrig. Ihre Welt, das waren Schönbrunn und die Hofburg, das alte Burgtheater und der Kaiser – doch der war seit 24 Jahren tot. Sie hat dem Mann, der von sich sagte, dass ihm nichts erspart blieb, doch etwas erspart: mit den schweren Schicksalsschlägen seines Leben ganz allein fertig werden zu müssen. Sie tat dies mit menschlicher Wärme, mit dem von ihm so geliebten Theatertratsch und nicht zuletzt mit ihren Vorstellungen am Burgtheater, die ihn so erfreuten.

Ihre Karriere als Schauspielerin, davon können wir ausgehen, hätte sie auch ohne ihren kaiserlichen Freund gemacht. Und sie wäre in diesem Fall vielleicht sogar noch glanzvoller verlaufen.

»Was ich bin, verdanke ich der Paula«

Eine Begegnung mit Attila Hörbiger

Mit Attila Hörbiger, Wien, im April 1986.

Wenige Stunden bevor sein Bruder Paul im März 1981 verstorben war, besuchte er diesen im Lainzer Krankenhaus. Seit einem Dreivierteljahrhundert hatten die beiden nur Deutsch miteinander gesprochen, doch angesichts des nahen Todes unterhielten sie sich in der Sprache ihrer Kindheit, auf Ungarisch.

Sechs Jahre später ist auch Attila Hörbiger tot, der jüngere Bruder, das Oberhaupt der legendären Schauspielerdynastie. Er verstirbt am 27. April 1987, wenige Tage nach seinem 91. Geburtstag, in seinem Wiener Haus an den Folgen eines Schlaganfalls.

Gewiss, diese Stadt ist reich an großen Schauspielern, nach wie vor. Doch war er der letzte vielleicht, den man in einem Atemzug nennen konnte mit Werner Krauß, Raoul Aslan, Albin Skoda, Ewald Balser.

Ein Jahr vor seinem Tod hatte ich – aus Anlass seines neunzigsten Geburtstags – das Glück, Attila Hörbiger noch einmal persönlich zu treffen. Das heißt, eigentlich sollte ich ihn gar nicht treffen. Paula Wessely wollte ihren Mann schonen.

Sozusagen als Kompromiss bot sie mir damals, im April 1986, an, mit mir »über ihn« zu sprechen. Ich bin also hingegangen, in die Grinzinger Himmelstraße, habe mit ihr zwei, drei Stunden »über ihn« geredet, dann habe ich Papier und Bleistift eingesteckt, um mich mit einem artigen Handkuss zu verabschieden. Fast schon an der Tür angelangt, fragte sie mich: »Wollen Sie ihm vielleicht doch noch ›Guten Tag‹ sagen? Er würde sich sicher freuen.«

Und wie ich wollte. Schließlich war er der Jubilar.

Im Nebenzimmer kam mir Attila Hörbiger, neunzig, entgegen. Auf einen Stock gestützt, und doch: Die Haltung kerzengerade, wie wir ihn noch knapp zwei Jahre zuvor auf der Bühne des Burgtheaters erlebt hatten. Ein wenig schlanker vielleicht, das Gesicht noch kantiger, stand eine der großen Schauspielerpersönlichkeiten des deutschen Sprachraums vor mir. Und aus dem »Guten Tag«-Sagen entwickelte sich ein langes Gespräch.

»Was ich bin und was ich habe«, begann er, »verdanke ich der Paula Wessely ...«

»... aber geh, Vater«, unterbrach sie ihn, »du kannst doch nicht sagen ›der Paula Wessely‹. Jetzt, wo wir schon fünfzig Jahre verheiratet sind. Sag Paula, das genügt.«

»Ich mein's aber so. Nicht meiner Ehefrau allein verdanke ich's, sondern der großen Schauspielerin Paula Wessely.«

Das gefiel ihr noch weniger. »Eine Übertreibung«, warf sie ein. »Was ich für ihn getan habe, war, etwas Ordnung in sein Leben zu bringen. Er hätte es sich vielleicht ein bissl zu leicht gemacht.«

Das endlich ließ er gelten. »Ja, ich habe diese Arbeit, das Theaterspielen, nie ganz ernst genommen. Sie war es, die mir den Ernst des Berufs vermittelt hat.«

Die kleine Szene, die mir da geboten wurde, war ein Ereignis. Wer erlebt schon eine Privatvorstellung in *der* Besetzung? Und es berührte menschlich, wie die beiden das Verdienst dem jeweils anderen zukommen lassen wollten.

Dabei hatten sie vielleicht beide Recht. Sie war schon »die Wessely«, als sie im November 1935 heirateten, denn mit dem Film *Maskerade*, der im Jahr davor herausgekommen war, hatte sie ihren ersten Welterfolg hinter sich. Aber auch er war auf dem besten Weg, eine große Karriere zu machen. Max Reinhardt hatte ihn im Sommer vor der Hochzeit als Jedermann nach Salzburg geholt.

Attila Hörbiger erinnerte sich gerne. »Max Reinhardt war die beglückendste Begegnung für uns beide«, sagte er, »aber da waren ja noch so viele andere.« Und er nannte die Dichter Werfel, Zuckmayer, Friedell und Polgar. Die Regisseure Heinz Hilpert, Berthold Viertel, Ernst Lothar und Leopold Lindtberg. »Heute kann ich es genießen, diesen Menschen begegnet zu sein, mit ihnen gearbeitet zu haben, jetzt erst finde ich die Zeit dazu.«

Während er sprach, zeigten mir seine Augen, dass es die Erinnerungen waren, die ihn jung hielten. Physisch war er nicht mehr in der Lage, Theater zu spielen, aber der Geist, die Sprache, die Mimik, die funktionierten noch. Er tröstete sich selbst: »Ich war ja ohnehin sehr lang am Burgtheater.«

Dabei wurde ihm dieser Weg nicht vorgezeichnet, »denn bis zum heutigen Tag habe ich keine Schauspielschule besucht«, gestand er damals, mit neunzig, und er schmunzelte dabei. Das Schicksal hatte ihn zwar mit jeder Menge Talent versorgt, ihm aber auch genügend Hindernisse bereitet. »Ich wünsche das keinem Menschen, ohne jede Ausbildung zur Bühne zu gehen. Das ist die Hölle, glauben Sie mir! In meinen ersten Engagements wurde ich mehrmals wegen totaler Unfähigkeit entlassen.«

Leicht hatte er es wirklich nicht. Vorerst war er »der Sohn eines berühmten Vaters« – des Entdeckers Hanns Hörbiger. Dann war er »der Bruder eines berühmten Schauspielers« – Paul, um zwei Jahre älter, war naturgemäß »etwas früher dran«. Ja, und dann war er eben »der Mann der Wessely«.

Erst nach dem *Jedermann* war er »kein Sohn und kein Bruder mehr«, formulierte es Hans Weigel, »sondern: der Hörbiger«.

»*Er hätte es sich vielleicht ein bissl zu leicht gemacht*«, sagte Paula Wessely über ihren Mann Attila Hörbiger.

ZEICHNUNG: WINNIE JAKOB

Am 21. April 1896 als jüngster von vier Söhnen geboren, ungarisch sprechend aufgewachsen, inskribierte er nach Matura und Militärdienst an der Hochschule für Bodenkultur. »Ich wollte in die Molkereiwirtschaft gehen«, erzählte er allen Ernstes, »aber mein Vater hatte im Ersten Weltkrieg sein ganzes Vermögen verloren, und so war fürs Studium kein Geld da.« Also ging er, wie Bruder Paul, zum Theater, »weil ich bei ihm gesehen hab', dass man da schnell Geld verdienen kann«.

In Wiener Neustadt, seinem ersten Engagement, spielte Attila noch unter dem Pseudonym Felix Weingart, »um den guten Namen meines Vaters nicht mit dem Theater in Verbindung zu bringen«. Es folgten die Provinzstationen Bozen, Reichenberg, Brünn, Prag – wo er die Paula kennen lernte –, bis ihn Reinhardt endlich nach Wien, Salzburg und Berlin holte.

Allein die beiden Rollen, an die er sich damals, mit neunzig, am liebsten erinnerte, zeigen die ungeheure Spannbreite dieses Schauspielers: »Das waren der Nathan und der Knieriem.« Und prompt schüttelte er, obwohl's schon sehr lange her war, seit er die Worte zuletzt gesprochen hatte, den langen, schweren Satz aus Nestroys *Lumpazivagabundus* aus dem Ärmel, in dem vom Astralfeuer des Sonnenzirkels, der Parallaxe und den Fixsternquadranten die Rede ist, bis er zum berühmten Kometenlied führt: »... aber auch der minder Gebildete kann alle Tag' Sachen genug bemerken, welche deutlich beweisen, dass die Welt nicht mehr lang steht. Kurzum, oben und unten sieht man, es geht auf den Untergang los.«

Ob seine Figuren von Shakespeare, Schiller, Ibsen oder Raimund stammten – er hat ihnen immer Kraft und Leben verliehen. Dem Peer Gynt wie dem Tell, dem Petruchio oder dem Cornelius Melody in *Fast ein Poet*. »Als Gluthammer hätten Sie ihn sehen sollen«, sagte Paula Wessely, auf Attilas Rolle in Nestroys *Der Zerrissene* anspielend, »da hat er aus dem Stand aus Zorn einen Salto rückwärts über den Tisch gemacht.« Es war die unvergleichliche Körpersprache des »Naturburschen« Attila Hörbiger, die von Anfang an begeisterte.

»Dreingeredet« – flüsterte mir Attila Hörbiger schnell zu, irgendwann zwischendurch, als dürfte sie's nicht hören –, dreingeredet habe sie ihm nie. »Manchmal vielleicht doch«, war die hellhörige Paula Wessely wieder an der Reihe, »wenn man ihm Filmrollen angeboten hat, die nicht seiner Persönlichkeit entsprachen. Da hab' ich gesagt: ›Mach das nicht, Attila!‹«

»Und Recht hat sie gehabt.«

Aber damit nur ja kein Missverständnis aufkam, betonte sie nun wiederum: »Wir haben keine Rollen miteinander erarbeitet – wir haben nur im Gespräch zu Hause vieles gemeinsam überlegt.«

Zu Hause. Er ist ja nicht nur Sohn-Bruder-Ehemann-Schauspieler, sondern auch Vater. Die Töchter Elisabeth, Christiane, Maresa machen dem Namen ihrer Eltern alle Ehre. Von der Mutter haben sie natürlich alle viel geerbt, »aber dem Vater verdanke ich die durch nichts zu erschütternde Freude am Leben und die Freude am Spielen«, meint Christiane Hörbiger.

Während Paul Karriere beim Film machte, wurde Attila Hörbiger in erster Linie zum gefeierten Theaterstar. Trotzdem bleiben mehrere Filme als Zeugnis einer unvergleichlichen Schauspielerpersönlichkeit erhalten. Deutlich ist darin zu sehen, wie dieser Attila Hörbiger mit jeder Rolle reifer, größer, bewegender wurde. Seine letzte Premiere gab er mit 88 Jahren als Winter in Raimunds *Diamant des Geisterkönigs* am Burgtheater. »Es hat mich gar nicht gestört, dass ich zuletzt in den Stücken, in denen ich früher in Hauptrollen zu sehen war, ganz kleine Rollen spielte. Im *Diamant des Geisterkönigs* war meine Rolle sehr klein. So klein«, lachte er, »dass, wenn jemandem bei meinem Auftritt das Programmheft heruntergefallen ist und er sich gebückt hat, um es aufzuheben, dann war ich schon weg, wenn er wieder oben gewesen ist.«

Er führte mich damals, kurz vor seinem neunzigsten Geburtstag, noch durch den Garten mit dem herrlichen Blick auf Wien und begleitete mich durch den Hof zum schweren Holztor des Grinzinger Hauses, und beim Abschied blinzelte er mir, fast wie ein Lausbub, listig zu: »Sie war immer ein bissl streng zu mir, die Paula.« Und jetzt ließ er, ganz bewusst, den Familiennamen weg, denn er meinte ja die Ehefrau. Und dann sagte er noch: »Aber das war gut für mich, denn dadurch hat sie in mir erst den Ehrgeiz geweckt, der mir gefehlt hat.«

Und diesmal konnte sie gar nicht widersprechen. Weil sie ein paar Schritte vor uns ging.

Ein Jahr später starb Attila Hörbiger. Und in der Stunde des Todes war niemand mehr da, mit dem er Ungarisch hätte sprechen können.

»DU WIRST DOCH NICHT AUCH AUF MICH HEREINFALLEN«
Die ganz Großen des Burgtheaters

»In jedem Land muss man das dort Wichtigste sein, in den Dolomiten eine Kuh, in Mexiko ein Sombrero und in Wien ein Burgschauspieler«, sagte der große Alexander Moissi (der übrigens nie Burgschauspieler war).

Diese Institution, in der man »das Wichtigste« werden kann, wurde 1741 gegründet und war damals vollkommen unwichtig. Kaiserin Maria Theresia hatte in diesem Jahr dem Theaterunternehmer Franz Selliers gestattet, einen alten, am Rande der Hofburg gelegenen Ballsaal in ein Bühnenhaus umzuwandeln. So entstand das »Theater nächst der Burg« am Michaelerplatz. Die ersten Jahre waren wenig rühmlich, und als sich die Direktion 1776 für zahlungsunfähig erklären musste, erhob der spätere Kaiser Joseph II. die Privatbühne in den Rang eines k. k. Hof- und Nationaltheaters.

Joseph II. zeigte ungeheures Interesse fürs Theater, manche meinten sogar, es war zuviel des Guten: Hatte Maria Theresia noch geringschätzig gemeint, »Spectacel müssen halt sein«, so führte ihr Sohn Wiens »teutsches Nationaltheater« von Anfang an selbst, er war eigentlich der erste Burgtheaterdirektor. Die Folgen konnten skurril sein, denn der Monarch griff in den Spielplan ein, entschied, wer welche Rollen zu spielen hatte und scheute nicht einmal davor zurück, Schillers *Fiesco* durch Streichungen und Hinzufügungen »zu verbessern«. Selbst wenn er gerade irgendwo Krieg führte, kümmerte sich der Kaiser ums Theater und sandte seine Regieanweisungen vom Feldlager in die »Burg«. Darüber hinaus mussten auch Besetzungs- und Stückvorschläge seines Staatskanzlers Kaunitz berücksichtigt werden.

Fürst Kaunitz war es auch, der Herrn Johann Heinrich Müller instruierte, als es darum ging, fürs Burgtheater neue Schauspieler zu finden: »Sehen Sie nur bei der Wahl derselben vorzüglich auf Jugend, Wuchs, leichten, edlen Anstand und reine Mundart. Er muss nicht gar zu groß sein, keinen hervorragenden Bauch haben, seine Augen müssen sprechen, rund und nicht gespalten, sein Gang fest und nicht schleppend sein. Er muss durch Anmut seiner Jugend den Schimmer hervorbringen, den man im Schauspieler sucht.«

Leider hatte der Staatskanzler vergessen, was neben Bauch und Augenspaltung auch nicht ganz unwesentlich ist: Talent, Persönlichkeit, rhetorische Begabung.

Trotz der laienhaften Direktionsführung durch den Kaiser und seine Umgebung feierte das Burgtheater bald große Erfolge – zunächst weniger als Sprech-, denn als Opernbühne. Die ersten Jahre zeichneten sich durch die Uraufführungen dreier Mozart-Werke aus: *Die Entführung aus dem Serail, Figaros Hochzeit* und *Così fan tutte* – Letzteres vom »Theaterdirektor« Joseph II. bei Mozart persönlich in Auftrag gegeben.

Anfang des 19. Jahrhunderts begann sich in einem bunten Gemisch aus klassischem Drama, Konversationsstück und höchst nebulosem Boulevard das zu entwickeln, was seither weltweite Anerkennung findet. Joseph Schreyvogel war es, der das Burgtheater zur ersten Bühne des deutschen Sprachraums werden ließ. Er gehörte der »Burg« als Hoftheatersekretär und Dramaturg von 1814 bis 1832 an, entdeckte Grillparzer für das Haus, erneuerte die Dramen Shakespeares, Goethes, Schillers und Calderóns.

Unwürdig, wie so manches an diesem Theater, waren Schreyvogels erzwungener Abgang und die Folgen. Ottokar Graf Czernin, der offizielle, jedoch ahnungslose Direktor des Hauses, hatte von Schreyvogel gefordert, einer jungen Schauspielerin eine bestimmte Rolle zu geben. Der Hoftheatersekretär, der die Dame für minder begabt hielt, wies diesen Vorschlag mit den Worten »Das verstehen Sie nicht, Exzellenz!« zurück. Worauf Czernin Schreyvogels sofortige Entlassung verfügte.

Nach einer zeitgenössischen Schilderung soll sich nun Folgendes abgespielt haben: »Gebrochen wankte Schreyvogel die Treppe hinab – es war ein nasskalter Frühlingstag, es regnete in Strömen, und Schreyvogel fiel ein, dass er seinen Überzieher und seinen Regenschirm oben gelassen. Er stieg nochmals die Treppe hinauf, und als er die Türe jenes Amtszimmers öffnete, in welchem er durch volle 18 Jahre zum Ruhme des Burgtheaters, ja seines Vaterlandes überhaupt, gewirkt, entspann sich an diesem 26. Mai 1832 in der Kanzlei des Wiener Burgtheaters folgendes Gespräch zwischen ihm und einem Hofbeamten: ›Was wünschen Sie, Herr Schreyvogel?‹

›Meinen Schirm und Überzieher.‹

›Die sollen Ihnen nachgeschickt werden, falls sie sich vorfinden sollten.‹

›Drüben in der Ecke sind sie.‹

›Das kann ich glauben oder nicht.‹

›Fragen Sie den Diener. Ich werde mich auf den Tod erkälten.‹

›Daran liegt uns nichts.‹

Schreyvogel wurde nicht eingelassen, er ging ohne Schirm und Mantel heim, erkältete sich. Als er sich, erschöpft von Fieber und Aufregung, nach einiger Zeit von seinem Krankenlager erhob, war er nur noch ein Schatten seiner selbst. Er fiel, geschwächt wie er war, zwei Monate nach dem ›Hinauswurf‹ der Cholera zum Opfer.«

Mit den von Schreyvogel entdeckten großen Stücken waren die großen Schauspieler ans Haus gekommen. Das Burgtheater wurde ein Theater der Stars. Einige der wichtigsten holte Heinrich Laube, der es zur Mitte des Jahrhunderts zu neuer Blüte führte. Sein »Steckbrief« klingt, als wäre er auf Claus Peymann ausgestellt: gebürtiger Deutscher, in Jugendtagen wegen Zugehörigkeit zu einer verbotenen Studentenbewegung verurteilt, später begnadigt. Als angesehener Regisseur nach Wien gekommen, Burgtheaterdirektor geworden, duldete er im Ensemble keinen Widerspruch. »Schauspieler, Räuberbanden und Soldaten«, verkündete Laube, »brauchen gute Führer, sonst sind sie alle drei nichts wert.« Und: »Ein guter Theaterdirektor braucht drei Jahre, um sich überall Feinde zu schaffen«. – Er pflegte das klassische Drama, holte Charlotte Wolter, Katharina Schratt, Josef Lewinsky und Adolf von Sonnenthal.

Sonnenthal, 1832 als Sohn eines jüdischen Kaufmanns in Budapest zur Welt gekommen, hatte schon als Bub einen unbändigen Spieldrang verspürt. Als er das erste Mal ins Theater mitgenommen wurde, fiel er vor Aufregung in Ohnmacht. Eines Abends schmuggelte er sich am Billeteur vorbei in ein Budapester Theater. Er wurde dabei erwischt – und blieb dem Regisseur, der ihn ertappte, sein Leben lang dankbar. Denn der Theatermann engagierte den Knirps als Komparsen. Nach Absolvierung einer – vom Vater erzwungenen – Schneiderlehre fuhr Sonnenthal nach Wien, kaufte sich eine Karte für die vierte Galerie des Burgtheaters. Und hielt dem Haus mehr als ein halbes Jahrhundert die Treue.

Sonnenthal spielte auch in der Provinz. Den Don Carlos in Temesvar. Und den Tischler Leim in *Lumpazivagabundus* in Graz –

mit Nestroy als Partner. Und der machte ihm ein Kompliment der besonderen Art: »Also, ich hab' schon mit vielen Tischlern g'spielt, aber noch mit kan' so an Kunsttischler, wie Sie aner san.«

Sein Wallenstein, sein König Lear, sein Othello waren unvergesslich für alle, die ihn in diesen Rollen sahen – mit Ausnahme des Kaisers Franz Joseph vielleicht, der im Jänner 1895 nach einer Aufführung von Lessings *Nathan der Weise* an seine im Ausland weilende Frau Elisabeth schrieb: »Sonnenthal gab den Nathan ausgezeichnet. Trotz der vortrefflichen Vorstellung schlief ich fest.«

Er hatte nicht nur in den Klassikern, sondern auch in Konversationsstücken Erfolg. »Wie Sonnenthal auf der Bühne Schokolade trank«, sagte Max Reinhardt, »und wie er seinen Hut auf die Erde stellte, das war so eindrucksvoll, dass es von den Aristokraten angenommen und als Regel anerkannt wurde.« Ab 1881 galt er tatsächlich als »einer von ihnen«: Sonnenthal wurde als einziger Schauspieler von Kaiser Franz Joseph in den erblichen Adelsstand erhoben.

Schwer war's, selbst für einen Titanen wie den Ritter von Sonnenthal, die neue Zeit und deren literarischen Niederschlag zu erfassen. Als er Schnitzlers *Anatol* las, stellte Sonnenthal den Dichter auf der Straße: »Arthur, wie schade um deine Begabung. Du schilderst ja eine Kloake, nichts als Strizzis und Dirnen.«

Dabei war Sonnenthal bis zu seinem Tod im Jahre 1909 selbst mit einem »süßen Mädel« – wie Schnitzler sie geschaffen hatte – liiert, mit der Burgschauspielerin Hansi Schopf. Als Karl Kraus, der die ebenso junge wie schöne Künstlerin verehrte, die Nachricht von Sonnenthals Tod erhielt, sagte er: »Jetzt müßte man die Schopf bei der Gelegenheit packen.«

Als dann gegen Ende des 19. Jahrhunderts das kleine Hoftheater am Michaelerplatz aus allen Nähten zu platzen drohte, ließ Kaiser Franz Joseph mit der neuen Ringstraße auch ein größeres und prächtigeres Theater – das heutige Burgtheater – errichten. Der Bau kostete 21 Millionen Gulden*, und seine Eröffnung am 14. Oktober 1888 führte zu einem ungeheuren Skandal: Den Architekten Gottfried Semper und Karl von Hasenauer wurde vorgeworfen, dass man von weiten Teilen des Zuschauerraums die Schauspieler weder sehen noch hören konnte. »Es spricht sich wie am Meeresstrande, ins Endlose«, schrieb Hugo Thimig in sein Tagebuch. »Probe zu *Götz* im neuen Hause. Alles ist verzweifelt über die Schwerfälligkeit des Bühnenapparates. *Wallensteins Lager* in Anwesenheit des Kaisers. Das Stück langweilte. Theils durch die großen Dimensionen des Hauses, die das Individuelle verwischen, theils durch zu lautes, gleichmäßiges und forciertes Sprechen der Schauspieler, die glauben, den großen Raum stimmlich füllen zu müssen.« Tatsächlich musste das Gebäude neun Jahre nach seiner Eröffnung großräumig umgebaut werden.

In jeder Generation zog es die wichtigsten Schauspieler hierher, ihre Namen sind Wiener Wahrzeichen, sie hießen Ludwig Gabillon, Stella Hohenfels, Alexander Girardi, Adele Sandrock, Max Devrient, Georg Reimers, Ewald Balser, Maria Eis, Gusti Huber,

---

* Laut Statistischem Zentralamt Wien im Jahre 2000 rund 1,8 Milliarden Schilling.

Käthe Dorsch, Robert Lindner, Ernst Deutsch, Paula Wessely, Oskar Werner, Käthe Gold, Judith Holzmeister, Curd Jürgens, Annemarie Düringer, Helmuth Lohner, Susi Nicoletti, Josef Meinrad …

Ein anderer der ganz Großen war Friedrich Mitterwurzer, den Franz von Dingelstedt ans Burgtheater geholt hatte. Er revolutionierte die Schauspielkunst als Faust, Mephisto, Wallenstein und Franz Moor durch seine »bahnbrechende Natürlichkeit«. Als er 1897 unerwartet an den Folgen einer Medikamentenvergiftung starb, war ganz Wien auf den Beinen, um ihm die letzte Ehre zu erweisen, natürlich auch die Kollegen des Burgtheaters. An Mitterwurzers offenem Grab lief dem nicht minder berühmten Bernhard Baumeister ein junger, sehr unbegabter Darsteller in die Arme. Baumeister holte weit aus und verpasste diesem eine schallende Ohrfeige.

Entgeistert fragte der junge Mime den viel Älteren: »Aber Herr Hofschauspieler, warum schlagen Sie mich?«

Baumeister würdigte ihn keines Blickes und sagte nur: »Herrgott! Ein Mitterwurzer musste sterben. Und so was wie Sie darf weiterleben!«

Mitterwurzers Nachfolger hieß Josef Kainz, den Rosa Albach-Retty »das Größte, das Modernste« nannte. Dabei hatte es für den 1858 im ungarischen Wieselburg als Sohn eines Bahnbeamten geborenen Schauspieler ursprünglich gar nicht vielversprechend ausgesehen. In jungen Jahren »unbändig, schockierend, in seiner Kunst unregistrierbar« (so der spätere Burgtheaterdirektor Paul Schlenther), gelangte Kainz über Leipzig, Meiningen und München – an dessen Hoftheater Ludwig II. sein Genie erkannte – nach Berlin. Er war über vierzig, als man ihn an die Burg holte, und da er jung starb, blieben ihm dort nur elf Jahre und 28 Rollen. Die freilich – darunter Hamlet, Romeo, Tartuffe und Torquato Tasso – wurden zum Vorbild mehrerer Schauspielergenerationen. Kainz war sich der Wirkung, die er auf sein Publikum ausübte, voll bewusst. »Wenn ich auf der Bühne nur die Zunge herausstrecken würde«, sagte er einmal, »dann würden mir die Leute auch applaudieren.« Als er als Cyrano von Bergerac einen seiner Partner auf offener Bühne zum Weinen brachte, flüsterte ihm Kainz zu: »Du wirst doch nicht auch auf mich hereinfallen.«

Berühmt auch die Antwort, die Kainz gab, als er gefragt wurde, warum er nie den Faust gespielt habe: »Den Faust kann nur ein wirklich bedeutender Mensch spielen. Und ein wirklich bedeutender Mensch wird nicht Schauspieler.«

»Drei Potenzen vereinten sich in merkwürdiger Gleichberechtigung zu seiner großen Leistung«, schreibt seine Biografin Helene Richter: »Natürlichkeit der Bewegung, logische Schärfe, poetisches Gefühl.« Seine Rede war absolut, sie zwang nicht nur zum Hören, sondern auch zum Sehen, er spielte mit Gefühl und Intelligenz. »Als ich jung war«, sagte er, »habe ich geweint, und das Publikum hat gelacht, jetzt weinen die da unten, und ich lache.«

Die Luft auf der Bühne des Burgtheaters gilt als trocken und staubig, aber ganz ungesund kann sie nicht sein. Erlangen die Ensemblemitglieder doch – statistisch gesehen – ein höheres Alter als der Rest der Bevölkerung. Nicht wenige jugendliche Helden standen hier in ihren späten Jahren noch auf der Bühne. Heinrich Anschütz und Lotte Medelsky wurden 80; Amalie Haizinger und

Fred Liewehr 84; Fred Hennings 86; Katharina Schratt und Paul Hörbiger waren 87; Paul Hoffmann 88; Bernhard Baumeister 89; Carl La Roche, Hugo Thimig, Hedwig Bleibtreu und Richard Eybner starben mit 90 Jahren; Else Wohlgemuth, Adrienne Gessner und Attila Hörbiger mit 91; Hermann Thimig mit 92; Paula Wessely mit 93; Auguste Wilbrandt-Baudius und Otto Tressler erlebten ihren 94. Geburtstag. Rosa Albach-Retty freilich, die in ihrem 106. Lebensjahr starb, hat das Durchschnittsalter der Burgschauspieler am Nachhaltigsten angehoben.

Anton Wildgans führte das Burgtheater in der wirtschaftlich schweren Zwischenkriegszeit, und er erwarb das Akademietheater als zusätzliche Bühne, die am 8. September 1922 mit einer Festvorstellung von *Iphigenie auf Tauris* eröffnet wurde. Praktisch vor leerem Haus, da die Öffentlichkeit infolge eines Druckereistreiks nicht von dem Ereignis verständigt werden konnte.

Max Reinhardts Wunsch, am Burgtheater Regie zu führen, wurde nie erfüllt. Selbst als er einmal, aus Berlin kommend, ein Gastspiel mit Moissi und Bassermann geben wollte, ließ man es nicht zu. Reinhardts »Rache« war fürchterlich. Als er 1924 die Direktion des Theaters in der Josefstadt übernahm, wurde das Burgtheater – beschränkt auf seine Direktionsjahre – zum zweitbesten Theater der Stadt degradiert.

In dem der in Saloniki geborene Sohn eines Armeniers zu den ganz Großen zählte. Raoul Aslan wurde in den zwanziger Jahren zum Inbegriff Wiener Schauspielkunst und blieb lange Zeit als Nathan, Marquis Posa und als Rudolf im *Bruderzwist* unvergessen. Als er einmal auf einem Empfang für Burgschauspieler von einem französischen Diplomaten gefragt wurde: »Sind Sie *auch* vom

Theater?«, da blickte Aslan empört auf und sagte: »Nicht ich – die anderen sind *auch* vom Theater!«

»Die anderen sind auch vom Theater«: Von 1920 bis zu seinem Tod im Jahre 1958 war Raoul Aslan Mitglied des Burgtheaters.

Am 11. April 1945 durch einen Bombenangriff ausgebrannt, fand die »Burg« – unter Aslan als Direktor – ihr Exil im Varieté Ronacher, ehe das Haus am Ring zehn Jahre später wieder eröffnet wurde. Nach wie vor gehörte Werner Krauß dem Burgtheater an. Was es damals in Wien bedeutete, Mitglied des Burgtheaters zu sein, hinterließ uns Krauß durch eine Episode in seinen Memoiren. Das Burgtheater stellte ihm als seinem ersten Schauspieler nach dem Krieg eine elegante Dienstwohnung in der Porzellangasse zur Verfügung, die aufwendig renoviert wurde. Der Mime zog mit seiner Frau ein, meldete aber schon nach der ersten dort verbrachten Nacht, dass er hier nicht länger bleiben könnte.

»Warum?«, fragte der geschockte Burgtheaterdirektor.

»Weil ab sieben Uhr früh ein derartiger Automobillärm herrscht, dass ich nicht schlafen kann.« Gerade die Morgenruhe aber wäre so wichtig für ihn, pflegte er doch erst spät nachts zu Bett zu gehen.

Es war keinesfalls daran zu denken, dem Publikumsliebling eine andere Wohnung zu besorgen, da die finanziellen Reserven des Burgtheaters schon für die Renovierung der ersten restlos erschöpft waren.

Was tun? Wiens Polizeipräsident Josef Holaubek wurde eingeschaltet. Und der ließ zwei Wachleute in der Porzellangasse postieren, die nun jeden Morgen die Automobile in andere Straßenzüge umleiteten. Damit der Herr Kammerschauspieler ruhig schlafen kann.

Vor seinem Wohnhaus standen zwei Polizisten, die jeden Morgen ab sieben Uhr darauf achteten, dass keine Autos durch die Porzellangasse fahren. Damit der Herr Kammerschauspieler schlafen kann: Werner Krauß.

Seiner großen Tradition verdankt das Burgtheater auch andere, recht anachronistisch anmutende Eigenheiten. Eine davon ist das »Vorhangverbot«, das erst in den siebziger Jahren des 20. Jahrhunderts abgeschafft wurde. Während es Schauspieler sonst durchaus genießen, sich am Ende der Vorstellung in möglichst lang anhaltenden Ovationen zu »baden«, mussten die Mimen des Burgtheaters auf den Schlussapplaus des Publikums verzichten. Denn der Vorhang blieb, als das Stück vorbei war, geschlossen.

Grund dafür war die Ehrfurcht, die die Wiener einst ihrem Kaiser entgegenbrachten. Sollten doch in Anwesenheit des Monarchen nicht andere – noch dazu Schauspieler – bejubelt werden.

In den 200 Jahren, da das Vorhangverbot galt, gab es unter den Schauspielern zwei »Parteien«, die immer wieder lautstark aneinander gerieten. Die einen wollten das Verbot beibehalten, die anderen votierten für seine Abschaffung.

Werner Krauß etwa, der von sich behauptete, »den Applaus zu hassen«, trat sein Leben lang für das Vorhangverbot ein. »Es ist die größte Prostitution für einen Schauspieler«, meinte er, »wenn er zum Beispiel als toter König Lear aufstehen und sich verbeugen muss. Das finde ich schrecklich.«

Ganz anders die Meinung Raoul Aslans, der vor dem Theatertreffen dreier Bühnen prophezeite: »Nachher wird man sagen, das Berliner Staatstheater hat 35 Vorhänge gehabt, das Deutsche Theater hat 45 Vorhänge gehabt, und das Burgtheater *hätte* 55 Vorhänge gehabt.«

Die Bedeutung des Wortes Tradition erkennt man auch daran, dass das Vorhangverbot nur an der »Burg«, nicht aber an deren Dependence, dem Akademietheater, galt. Dort *mussten* sich dieselben Mimen – ob sie wollten oder nicht – verbeugen. Die einzige Ausnahmeregelung wurde in all den Jahren Paul Hörbiger erteilt, der jeden Abend nach der Vorstellung in sein niederösterreichisches Domizil nach Wieselburg pendelte und der Direktion glaubhaft versichern konnte, dass er den um 23.45 Uhr vom Wiener Westbahnhof abfahrenden letzten Zug versäumen würde, so er gezwungen wäre, den Applaus entgegenzunehmen.

Achim Benning war es, der im Ensemble die Frage abstimmen ließ, ob das Vorhangverbot bleiben solle oder nicht. Da es von der Mehrheit der Mimen abgewählt wurde, dürfen sich die Damen und Herren Burgschauspieler seither vor dem Vorhang verbeugen.

Werner Krauß muss sich darob im Grabe umdrehen, war er doch der Meinung: »Das Ende des Vorhangverbotes wäre der Untergang des Burgtheaters.«

Eine andere Institution konnte jedoch, entgegen allen Zeichen der Zeit, überdauern: Es sind die Titel Doyenne und Doyen.

Der Doyen ist nicht, wie meist irrtümlich vermutet, der älteste Schauspieler im Ensemble. Er muss dem Haus jedoch seit langem angehören und bei seiner Ernennung aktiver Kammerschauspieler sein. Sein Name wird vom Ensemble vorgeschlagen und von der Direktion an den zuständigen Minister weitergeleitet. Und der ernennt den Schauspieler dann zum Doyen.

Dasselbe Ritual gilt für das weibliche Gegenstück, die Doyenne. Wer einmal Doyenne oder Doyen ist, der bleibt es auf Lebenszeit – diese, meist überaus verdienten Mitglieder des Theaters, genießen also das Privileg, nicht in Pension geschickt zu werden – egal, ob sie noch auftreten oder nicht.

Was schon zu kuriosen Vorfällen geführt hat. Paula Wesselys Vorgängerin als Doyenne war Adrienne Gessner, vor der es wiederum Rosa Albach-Retty gewesen ist. Sie stand mit 83 Jahren das letzte Mal auf der Bühne, ging aber aufgrund ihrer Ernennung zur Doyenne niemals in Pension. Und so blieb sie, bis zu ihrem Tod im Alter von 105 Jahren, immer »aktiv«. Heute noch erinnert man sich schmunzelnd daran, dass die alte Dame von Zeit zu Zeit in der

Direktion anrief, um zu fragen, ob es denn nicht bald eine Gehaltserhöhung gäbe …

Von der Regel, dass der Doyen ein Schauspieler höchsten Ranges sein muss, gab es nur eine Ausnahme. Vor Michael Heltau – der übrigens der jüngste Doyen ist, den es je am Burgtheater gegeben hat – war Fred Liewehr diese Ehrung zuteil geworden, der natürlich ebenfalls zu den würdigsten Protagonisten des Hauses zählte. Dessen Vorgänger aber hieß Karl Eidlitz. Der zwar ein alter Burgschauspieler war, aber niemals Hauptrollen verkörpert hatte.

Dass er dennoch Doyen wurde, lag daran, dass er der Ehemann der großen Alma Seidler war (über die Werner Krauß sagte: »Wenn ich den Ifflandring einer Frau überlassen könnte, dann bekäme ihn die Alma Seidler«). Sie wäre somit prädestiniert gewesen, Doyenne zu werden, wurde es aber infolge des langen Lebens der Doyenne Rosa Albach-Retty nie. Also konnte Alma Seidler durchsetzen, dass wenigstens ihr Gatte Doyen wurde.

Heinrich Schweiger erzählt eine Episode über den Doyen Karl Eidlitz: Als sich die Zusammenarbeit zwischen seiner Frau Alma Seidler und Fritz Kortner bei der Inszenierung von Ibsens Klassiker *John Garbiel Borkman* als nicht gerade spannungsfrei erwies, sah Eidlitz sich veranlasst, Kortner um eine Aussprache zu bitten. »Eidlitz«, erinnert sich Schweiger, »ging nicht so sehr wegen seiner Rollen in die Geschichte des Burgtheaters ein, sondern wegen seiner Perücken. Er hatte drei davon, alle rötlich-blond. Eine mit längerem, eine mit kürzerem Haar und eine mit Schuppen, um nur ja echt zu wirken. Als er mit Kortner zusammen traf, um zwischen ihm und Alma Seidler zu vermitteln, herrschte dieser ihn an: ›Nehmen Sie die Perücke herunter, wenn Sie mit mir sprechen!‹«

Die Titel Doyen und Doyenne überlebten selbst die Direktion Claus Peymann. Dieser holte deutsche Schauspieler wie Gert Voss und Kirsten Dene an die Burg, worauf es zu Spannungen mit dem Wiener Ensemble – darunter Michael Heltau, Erika Pluhar, Fritz Muliar, Gertraud Jesserer, Klaus Maria Brandauer, Elisabeth Orth, Maresa Hörbiger, Karlheinz Hackl und Robert Meyer – kam. Spannungen, die sich erst in der Direktion Klaus Bachler auflösten.

Probleme zwischen deutschen und österreichischen Schauspielern im Burgtheater gab es freilich immer schon. Albert Heine – der erste Direktor nach dem Zusammenbruch der Monarchie – war, als er ein Schiller-Stück inszenierte, mit dem Ergebnis einer Probe so unzufrieden, dass er plötzlich laut aufschrie: »Diese Deutschen soll alle der Teufel holen!« Noch ehe er den Satz beendet hatte, bemerkte er, dass neben ihm der aus Sachsen stammende Hofrat und Hofschauspieler Hugo Thimig saß. Also fügte er schnell noch hinzu: »Sie, Herr Hofrat, sind natürlich längst schon ein Wiener geworden!«

Die Pointe am Rande: Direktor Heine stammte aus Braunschweig.

Tante Hilda greift ein

*Ein Gespräch mit der 102-jährigen
Rosa Albach-Retty. Und wie es dazu kam.*

*Mit Rosa Albach-Retty,
Bad Goisern, im August 1977.*

Das Interview sollte an ihrem hundertsten Geburtstag, also am 26. Dezember 1974, erscheinen. Ich hatte mich mehr als rechtzeitig angemeldet, sie in ihrem Altersdomizil, dem Künstlerheim in Baden bei Wien, angerufen, um einen Termin gebeten. Doch Frau Hofschauspielerin – sie war die letzte, die diesen Titel noch tragen durfte –, Frau Hofschauspielerin entschuldigte sich höflich, sie lebte doch schon seit fast zwanzig Jahren zurückgezogen und wollte nicht mehr in die Öffentlichkeit.

Das hat man als Journalist zu respektieren. Wenn auch äußerst ungern. Stellte die alte Dame doch wahrhaft ein Stück Kulturgeschichte des 20. Jahrhunderts dar. Geboren 1874 in der deutschen Stadt Hanau, in einer Zeit, zu deren letzten Zeugen sie zählte. Georges Bizet hatte in ihrem Geburtsjahr *Carmen* komponiert und Johann Strauß *Die Fledermaus*. Briefsendungen wurden noch mit der Postkutsche befördert, es gab weder Strom noch Telefon, Bismarck war deutscher Reichskanzler und Victoria Englands Königin. Dostojewski, Richard Wagner, Franz Liszt und Charles

Darwin zählten zu ihren Zeitgenossen. 1891 debütierte sie am Deutschen Theater Berlin, es folgten das Wiener Volkstheater und 1903 die »Burg«. Als man sie dort nach zehnjähriger Zugehörigkeit zur Hofschauspielerin ernannte, wurde sie, wie in solchen Fällen üblich, von Kaiser Franz Joseph in Audienz empfangen.

Und so eine Geschichte drohte damals, im Dezember 1974, zu platzen.

Rosa Albach-Retty war – wie gesagt – besonders höflich und gestaltete selbst die Interview-Verweigerung zum Erlebnis, denn als sie am Telefon merkte, dass ich ihre Absage bedauerte, tröstete sie mich mit der unvergleichlichen Noblesse, zu der wohl nur noch ihre Generation fähig war: »Vielleicht ein andermal, rufen Sie mich doch nächstes Jahr wieder an!«

Ich hatte mit dieser Erzählung im Freundeskreis großen Erfolg, eine Hundertjährige lädt mich ein, sie in einem Jahr wieder anzurufen, das kam gut an. Dass ich je die Gelegenheit, mit ihr ein Interview zu führen, haben würde, an dieses Wunder konnte man natürlich nicht mehr glauben.

Dennoch, als ein Jahr vergangen war, rief ich wieder an. Auch wenn's völlig sinnlos erscheint, als hartnäckiger Journalist gibt man sich nicht so leicht geschlagen. Wieder diese bezaubernde Stimme am Telefon, und wieder diese ausnehmende Höflichkeit. »Ach ja, Sie haben's ja schon voriges Jahr versucht. Aber wissen Sie, ich muss nächste Woche zum Arzt, das Haus, in dem ich hier wohne, wird renoviert, meine Schwiegertochter kommt zu Besuch ...« Mit einem Wort: Rosa Albach-Retty wollte nach wie vor nicht. In ausgesuchter Höflichkeit fügte sie freilich wieder an: »Probieren Sie es doch im nächsten Jahr wieder.«

Neuerliche Riesenerfolge im Freundeskreis. Jetzt ist sie schon 101. Und sie vertröstet mich immer noch.

Was soll ich Ihnen sagen, im Dezember 1976 hab' ich's ein drittes Mal probiert. Anruf in Baden, »hier spricht der Journalist, Sie wissen schon, gnädige Frau ...«

»Ach ja«, Frau Hofschauspielerin klangen heiter wie eh und je und selbstverständlich höflich wie bei den beiden anderen Malen. Aber es ginge ihr gesundheitlich nicht so besonders, wobei sie betonte, dass sie schließlich nicht mehr die Jüngste sei. Womit ich neuerlich vertröstet wurde.

Diesmal wollte ich nicht wieder ein ganzes Jahr ins Land ziehen lassen, war die Dame doch mittlerweile 102 Jahre alt geworden. Zugegeben, die Geschichte wurde mit jedem Jahr, um das sich das Interview hinauszögerte, besser – aber andererseits: Wir beide, die Frau Hofschauspielerin und ich, sollten es doch noch erleben!

Obwohl meine diesbezüglichen Hoffnungen auf dem Nullpunkt angelangt waren, wandte ich mich in dieser Situation an Tante Hilda. Tante Hilda war die Schwester meiner Mutter – und schon damals kein junges Mädchen mehr, aber natürlich viel jünger als Frau Hofschauspielerin. Tante Hilda besaß das Privileg, Rosa Albach-Retty persönlich zu kennen. Seit Jahren verbrachte sie die Sommermonate in demselben Hotel wie die »Frau Professor«, wie die berühmte Schauspielerin allseits genannt wurde. Im Kurhotel von Bad Goisern im Salzkammergut. Ich habe Tante Hilda angerufen und ihr die Situation erklärt. Sie versprach, bei nächster Gelegenheit intervenieren zu wollen.

Ein paar Monate waren vergangen, als ich im Sommer 1977 einen Anruf erhielt. Ich dachte an alles mögliche, nur nicht an Tante Hilda, geschweige denn an ihre diesbezüglichen Bemühungen. Doch sie rief jetzt ins Telefon: »Ich hab' mit ihr gesprochen, du kannst kommen!«

»Was, bitte sehr, mit wem …?«

»Ich bin in Goisern«, sagte Tante Hilda ein wenig indigniert, »und heute beim Frühstück hab' ich mit der Frau Professor Albach-Retty gesprochen. Sie ist bereit, dir ein Interview zu geben. Setz dich ins Auto und fahr los!«

Tatsächlich, die mittlerweile im 103. Lebensjahr stehende Frau Hofschauspielerin hatte via Tante Hilda zugesagt, dass sie jetzt bereit sei, mit mir zu sprechen. Tante Hildas Protektion machte es möglich.

Am selben Tag noch schnappte ich mir einen Fotografen und los ging's. In dreieinhalb Stunden waren wir in Goisern, und am späten Nachmittag erwartete mich Tante Hilda bereits in der Hotelhalle. Wir gingen sofort in den Park, wo die Frau Professor und Hofschauspielerin gerade ihren täglichen Nachmittagsspaziergang unternahm. Tante Hilda stellte mich vor.

»Ach, Herr Markus, Sie haben ja lange warten müssen, aber Sie sehen, wir haben es doch noch geschafft«, sagte die unvergleichlich vornehme alte Dame gut aufgelegt und fügte mit Bestimmtheit in der Stimme an: »Was halten Sie davon, wenn wir uns morgen um zehn an der Rezeption treffen?«

Ich hielt natürlich viel davon, mietete mich im Kurhotel ein und stand anderntags überpünktlich, zum Interview bereit, in der Halle.

Es war ein heißer Augustmorgen, der eine fast unerträgliche Schwüle in sich trug. Und da kam sie auch schon. Zierlich, auf einen Stock gestützt – aber nicht etwa, weil ihr das Alter dieses Attribut abverlangt hätte, sondern weil es zur Eleganz ihrer

Generation gehörte, einen zarten, schwarzen Elfenbeinstock in der Hand zu halten. Sehr schick wirkte sie in ihrem mondänen, weißen Seidenkostüm, das wunderschöne weiße Haar nach hinten gesteckt.

Sie begrüßte mich höflich und distinguiert, wie sie eben war. Und dann stellte mir die alte Dame eine Frage, die ich, solange ich lebe, nicht vergessen werde. Sie, die im 103. Lebensjahr stehende Frau Professor und Hofschauspielerin, fragte mich, den damals in den mittleren Zwanzigern befindlichen Reporter, ob ich »das Gespräch hier in der Halle führen möchte oder lieber draußen auf der Terrasse, aber dort wird es Ihnen vielleicht zu heiß sein«.

Nicht ihr, der über Hundertjährigen, könnte es zu heiß sein, nein, mir, dem um ein Dreivierteljahrhundert Jüngeren. Ich habe einen Beweis derartiger Höflichkeit in meinem Leben nie wieder erlebt.

Wir entschieden uns der besseren Fotografiermöglichkeiten wegen für draußen, und ich darf gleich vorwegnehmen, dass sowohl die alte Dame als auch ich die Hitze, gemildert durch einen Schatten spendenden Sonnenschirm, glänzend überstanden.

Soweit die Vorgeschichte, wie es zu unserem Gespräch kam. Und nun zu diesem selbst.

»Es war kein sehr bewegtes Leben«, begann sie ihre Erzählung mit zarter Stimme, »nein, ganz im Gegenteil – es gab keine Ausschweifungen, alles verlief sehr bürgerlich.«

Und darin sah sie auch schon das Geheimnis dafür, ihr sagenhaftes Alter erreicht zu haben. »Ich habe nie viel gegessen und getrunken, bin viel an der frischen Luft, gehe gerne spazieren. Und vor allem: Ich glaube, ein gutes Naturell zu haben. Dinge, die mich belasten, kann ich ziemlich leicht abschütteln. Ich sage mir, es hat keinen Sinn, sich allzu sehr aufzuregen.«

Mit einer besonderen Langlebigkeit ihrer Vorfahren konnte sie nicht aufwarten, »meine Verwandten wurden alle nicht sehr alt. Die älteste war meine Großmutter, sie starb mit 78.« Auch Rosa Albach-Rettys Eltern waren Schauspieler, und kein Geringerer als Josef Kainz hatte zu ihrem Vater, als sie sechzehn war, gesagt: »Die Roserl, die muss zum Theater, das geht gar nicht anders.« Mit Kainz, »meinem Lieblingspartner«, sollte sie dann noch oft auf der Bühne stehen, unter anderem als Rahel in der *Jüdin von Toledo*. In einem halben Jahrhundert Burgtheater war sie dann auch die Nerissa im *Kaufmann von Venedig*, die Roxane in *Cyrano von Bergerac*, die Maria in *Was ihr wollt*, die Aase in *Peer Gynt*. Und die Göre Adelheid im *Biberpelz* – eine Rolle, für die sie Gerhart Hauptmann in Berlin einst persönlich vorgeschlagen hatte …

»Für uns Junge war das Burgtheater etwas sehr Komisches«, schmunzelte sie. »Wir in Deutschland hatten ja längst nicht mehr so deklamiert, wir waren moderner. Am Burgtheater hat man immer noch mit furchtbarem Pathos gesprochen.«

Dennoch war sie dem Ruf der führenden Bühne des deutschen Sprachraums gefolgt, an der ihr – trotz der anfänglichen Ressentiments – gleich auffiel, »dass alle so ein wunderschönes Deutsch sprachen«. Neben Kainz hatte sie auch noch die »Burg«-Giganten Adolf von Sonnenthal, Josef Lewinsky, Katharina Schratt und Lotte Medelsky erlebt, »alles wunderbare, große Sprechkünstler. Und genau das vermisse ich heute bei so vielen Kollegen, ich würde mir wünschen, dass sie alle sprechen lernen«, formulierte sie spitz ihren Seitenhieb an die Adresse der jüngeren Generationen.

Ihr Leben umspannte ein ganzes Jahrhundert: Porträtzeichnung Rosa Albach-Rettys aus den dreißiger Jahren.

Sie war auch nicht zimperlich, als ich das Gespräch auf ihre – damals 39-jährige – Enkelin Romy Schneider brachte. Und wieder kam ein Satz, der mir stets im Gedächtnis haften bleiben wird, weil er so schön den Zeitensprung dokumentiert, der zwischen ihrer und der Generation ihrer Enkelin lag: »Die Romy? Ja, wissen Sie, sie ist leider keine Schauspielerin geworden ...« Kleine Pause, in der ich sie etwas verwundert ansah, »... sie ist leider keine Schauspielerin geworden. Nur Filmschauspielerin.«

Da kannte die Großmama kein Pardon, auch wenn die Enkelin längst zu den Großen dieser Welt zählte, für sie war sie »nur Filmschauspielerin«. Was sie als schade empfand, »denn ich halte sie für ungeheuer begabt. Je mehr sie sich auszieht, desto mehr Reiz hat das fürs Publikum, aber mit Kunst hat das nichts zu tun. Ich meine, dass die Arbeit für Film und Fernsehen mit der am Theater nicht zu vergleichen ist. Im Theater herrscht die Kunst, beim Film die Technik, da fällt das Gefühl unter den Tisch.«

Es war natürlich die Meinung einer Frau, die aus einer anderen Zeit in die unsere gekommen war, und dennoch machte sie auf mich in keinem Moment den Eindruck, in ihren Ansichten altmodisch oder gar verstaubt zu sein. Sie wirkte mit ihrem ungeheuren Charme, und wenn sie mich mit ihren listigen Augen ansah – ich wage es kaum zu sagen: da wirkte die 102-Jährige geradezu jung.

Sie beklagte sich mit keiner Silbe darüber – stellte es aber unmissverständlich fest –, dass sie »die Romy leider nur sehr, sehr selten zu Gesicht« bekäme. Sie hatte sie damals gerade zum zweiten Mal zur Urgroßmutter gemacht*: »Ich verstehe das nicht recht. Sie kann sich doch kaum um die Kinder kümmern, wenn sie soviel zu tun hat. Ich meine, ein Kind soll bei der Mutter sein.«

Bei ihr sei dies der Fall gewesen. Die Schauspielerin war mehr als ein halbes Jahrhundert mit dem Rechtsanwalt Karl Julius Albach verheiratet gewesen, der schon seit einem Vierteljahrhundert tot war. Liebevoll sprach sie von ihrem einzigen Sohn, dem 1967 verstorbenen Wolf Albach-Retty. »Der Bub«, so nannte sie ihn immer noch, habe leider so früh, mit 58 Jahren, dahingehen müssen, »das war der härteste Schlag meines Lebens«.

Auch sie war in ihrem langen Leben nicht so gesund, wie man dies bei jemandem vermuten würde, der dieses biblische Alter erreicht. »Ich habe sechzig Jahre lang unter einem Magengeschwür gelitten, bis es im vergangenen Frühling zum Durchbruch kam.«

Zumal meine Gesprächspartnerin nicht nur ein kulturhistorisches, sondern zweifellos auch ein medizinisches Phänomen darstellte, wandte ich mich später dann (und mit Rosa Albach-Rettys Einverständnis) an den sie behandelnden Arzt, Primarius Erich

---

* Sarah Biasini, geb. am 21. Juli 1977

Amann aus Baden, der mir erklärte: »Als ich ihr im vorigen April eröffnete, dass ihr Magengeschwür sofort operiert werden müsse, lehnte sie zunächst ab. Erst, als ich ganz offen sagte, dass dann sehr bald ihre letzte Stunde schlagen würde, willigte sie ein. Es konnte dann gar nicht schnell genug gehen. Der ungeheure Lebenswille ist es auch, der diese Frau in Würde und in bester Verfassung so alt werden ließ.« Dabei unterstrich der Primarius, »dass eine so schwere Magenoperation auch bei halb so alten Menschen nicht ungefährlich« sei. »Aber sie hatte eine blanke Wundheilung wie eine 40-Jährige.« Und ein knappes halbes Jahr später, als ich ihr gegenüber saß, war sie nach Aussage des Arztes »vollkommen wiederhergestellt«.

Zurück auf die Terrasse des Kurhotels in Bad Goisern. Sie erzählte noch von ihrer Audienz bei Kaiser Franz Joseph, »zu der man nicht gebeten, sondern befohlen wurde. Mein langes, schwarzes Audienzkleid war vom Salon Drecoll am Kohlmarkt angefertigt worden. Der Kaiser, ein wirklich feiner Herr, damals schon über achtzig, stand, als ich den Audienzsaal betrat, an seinem Stehpult. Er kam mir entgegen, reichte mir die Hand und sagte: ›Es tut mir leid, dass ich Sie noch nie auf der Bühne gesehen habe. Ich komm' halt gar nicht mehr ins Theater. Aber meine Tochter Valerie hat Sie schon oft bewundert und mir davon berichtet.‹« Er nahm Rosa Albach-Rettys Dank für die Ernennung zur Hofschauspielerin entgegen, und schon war die Audienz wieder beendet.

»Es ist ja köstlich«, sagte sie dann noch, »dass meine Enkelin in ihren Filmen ausgerechnet die Frau jenes Mannes spielte, dem ich damals begegnet bin. Und wie sich die Zeiten geändert haben: Romy ist vor ein paar Jahren zufällig im selben Flugzeug gesessen wie Otto von Habsburg. Als sie in Madrid landeten, wurden sie von einer riesigen Menschenmenge empfangen. Romy dachte: Die warten sicher alle auf den Sohn des letzten Kaisers von Österreich. Aber nein, sie jubelten ihr zu, die die Kaiserin Elisabeth nur gespielt hatte.«

Noch einmal auf ihre Audienz bei Kaiser Franz Joseph zurückkommend, sagte Rosa Albach-Retty: »Man vergisst so eine Begegnung nie mehr, man trägt diesen Eindruck ein Leben lang in sich.«

Ich verabschiedete mich von der Hofschauspielerin und unternahm, tief bewegt von dem soeben geführten Gespräch, mit Tante Hilda einen kleinen Spaziergang durch den Kurpark. Plötzlich, nach ein paar Minuten, stand uns Rosa Albach-Retty noch einmal gegenüber. Sie setzte sich auf eine Bank und lud uns ein, ihr Gesellschaft zu leisten. »Hier, auf dieser Bank habe ich meinen letzten Heiratsantrag bekommen. Das ist schon lange her«, sagte sie lachend, »ich war damals neunzig.«

Ich wunderte mich, dass es der bislang Letzte war und hörte fasziniert zu, wie sie jetzt, fast übermütig, weitererzählte, von Kainz, »der sehr intelligent und seiner Zeit um Dezennien voraus war«, und von einer besonders bösartigen Zeitungskritik, die irgendwann zur Jahrhundertwende über eine damals schon etwas ältliche Kollegin erschienen war. Die Überschrift hatte gelautet: »Die Burgruine – in der Titelrolle: Stella Hohenfels.«

So weit mein Besuch bei Rosa Albach-Retty. Hier seien noch zwei Anekdoten erzählt, die belegen, mit wie viel Humor Rosa Albach-Retty ihr biblisches Alter meisterte. Als man sie in ihren letzten Lebensjahren einmal fragte, wie sie sich in ihrem Altersdomizil in Baden fühlte, da antwortete sie: »Es ist ja ganz nett. Aber es sind halt lauter alte Leute da!«

Und die zweite: Zu ihrem vollen Jahrhundert veranstaltete das Burgtheater ein großes Fest. Das Ensemble war anwesend, als man sie unter tosendem Applaus auf die Bühne bat, nicht ohne vorher anzukündigen, dass ihr die Kollegen Attila Hörbiger und Richard Eybner – jeweils 78 Jahre alt – behilflich sein würden.

Kaum stand sie auf der Bühne, wies Direktor Gerhard Klingenberg in seiner Rede darauf hin, wie leichtfüßig sie, Arm in Arm mit den beiden Herren, die Stiegen erklommen hätte. Worauf Rosa Albach-Retty sagte: »Ich wär' ja noch viel schneller da gewesen, wenn ich nicht den Hörbiger und den Eybner hätte raufschleppen müssen.«

Rosa Albach-Retty starb am 26. August 1980, drei Jahre nach unserem Interviewtermin, in Baden bei Wien. Sie stand im 106. Lebensjahr.

Und mir bleibt die wunderbare Erinnerung an ein Gespräch, ähnlich wie es ihr nach der Audienz beim Kaiser ergangen war: Man vergisst so eine Begegnung nie mehr, man trägt diesen Eindruck ein Leben lang in sich.

Vom Wirtshaustisch in den Theaterhimmel

*Die ganz Großen des Theaters
in der Josefstadt*

Zur Erholung von so vielen glanzvollen Namen kehren wir vorerst bei Herrn Johann Michael Köck, einem bürgerlichen Gasthausbesitzer in der Josefstädter Vorstadt, ein. Der hatte einen »missratenen Schwiegersohn« – so jedenfalls bezeichnete man am Ende des 18. Jahrhunderts diesen jungen Mann, den es zur Bühne drängte. Er hieß Karl Mayer, und wir verdanken ihm die Existenz des Theaters in der Josefstadt.

Und das kam so: Schwiegerpapa Köck, gelernter Schuhmachermeister, hatte in der Kaiserstraße 93 – dem heutigen Haus Josefstädter Straße Nr. 26 – das Schankhaus »Bey den goldenen Straußen«. Als Herrn Köcks Tochter Elisabeth im Oktober 1783 besagten Herrn Mayer heiratete, dachten die glücklichen Eltern noch, dass das geliebte Kind eine »gute Partie« gemacht hätte. Denn auch Mayers Eltern besaßen ein Gasthaus, das »Zu den drei Federn« hieß und am nahen Strozzigrund gelegen war.

Wenn sich zwei Wirtskinder zusammentun, kann nicht viel schiefgehen, mag Herr Köck gedacht haben – doch er sollte sich täuschen. Denn Schwiegersohn Karl, beseelt von dem Gedanken, Schauspieler zu werden, schloss sich einer Wandertruppe an, und als das junge Glück gerade drei Jahre währte, scheint auch schon sein Name am Spielplan des Fasantheaters in der heutigen Neustiftgasse auf. Da der erhoffte künstlerische Erfolg daselbst ausblieb, beschloss der Besessene, über sein künftiges Schicksal nicht irgendeinen Prinzipal entscheiden zu lassen, sondern es selbst in die Hand zu nehmen. Und er gründete ein Theater. Seinen Schwiegerpapa muss er so lange sekkiert haben, bis dieser sich bereit erklärte, den riesigen Gastgarten »Bey den goldenen Straußen« zur Verfügung zu stellen. Und in den baute Karl Mayer sein Theater – jenes »in der Josefstadt« eben. Der Gastwirt Johann Michael Köck holte die behördliche Genehmigung ein, »Schauspille auf firen zu tirfen« und erklärte sich sogar bereit, die »Verrücktheiten« seines Schwiegersohnes zu finanzieren. Das Theater wurde am 24. Oktober 1788 mit dem Lustspiel *Liebe und Koketterie* »vor einer zahlreichen Gegenwart des Publikums« eröffnet.

Wiens dritte feste Vorstadtbühne – neben dem Leopoldstädter und dem Freihaustheater auf der Wieden – hatte natürlich wenig mit dem zu tun, was wir heute als Theater in der Josefstadt bezeichnen. Aber eines sollte sich bald herausstellen: Karl Mayer war von seinen bisherigen Prinzipalen offensichtlich wirklich verkannt worden, erwarb er sich doch an seinem Theater, in dem er die guten Rollen endlich selber spielen konnte, eine besondere Sprechweise, zu deren Eigenarten es gehörte, halbe Sätze zu verschlucken. Und er entwickelte sich zu einem Charakterdarsteller, der »mit Erfolg komische Rollen, gutherzige Alte, Ehemänner, die unter dem Pantoffel stehen etc., gibt«, wie man in Adolf Bäuerles *Theaterzeitung* nachlesen kann.

Von Karl Mayers »beyfallswürdiger Schauspielergesellschaft« zum »Josefstädter Stil«, der später an diesem Haus geprägt werden sollte, war's freilich ein weiter Weg. Der Bühne gehörten unter ihrem ersten Direktor 39 Künstler an, von denen sieben – nebst der Familie Mayer – im Theatergebäude logierten.

Solange Karl Mayer seine Bühne selbst führte, ging alles gut. Schon nach drei Jahren durfte er sie als »K.K. Privilegiertes Theater« bezeichnen, was ihn zur Aufführung aller Gattungen von

Stücken und zum Anbringen des kaiserlichen Adlers am Portal berechtigte.

Er spielte auch alles, was in den vermischten Handlungen der vorstädtischen Biedermeierdichtkunst zu haben war: Komödien, Zauber- und Singspiele, Volksstücke, Opern, Ballette, Parodien, Kinderpantomimen und manchmal auch literarisch anspruchsvollere Stücke (die eher die Ausnahme blieben).

Doch kaum versuchte sich Karl Mayer aus Altersgründen aus dem Theaterbetrieb zurückzuziehen, tauchten Probleme auf. Die diversen Pächter, die an der Josefstadt ihr Glück versuchten, waren Geschäfts-, aber keine Theaterleute. Die einen führten sie als Schmierenbühne, die anderen entnahmen der Theaterkasse allzu viel Geld, ohne zu investieren. Und so sah sich Mayer mehrfach gezwungen, die Direktion zwischendurch wieder selbst in die Hände zu nehmen.

In Wien gab es zu Beginn des 19. Jahrhunderts die Brüder Huber, Josef hieß der eine, Leopold der andere. Beide waren als Theaterdirektoren tätig, kurioserweise Leopold als Direktor der Leopoldstadt und Josef als Direktor der Josefstadt. Josef Hubers Name ist aus einem Grund erwähnenswert: Er war an jenem 13. Mai 1814 gerade Direktor, als in der Josefstadt ein Schauspieler debütierte, dessen Auftreten den ersten Höhepunkt in der Geschichte des Theaters bildet. Ferdinand Raimund, bisher nur an Wanderbühnen tätig, spielte den Franz Moor in Schillers *Räubern* und gefiel dem Publikum auf Anhieb. Raimund gastierte später noch mehrere Male an der Josefstadt, unter anderem in seinen Zaubermärchen *Der Alpenkönig und der Menschenfeind* und *Der Diamant des Geisterkönigs*. Am 20. Februar 1834 wurde *Der Verschwender* – mit Raimund in der Rolle des Valentin – in der Josefstadt uraufgeführt.

Die Verschwender standen vorerst aber noch eher hinter als auf der Bühne. Im Mai 1818 sollte das Theater zum ersten, aber nicht zum letzten Mal in den Ruin schlittern. Direktor Josef Huber, berühmt dafür, dass er auf allzu großem Fuß lebte, konnte seinen zahllosen Verpflichtungen nicht mehr nachkommen und verließ Wien – Schulden in der Höhe von 22 000 Gulden zurücklassend – fluchtartig.

Huber war eigentlich Apotheker und hatte von der Theaterführung so gut wie keine Ahnung. Und er blieb nicht der Einzige in der mehr als 200-jährigen Geschichte der Josefstadt, auf den das zutraf. Unter den etwa fünfzig Direktoren des Hauses gab es zwar etliche Schauspieler und Regisseure, aber auch Gastwirte, einen Notar, einen Nachtwächter, einen Rauchfangkehrer, einen Praterbudenbesitzer und einen Chirurgen.

Eigentlich hätte nach Direktor Hubers Abgang das Theater Konkurs anmelden und zusperren müssen, doch die Behörden betrauten einmal mehr Karl Mayer, der immer noch Inhaber des Theaterprivilegs war, mit der Leitung des Hauses, um Härtefälle im Ensemble zu vermeiden.

Aber die Josefstadt schien nicht mehr zu retten, es gab bereits einen Plan, das Theater niederzureißen und an seiner Stelle ein Getreidemagazin zu errichten. Auch Herr Köck hatte mittlerweile genug von den Theaterflausen seines Schwiegersohnes und verkaufte sein Gasthaus samt anschließendem Grundstück, wodurch auch das darauf befindliche Theater einen neuen Besitzer bekam. Er hieß Wolfgang Reischel und erkannte bald, dass das Haus zu klein war, um kostendeckend bespielt zu werden. Und so entschloss sich Herr Reischel, nach Zukauf eines Nachbargrundstücks, zu einem großzügigen Zu- und Umbau, der 137 680 Gulden Wiener Währung verschlang.

Die Neugestaltung fand unter Mitwirkung des berühmten Biedermeierarchitekten Josef Kornhäusel statt, das Theater bot jetzt fast fünfhundert Besuchern Platz. Die Wiedereröffnung am 3. Oktober 1822 bildete den nächsten Höhepunkt in der Geschichte der Josefstadt, wurde der festliche Abend doch mit Beethovens Ouvertüre »Die Weihe des Hauses« eingeleitet. Der Komponist dirigierte – vom Publikum lautstark begrüßt – was dieser zwar sehen, aber nicht hören konnte: Beethoven war zu diesem Zeitpunkt bereits völlig taub. Das war auch der Grund, warum Kapellmeister Franz Gläser neben ihm im Orchester sitzen und die Musik »tactieren« musste.

1829 gastierte Johann Nestroy an der Josefstadt, und in Wenzel Scholz wurde ein neuer Komikerstar entdeckt. Dennoch, der Durchbruch des Theaters wollte sich nicht einstellen, man lebte von Einzelerfolgen und bewegte sich nur allzu oft am Rande des Ruins. Für ein besonderes Debakel sorgte der bekannte Schauspieler Karl Carl, der als Direktor des Theaters an der Wien, des Leopoldstädter Theaters und als Gründer des nach ihm benannten Carltheaters reüssieren konnte. Doch an der Josefstadt scheiterte auch er.

Kaum ein Prinzipal im 19. Jahrhundert, der mit diesem Theater nicht Schiffbruch erlitten hätte, und so erlebte man in der Direktionskanzlei und hinter den Kulissen nicht minder dramatische Szenen als auf der Bühne. Etwa erfährt man, dass um 1830 »an manchen Abenden kein Korb Holz mehr aufgetrieben werden konnte, um die Garderoben zu heizen, und dass der arme, vor Frost klappernde Garderobier kein anderes Mittel wusste, als in das gegenüberliegende Kaffeehaus zu gehen, um dort Almosen für die Schauspieler zu erbetteln«.

Hauptproblem war die übermächtige Konkurrenz des Burgtheaters, des Theaters an der Wien und der Hofoper. Kaum feierte ein »Josefstädter« die ersten Erfolge, lief er auch schon zu einer der anderen, wesentlich reicheren Bühnen über. Bis zur Errichtung der Ringstraße war's außerdem ein gewaltiges Problem, das Publikum von der sicheren Stadt »über das von lichtscheuem Gesindel bevölkerte Glacis« hinaus in die Vorstadt zu locken.

Auch hielt sich das gesellschaftliche Ansehen der Schauspieler in Grenzen, wie uns Karl von Holtei, in der Saison 1834/35 als Gast engagiert, in seinen Memoiren hinterließ: »Es war unmöglich, in der Nähe des Josefstädter Theaters eine Wohnung zu finden; die wenigen nur erträglichen Quartiere, die wir sahen, wurden uns augenblicklich verweigert, sobald die Leute erfuhren, dass wir Schauspieler seien, die auf der Josefstädter Bühne gastieren wollten.«

Mehrere Pächter und Direktoren gingen mit der Theaterkassa durch, doch Wolfgang Reischel, der Hausherr, hatte ja glücklicherweise immer noch das gut gehende Gasthaus, das mittlerweile »Zum goldenen Straußen« hieß und ihm so hohe Einnahmen brachte, dass auch er sich den »Spleen« seines Vorgängers Karl Mayer leisten konnte. Um den gastronomischen Betrieb und dessen Gewinne auszuweiten, ließ Reischel 1834 die an das Theater angrenzenden Sträußelsäle errichten. Johann Strauß Vater eröffnete sie mit einem großen Ball, später dirigierte hier auch Joseph Lanner.

Die beiden Direktoren, die dem Theater schließlich zu jenem Ansehen verhalfen, das es heute noch genießt, waren Franz Pokorny (1837 bis 1845) und Karl Blasel, der es ab 1885 vier Jahre lang leitete. Pokorny holte Franz von Suppé als Kapellmeister, er spielte Volkstümliches von Nestroy, Raimund und Bäuerle, aber auch zahlreiche Klassiker. Schließlich trat in seiner Direktionszeit – wenn auch nur einmal, am 5. Dezember 1843 für eine Wohltätigkeitsveranstaltung – die Tänzerin Fanny Elßler in dem Theater auf.

Nach einer weiteren Blütezeit unter dem beliebten Komiker Karl Blasel – der mit den *Gigerln von Wien* seinen größten Erfolg hatte – wurde die Josefstadt modern: Ab 1899 unter ihrem neuen Direktor Josef Jarno, der Max Pallenberg und Alexander Girardi, Lily Karoly, Gisela Werbezirk und seine eigene Frau Hansi Niese holte. Jarnos Lieblingsautoren waren Strindberg und Wedekind, er spielte Schnitzler, Bahr, Ibsen und erlebte 1913 einen Sensationserfolg mit Molnárs *Liliom*, wobei er selbst in der Titelrolle bejubelt wurde. Jarnos Triumph in der Josefstadt fand schließlich durch die Inflation der zwanziger Jahre ein jähes und unverdientes Ende.

Es war dann Max Reinhardt*, der 1924 das Kunststück zuwege brachte, das ehemalige Nebengebäude einer Gastwirtschaft – noch dazu in überaus schweren Zeiten – in den Theaterhimmel zu erheben.

Nach dem Krieg wurde der »Josefstädter Stil« von Vilma Degischer, Leopold Rudolf, Erik Frey, Hans Holt, Kurt Heintel, Susanne Almassy, Lotte Lang geprägt, und auch Marion Degler, Ernst Waldbrunn, Elfriede Ott, Marianne Nentwich, Alfred Böhm, Albert Rueprecht und Heinz Marecek reiften – unter Direktor Franz Stoß – zu »echten Josefstädtern«. Nach der neunjährigen

---

* Siehe folgendes Kapitel

Direktion Otto Schenks übernahm 1997 Helmuth Lohner die künstlerische Leitung des Hauses. Bei seinem Amtsantritt erinnerte man sich eines früheren Ausspruchs Lohners: »Der Unterschied zwischen einem Theater und einem Irrenhaus«, sagte er, »besteht darin, dass in einem Irrenhaus der Direktor normal ist.«

Was einen »echten Josefstädter« ausmacht, das wusste auch Leopold »Poldo« Rudolf, der von 1945 bis zu seinem Tod im Jahre 1978 eine der Säulen des Hauses gewesen ist: Als die Kollegen von der Hauptprobe eines Stücks (in dem er nicht mitspielte) ins gegenüberliegende Café Maria Treu pilgerten, begrüßte er sie mit den Worten: »Kinder, ihr ward's heute wieder großartig, ganz einmalig, jeder einzelne von euch ein Erlebnis!«

Sie umarmten einander freudestrahlend, zumal einer ihrer Größten sie mit Worten der Zustimmung bedacht hatte. Erst als man sich vom Glückstaumel ein wenig erholt hatte, fragte einer der Mimen verwundert: »Sag, Poldo, woher weißt du eigentlich, wie wir gespielt haben, du warst doch gar nicht im Theater?«

»Aber Kinder«, entgegnete Leopold Rudolf, »ich kenn' euch doch alle!«

Der Zauberer des Theaters

»Der Menschenfresser«
Max Reinhardt

So mancher unter den ganz Großen wäre wohl nicht ganz so groß geworden, wäre er nicht durch die Schule Max Reinhardts gegangen.

Dichter bleiben lebendig, solange man ihre Stücke spielt. Regisseure hingegen werden heute gefeiert und sind morgen wieder vergessen. Nur einer von ihnen ist weit über seinen Tod hinaus allgegenwärtig: Max Reinhardt, der die bedeutendsten Schauspieler entdeckte, der das Theater revolutionierte, dem wir die Salzburger Festspiele ebenso zu verdanken haben wie die wichtigste Schauspielschule des Landes und der das Theater in der Josefstadt vor dem Zusperren rettete. In den Seelen seiner Nachfolger inszeniert er auch heute noch.

Der Weg vom kleinen Banklehrling Max Goldmann, wie der am 9. September 1873 in Baden bei Wien zur Welt gekommene Sohn eines Kaufmannes eigentlich hieß, zum international gefeierten »Zauberer des Theaters« war Aufsehen erregend. Schon in der Kindheit, die er in Wien – die Familie wohnte auf der Mariahilfer Straße – verbrachte, wollte er Schauspieler werden, obwohl er durch seine Eltern kaum einen Bezug zu diesem Beruf finden konnte. Dennoch: »Ich bin auf der vierten Galerie des Burgtheaters geboren«, sagte er, »dort wurde ich genährt (für vierzig Kronen altösterreichischer Währung pro Abend), hier erblickte ich zum erstenmal das Licht der Bühne.« Dabei ist er in seinem Leben kein einziges Mal im Burgtheater gesessen – er war immer nur auf dem Stehplatz und bewunderte von dort aus das Geschehen. »Ich atmete mit den Schauspielern, ich weinte, lachte, liebte, hasste, tötete, starb mit ihnen. Und wenn der Vorhang fiel, schlug ich jauchzend in die Hände, glücklich, dass das ganze, prächtige, stürmische und erschütternd aufregende Leben nur ein Spiel war. Es war meine zweite Kindheit, dort sangen an meiner Wiege die berühmtesten Schauspieler jener Zeit die klassischen Sprecharien.«

Die er, als er dann Theatermacher war, sofort über Bord warf. »Er ist der Erfinder des Regietheaters«, meinte sein Schüler Ernst Haeusserman. »In der Zeit vor Reinhardt war der Theaterregisseur nicht dominierend, die Schauspieler haben die Vorstellungen selbst irgendwie zusammengestellt, er war der erste Regisseur im heutigen Sinne des Wortes.« Paul Hörbiger erinnerte sich, wie es früher gewesen war: »›Sie kommen von links, und Sie kommen von rechts‹, hatten die Regisseure in der Zeit vor Reinhardt gesagt, viel mehr Anweisungen hat es für uns Schauspieler nicht gegeben.«

Nur einige Namen, denen Reinhardt dazu verhalf, das zu werden, was sie geworden sind: die Geschwister Thimig und Vilma Degischer, die Hörbiger-Brüder, Paula Wessely, Werner Krauß, Alexander Moissi, Albert Bassermann, Ewald Balser, Ernst Deutsch, Emil Jannings, Heinrich George, Elisabeth Bergner, Max Pallenberg, Lili Darvas, Hans Jaray, Curt Bois, Oskar Karlweis, Hans Moser, Theo Lingen, Heinz Rühmann, Paul Dahlke, Richard Romanowsky, Lil Dagover, Alma Seidler, Käthe Dorsch, Fred Liewehr. »Aus jedem einzelnen«, erkannte Thomas Mann, »holte er mit liebevoller Einfühlung das ihm Eigentümlichste, das ihm ganz Besondere heraus, ließ es leben, glänzen, wirken ... – nicht nur, weil er es brauchte, sondern auch aus wirklicher Liebe des innerlich alles umfassenden Schauspielers zu allem Schauspielerischen.«

Auch der junge Fred Liewehr gehörte zur Schar jener Schauspieler, aus denen Max Reinhardt das »ganz Besondere« herausholte und es »leben, glänzen, wirken« ließ.

Unfehlbar im Talententdecken war er dennoch nicht. Als Reinhardt 1934 mit einem jungen Kapellmeister die Bühnenmusik zu *Faust* einstudierte, meinte er: »Aus dem wird nie was.« Der junge Mann hieß Herbert von Karajan.

Max Reinhardt selbst war zum ersten Mal als Siebzehnjähriger im Matzleinsdorfer Eleventheater aufgetreten. Da spielte er einen Neunzigjährigen. Etwas professioneller vollzog sich dann sein nächstes Engagement am Volkstheater Rudolfsheim, bevor er nach einjährigem Zwischenspiel in Salzburg von Otto Brahm ans Deutsche Theater Berlin geholt wurde, wo er sich mit dem naturalistischen Bühnenstil vertraut machte. Und wo ihm auch der Durchbruch gelingen sollte.

Reinhardt spielte vorerst Kabarett, gründete die Kleinkunstbühne »Schall und Rauch« und eröffnete 1901 das erste eigene Theater Unter den Linden. Nach und nach wurden seine Theater größer. Er trat kaum noch auf, inszenierte lieber, bis ihm im Jänner 1905 mit dem *Sommernachtstraum* der überragende Erfolg als Regisseur gelang. Die Liebespaare jagten sich, zum Entzücken des Publikums, durch einen echten, natürlichen, auf einem Rasenteppich im Bühnenboden wurzelnden Birkenwald, man sah weiße Stämme, grüne Blätter, gelbes Moos. Reinhardts Theater sollte alle Sinne der Zuschauer betören. Neu war, dass keine Kulissenmaler, sondern hervorragende bildende Künstler beschäftigt wurden. Er hatte die besten Musiker, Dramaturgen, verpflichtete Dichter, Übersetzer, Bearbeiter. »Der Stern des Abends«, erinnerte sich Gottfried Reinhardt – einer der beiden Söhne aus Reinhardts erster Ehe mit der Schauspielerin Else Heims –, »war beim *Sommernachtstraum* zum ersten Mal in der Theatergeschichte der Regisseur.«

Kurz darauf, noch im Herbst desselben Jahres, war Max Reinhardt Direktor und – nach weiteren sensationellen Erfolgen, die die finanzielle Basis für den Kauf schufen – auch Eigentümer des Deutschen Theaters. Seinen jüngeren Bruder Edmund holte er als Verwaltungsdirektor zu sich. Edmund war aber, viel mehr noch, Freund und Wegbegleiter durch viele Jahre.

Theater musste damals nicht subventioniert werden, Theater konnte ein gewaltiges Geschäft sein. Wenn man es wie die Brüder Reinhardt zu führen verstand.

Unter Max Reinhardts Mitwirkung gab man 1911 – am Königlichen Opernhaus in Dresden – zum ersten Mal den *Rosenkavalier*. Im selben Jahr noch inszenierte er die Uraufführung von Hofmannsthals *Jedermann* im Zirkus Schumann in Berlin, ein Jahr später hob er mit Richard Strauss am Königlichen Hoftheater Stuttgart die Erstfassung der *Ariadne auf Naxos* aus der Taufe.

Hermann Bahr versuchte einmal, das Rezept der Reinhardt'schen Erfolge zu ergründen: »Sein Buch hatte er meistens auf der ersten Probe schon fertig. Im Sommer, auf dem Lido, machte er es am liebsten bereit, im Sand vor seiner Capanne; aus nassem Sand habe ich ihn einmal die Dekorationen aus *Julius Cäsar* aufbauen sehen. Kommt er im Herbst zurück, so bringt er alles schon mit. Das ganze Stück steht vor ihm, die Drehbühne ist eingeteilt, jede Stellung und jede Gebärde zu jedem Wort wird aufnotiert. Er ist fertig, bevor er beginnt; und jetzt fängt er aber eigentlich erst an: das ist sein Geheimnis. Es gibt nämlich Regisseure, die fertig sind, wenn sie beginnen, und andere, die, wenn sie beginnen, auf der Bühne erst anfangen: Er ist diese beiden Regisseure zusammen. Denn aus diesen beiden Vorstellungen, aus seiner eigenen und aus der der Schauspieler, jetzt erst eine dritte zu machen, das Kind jener beiden, ist seine Leidenschaft. Er ist ein großer Menschenfresser – die Gefressenen leben davon.«

Reinhardt leitete mehrere Berliner Bühnen gleichzeitig und betrieb seit 1907 eine weltweite Gastspieltätigkeit, doch das genügte dem Theaterbesessenen noch lange nicht. Er, der sich selbst als Vermittler zwischen Traum und Wirklichkeit sah, ging nach Salzburg, wo er mit seiner Neuinszenierung des *Jedermann* am 22. August 1920 die Festspiele gründete. Vier Jahre später ging er nach Wien, um das vollkommen heruntergekommene Theater in der Josefstadt zu retten. Das alles, wohlgemerkt, nebenbei, denn sein Berliner Bühnenimperium behielt er nach wie vor.

Mit der Josefstadt »übernahm« Reinhardt übrigens einen Stammgast namens Ulrich Kinsky, an dessen Marotte sich die Schauspieler längst gewöhnt hatten: Der stets in der ersten Reihe sitzende Graf schlief sofort, nachdem er Platz genommen hatte, ein. Es gehörte fast zur Tradition des Theaters, dass der Inspizient nach einem Blick durch das Vorhangloch sagte: »Der Kinsky schlaft schon – wir können anfangen!«

Reinhardt spielte Klassiker – am liebsten Shakespeare – und die Dramenproduktion der Zeit, Konversations- und Gesellschaftsstücke, Lustspiele, musikalisch pointierte Komödien, Operetten und intime Kammerspiele, entfernte sich aber da wie dort immer mehr vom konventionellen Theater. »Max Reinhardt war ein Baumeister«, sagte seine zweite Frau Helene Thimig, »er baute Theater wie Vorstellungen, er baute Schauspieler wie Menschen, er baute Stücke wie das Leben.«

Max Reinhardt, der »Zauberer des Theaters«, auf einer Probe mit Regiebuch.

ZEICHNUNG: RUDOLF SCHLICHTER, 1930

Bei der Finanzierung der Josefstadt war ihm der Bankier Camillo Castiglioni behilflich, der das Theater für 1,5 Millionen Schweizer Franken kaufte und von Reinhardt – dem er dabei jede Freiheit gewährte – neu gestalten ließ. Der gebürtige Triestiner hatte sein sagenhaftes Vermögen als »Kriegsgewinnler« und »Inflationskönig« erwirtschaftet, war aber auch mehrmals bankrott gegangen. Einzige Bedingung, die Reinhardt akzeptieren musste: Castiglionis

Freundin – und spätere Frau –, die Schauspielerin Iphigenie Buchmann, hatte für eine Rolle ans Theater in der Josefstadt engagiert zu werden. Zehn Bühnen waren es mittlerweile, die unter Reinhardts Leitung standen.

Als Hitler 1933 in Deutschland an die Macht kam und so das Berliner Imperium zusammenbrach, kehrte Reinhardt in seine Heimat zurück, konzentrierte sich auf Wien und Salzburg. Neben dem alljährlichen *Jedermann* inszenierte er in der Mozartstadt u. a. Molières *Eingebildeten Kranken*, Shakespeares *Sommernachtstraum*, Goethes *Faust*, Schillers *Kabale und Liebe*, Goldonis *Diener zweier Herren*, Hofmannsthals *Das Salzburger große Welttheater* und *Die Fledermaus* von Johann Strauß.

Seit längerem schon besaß Reinhardt in Salzburg das prachtvolle Barockschloss Leopoldskron, in dem er zu pompösen Premierenfeiern lud, die nicht minder aufwendig inszeniert waren als seine Theateraufführungen. »Mein Vater«, so Gottfried Reinhardt, »liebte das bunte Treiben auf Leopoldskron, diese Mischung von Society und Bohème, Politik und Kunst, Geld und Talent, Intellekt und Sex. Hier kreuzten sich die verschiedensten Wege, inmitten herrlicher Landschaft und Architektur und eines weltweiten Verkehrs. Zwischen den Weltkriegen gab es in Mitteleuropa kaum einen zweiten ähnlichen Sammelpunkt.«

Der Schauspieler Max Pallenberg fragte auf so einem Fest den Schriftsteller Egon Friedell: »Findest du es notwendig, dass Reinhardt ein Schloss mit Kerzenbeleuchtung, livrierten Dienern, ja sogar einen eigenen Teich mit zwanzig weißen und schwarzen Schwänen hat?«

»Tja also, ich hab' den Reinhardt schon gekannt«, antwortete Friedell, »als er noch völlig mittellos war und nichts hatte als ein möbliertes Zimmer, einen alten Tisch, einen wackeligen Sessel – und höchstens zwei oder drei Schwäne!«

Abgesehen von den Schwänen könnte die Geschichte stimmen: Der durchs Theater reich gewordene Reinhardt hatte sich die ersten Jahre buchstäblich von einer Bühne zur anderen gehungert. Jetzt aber erntete er nur Applaus, und dank der Tourneen, die seine Inszenierungen in ganz Europa und auch in Amerika zeigten, wurde er in aller Welt berühmt.

1937, noch vor Österreichs »Anschluss«, ging Reinhardt, begleitet von Helene Thimig, in die USA. Längst als bedeutendster Regisseur und Theaterleiter seiner Zeit angesehen, musste er nun Niederlagen einstecken. Besonders im Film – ein Medium, zu dem er nie wirklichen Zugang fand – erlebte Reinhardt eine große Enttäuschung, und er sah sich gezwungen, seine in Hollywood gegründete Schauspielschule wieder zu schließen. Zwar galt er auch in Amerika schon zu Lebzeiten als Legende, hochgeachtet und geliebt, doch gelang es ihm in der Emigration nicht, künstlerisch und finanziell Fuß zu fassen. Nachdem zuletzt auch noch einige Theaterprojekte scheiterten, musste er seinen Lebensabend in sehr bescheidenen Verhältnissen in New York verbringen.

Dort wird während eines Ferngesprächs in einer Telefonzelle sein geliebter Hund Scotty von zwei Straßenhunden angefallen. Der Siebzigjährige regt sich darüber dermaßen auf, dass er einen Schlaganfall erleidet, in den letzten Wochen seines Lebens kaum noch sprechen kann und am 31. Oktober 1943 den Folgen dieser Attacke erliegt.

»Ihn am Werke zu sehen, gehörte zu den interessantesten Erfahrungen meines Lebens«, schrieb Thomas Mann in seinem Nachruf auf Max Reinhardt. »Da begriff ich die leidenschaftlich dankbare Liebesergebenheit, die ihm die Schauspieler entgegenbrachten. Denn wie muss man den lieben, der einen zu dem macht, was man ist.«

»Komme sofort, habe Frau für Dich gefunden«
Die Thimigs

(Hugo Thimig, Helene Thimig-Reinhardt,
Hermann Thimig, Hans Thimig, Vilma Degischer)

Mit Hans Thimig, Wildalpen/Steiermark, im Sommer 1990.

Der Theaterdynastie Thimig gehörten Hugo sowie seine Kinder Helene, Hans und Hermann an, aber auch dessen Frau Vilma Degischer. Damit wir nicht nur von den Sonnenseiten des großen Theaterclans sprechen: Es gab noch einen Thimig, von dem man kaum je etwas hörte. Er hieß Fritz, war der mittlere Sohn Hugos und beging 1936 am steirischen Sitz der Familie, in Wildalpen, Selbstmord. Weil er als einziger Thimig im Leben versagte, den Eltern Kummer bereitete, in keinem Beruf hatte Fuß fassen können.

Kurios hingegen ist die Geschichte, der wir die Existenz des Thimig-Clans verdanken. Hugo, der Vater der Dynastie, war 1854 als Sohn eines Handschuhmachers in Dresden zur Welt gekommen, hatte nach Absolvierung der dortigen Handelslehranstalt Schauspiel studiert und war im Alter von zwanzig Jahren von Direktor Franz von Dingelstedt ans Burgtheater nach Wien geholt worden. Als er 34 war, erhielt er eine Nachricht seines besten Freundes und Burgtheaterkollegen Hermann Schöne, der sich über die Osterfeiertage in Stuttgart aufhielt. Schöne kannte Hugo so gut, dass er sicher sein konnte, ihm mit dem folgenden Telegramm Glück zu bringen: »komme sofort – stop – habe frau für dich gefunden.« Hugo Thimig setzte sich in die Bahn, fuhr von Wien nach Stuttgart, traf die ihm anempfohlene 21-jährige Kaufmannstochter Fanny Hummel. Am selben Tag noch, dem 2. April 1888, notierte Thimig in sein Tagebuch: »Fanny vormittags gesehen. Es ist die Rechte.« Eine Woche später wird Verlobung gefeiert, im August geheiratet. Es muss wohl eine große Liebe gewesen sein: Hugo Thimig ist zwei Tage nach dem Tod seiner Frau, am 24. September 1944, im Alter von 90 Jahren, aus dem Leben geschieden.

Dazwischen lag das Leben eines der bedeutendsten Charakterschauspieler im deutschen Sprachraum. Er war ein glänzender Truffaldino in Goldonis *Diener zweier Herren*, spielte den Dorfrichter Adam in Kleists *Zerbrochenem Krug* und Gogols *Revisor*. In den schweren Jahren von 1912 bis 1917 leitete er das Burgtheater.

Im Oktober 1970 erzählte mir sein älterer Sohn Hermann: »Mein Vater wollte auf keinen Fall eine Theaterfamilie gründen, ganz im Gegenteil, er wollte, dass wir in bürgerliche Berufe gehen.« Ein Wunsch, der sich ganz und gar nicht erfüllen sollte: Wie ihr Vater waren dessen drei Kinder Mitglieder des Burgtheaters, und sie spielten alle bei Reinhardt an der Josefstadt.

Theaterdynastie: Hugo Thimig mit seinen Kindern Helene, Hermann und Hans
KARIKATUR: ALFRED ROLLER, 1925

Ich hatte Hermann Thimig zu seinem 80. Geburtstag interviewt und traf bei dieser Gelegenheit – in der Wiener Familienvilla der Thimigs, in der Gymnasiumstraße – zum ersten Mal auch dessen Frau Vilma Degischer. Sie war damals 59.

1991 feierte sie selbst ihren Achtziger, nun war es an ihr, aus ihrem Leben zu erzählen. Die Salondame des Theaters in der Josefstadt saß mir gegenüber, ohne sich in den 21 Jahren, die dazwischen lagen, besonders verändert zu haben. »Ja, ja, das Theater ist mein Jungbrunnen«, sagte sie. Ohne Theater wär's schrecklich, »denn ich habe mein ganzes Leben lang immer nur gespielt – so um die vierhundert Rollen werden's wohl gewesen sein – und daher nie Zeit gehabt, mir ein Hobby zu suchen. Also muss ich weiterspielen, ob ich will oder nicht.«

Sechzig Jahre war sie in den Salons des Theaters in der Josefstadt zu Hause, in die sie förmlich hineingeboren wurde, ist sie doch am 17. November 1911 als Tochter eines k. u. k. Sektionschefs in Wien zur Welt gekommen. »Im Ersten Weltkrieg haben wir gehungert«, erzählte sie, »obwohl mein Vater oberster Ernährungsbeamter der Monarchie war. Aber er hätte sich lieber eine Hand abgehackt, als etwas für die Familie abzuzweigen.«

Sie wollte ursprünglich Tänzerin werden, studierte Ballett, »ehe mich der Kritiker Felix Salten überredete, ins Reinhardtseminar zu gehen«. Vilma Degischer sprach mit drei Rollen vor. »Max Reinhardt sagte immer gleich nach dem ersten Satz zu mir: ›Genug!‹« Und nahm sie trotzdem, »denn er wusste genau, dass man von Aufnahmsprüfungen gar nichts sagen kann«. Bei Reinhardt habe sie dann »das Fundament erhalten, auf dem ich mein Leben lang stand. Was ich durch ihn gelernt habe, ist auch nach so langer Zeit immer noch gültig.«

1930, noch während des Schauspielstudiums, holte sie Reinhardt nach Berlin, wo sie im *Sommernachtstraum* zum ersten (und übrigens einzigen) Mal in ihrem Leben mit Hermann Thimig auf der Bühne stand. Damals konnte sie nicht ahnen, dass sie seine Ehefrau – und dadurch Reinhardts Schwägerin – werden sollte.

Von Heirat war auch keine Rede. »Beim Ball des Theaters in der Josefstadt 1938 hab ich mit Hermann ein bisschen geflirtet, danach sind wir mit Zuckmayer in die Reiss-Bar gegangen. Das muss ein Reporter beobachtet haben, denn am nächsten Tag meldete die Zeitung *Die Stunde* in Balkenlettern: ›Hermann Thimig heiratet Vilma Degischer.‹ An Ehe haben wir bis dahin wirklich nicht gedacht, erst die Zeitungsente hat uns auf die Idee gebracht.«

Der Josefstadt blieb sie ein Leben lang treu, »andere Bühnen haben mich nie besonders gereizt. Gerne hätte ich daneben noch Filmkarriere gemacht, aber die blieb mir versagt«, gesteht sie ganz offen und nennt mit entwaffnender Bescheidenheit auch ihr Vorbild: »Das war von Anfang an die Wessely. Die ich für die Größte von uns allen halte. Wenn ich an ihr Gretchen denke, weiß ich, dass ich so etwas nie mehr erleben werde.«

Wie Paula Wessely heiratete auch die Degischer in eine Theaterdynastie ein. Neben Ehemann (Hermann), Schwiegervater (Hugo), Schwager (Hans), Schwägerin (Helene) und deren Ehemann (Max Reinhardt) war's für die wesentlich Jüngere nicht immer ganz leicht, zu bestehen. »Aber die Thimigs haben mich von Anfang an wahnsinnig lieb aufgenommen.«

In den »Josefstädter Salons« wurde die Degischer zur Grande Dame, galt jahrzehntelang als *die* »Salondame« schlechthin. Sie war damals mit achtzig als Letzte derer, die den Stil dieses Theaters geprägt hatten, noch aktiv. Ob sie den alten Zeiten nachtrauerte?

»Das Theater ändert sich«, meinte sie ganz modern, »ob's einem passt oder nicht. Es kommt immer was Neues und mich interessiert das alles sehr.«

Froh, sagte sie, könne sie immer nur dann sein, wenn sie im Theater sei. Denn den Tod ihres Mannes im Sommer 1982 hatte sie, nach 43-jähriger Ehe, nicht verkraften können. Die große Thimig-Villa hat sie, als sie dann allein war, verlassen und gegen eine kleine Eigentumswohnung getauscht, in der sie ihren Haushalt im Wesentlichen selbst besorgte. »Ich hab' in meiner Jugend so viele Stubenmädeln gespielt, da muss ich's wohl gelernt haben.« Sagte sie und lachte mit unvergleichlicher Noblesse.

Die Degischer, dachte ich damals, muss schon als Stubenmädel eine Salondame gewesen sein.

Ein halbes Jahr später, am 3. Mai 1992, starb sie an den Folgen einer Herzschwäche.

Eine Begegnung mit Hans Thimig – dem Jüngsten aus der Dynastie – war es, die mir bewusst machte, wie schnell ein Vierteljahrtausend an uns vorüberziehen kann. Das kam so: Hugo Thimig, der 90 Jahre alt gewordene Vater des ebenfalls 90 Jahre alt gewordenen Hans Thimig, hat seinem Sohn einmal erzählt, dass er als junger Burgschauspieler noch die greise k. u. k. Hofschauspielerin Amalie Haizinger kennen gelernt hatte, die in ihrer Jugend wiederum mit dem Geheimrat von Goethe persönlich bekannt war.

Ich befand mich also im Sommer des Jahres 1990 durch Hans Thimig in der geradezu unglaublichen Situation, einem Manne gegenüberzustehen, dessen Vater noch jemanden kannte, der Goethe kannte. So kurz können 250 Jahre sein.

Wie aber war Johann Wolfgang, wollte mein vor Neugierde brennendes Reporterherz wissen. Was haben uns Wiens große Mimen über Herrn von Goethe hinterlassen? Es müsste etwas Bedeutsames sein, überlegte ich. Hatte der Geheimrat der Burgschauspielerin Amalie Haizinger etwa noch höchstpersönlich Anweisungen erteilt, wie sie das Gretchen in *Faust* anzulegen hätte?

Wie also gab sich der Dichterfürst – genial oder albern, charmant oder arrogant, gesprächig oder einsilbig, witzig oder humorlos? Die Antwort, die uns Frau Haizinger via zwei Generationen Thimig und einer Generation Markus hinterlassen hat, mag Goethe-Fanatiker enttäuschen. Von Hugo Thimig vor mehr als hundert Jahren befragt, dachte die Hofschauspielerin ein wenig nach und sagte dann: »Der Goethe, ja, ja, das is auch so ein alter Schweinehund gewesen!«

Das war's, was uns die Familie Thimig über eines der größten Genies aller Zeiten zu berichten hatte. Nicht sehr viel, aber doch eine kleine Facette vielleicht.

»Empfindsamer als die anderen«
Aufstieg und Fall des Oskar Werner

Namen mögen überall Schall und Rauch sein, in Wien sind sie's nicht. Keiner wusste das so gut wie Nestroy, dessen Figuren Zwirn, Leim, Gluthammer, Fett, Krautkopf und Titus Feuerfuchs heißen. Und die Herren Raimann, Julier, Moučka, Jeschke, Placheta und Neumayer nannten sich wohlweislich Raimund, Moser, Meinrad, Imhoff, Philipp und Alexander, ehe sie zum Theater gingen. Kein Name freilich klingt so fern jeglichen Bühnengeschehens wie der des Oskar Josef Bschließmayer. Und doch wurde er einer der ganz Großen des Theaters, für manche der Größte überhaupt. Oskar Werner.

Er war wohl so, wie man glaubt, dass er gewesen sei. Und doch auch ganz anders.

Die Wiener Schauspielerin Susanne B. – sie will nicht genannt werden, weil sie aus der Beziehung zu Oskar Werner kein Kapital schlagen möchte – stand ihm in seinem letzten Lebensjahr nahe. »Ja, er hatte Alkoholprobleme«, sagt sie, »aber er war ehrlich bemüht, davon wegzukommen, er konsultierte den Internisten Professor Anton Neumayr und andere Ärzte, schmiedete Pläne, berufliche und private.«

Vor mir liegt ein Brief Oskar Werners, datiert mit 2. Februar 1984, gerichtet an die Regierungskanzlei Liechtenstein in Vaduz. »Sehr geehrte Herren«, schreibt er, »ich habe vor, mich wieder zu verehelichen. Ich bitte Sie, mir die dazu nötigen Unterlagen nach Wien zu schicken. Hochachtungsvoll Oskar Werner.«

Susanne B. bestätigt, dass es diesen Plan gab. Oskar Werner ist jedoch im selben Jahr noch gestorben.

»Es war ein buntes, gnadenreiches Leben«, zog Paula Wessely in ihren letzten Jahren Bilanz. »Ich muss den Menschen dankbar sein, dass sie mir über eine so lange Zeit so viel liebevolle Anhänglichkeit gezeigt haben.« Mit Paula Wessely starb die Letzte der ganz Großen ihrer Generation.

2 »Ich hatte ein Gesicht, das als nicht fotogen galt, doch Willi Forst hat mir ein Tor geöffnet, als er den Mut hatte, mir diese Rolle anzuvertrauen.« Paula Wessely an der Seite von Adolf Wohlbrück in dem 1934 gedrehten Tonfilm »Maskerade«, durch den sie über Nacht weltberühmt wurde.

3 Eine Sternstunde der Wiener Theatergeschichte des 20. Jahrhunderts: Jedem, der Paula Wessely 1960 als Gabriele in Arthur Schnitzlers »Anatol« am Wiener Akademietheater sah, bleibt dieses Bühnenerlebnis unvergesslich. Regie führte Ernst Lothar. In der Titelrolle sah man den großen Schauspieler Robert Lindner, der 1967 im Alter von nur 56 Jahren in der Wiener Stadthalle starb. Sein Herz versagte, nachdem er sich als Zuschauer eines Boxkampfes mit Europameister Hans Orsolics allzu sehr aufgeregt hatte.

4 »Meine Töchter setzen die Tradition aus meiner und aus der Familie meines Mannes fort. Ich bin glücklich, dass sie als Schauspielerinnen einen sehr, sehr guten Weg gehen«: Paula Wessely mit Maresa und Christiane Hörbiger und Elisabeth Orth (von links nach rechts). Das Glück in den späten Jahren: Paula Wessely und Attila Hörbiger im Garten ihres Hauses (5).

6 Das Ehepaar Paula Wessely-Attila Hörbiger stand oft gemeinsam auf der Bühne und drehte auch viele Filme. In »Späte Liebe« (1943) spielt sie eine verarmte Porzellanmalerin, die einen reichen Fabrikanten heiratet, um ihrer lungenkranken Schwester einen Kuraufenthalt in Davos zu ermöglichen.

7 Lessings »Nathan der Weise« war eine der Lieblingsrollen Attila Hörbigers. Er spielte sie in mehreren Inszenierungen am Burgtheater, zuletzt im April 1976 aus Anlass seines 80. Geburtstags.

8 »Einer der letzten Großen, Einsamen des Theaters« war 1971 in einer Kritik über Attila Hörbigers Knieriem zu lesen. Auch später, mit neunzig, konnte er den langen Satz, der in Nestroys »Lumpazivagabundus« zum Kometenlied führt, noch frei aufsagen: »Das Astralfeuer des Sonnenzirkels ist in der goldenen Zahl des Urions von dem Sternbild des Planetensystems in das Universum der Parallaxe mittelst des Fixsternquadranten in die Ellipse der Ekliptik geraten. Folglich muss durch die Diagonale der Approximation der perpendikulären Zirkeln der nächste Komet die Welt zusammenstoßen. Diese Berechnung ist so klar wie Schuhwix. Freilich hat nicht jeder die Wissenschaft so im kleinen Finger als wie ich; aber auch der minder Gebildete kann alle Tag' Sachen genug bemerken, welche deutlich beweisen, dass die Welt nicht mehr lang steht.« Attila Hörbigers Kollege Frank Hoffmann »schoss« dieses Foto während einer Probe.

9 Paul und Attila Hörbiger standen 1965 in Ferdinand Raimunds »Der Alpenkönig und der Menschenfeind« auf der Bühne des Burgtheaters. Paul (links im Bild) war der Astragalus, Attila spielte den Rappelkopf. Beobachter schmunzelten, da Paul auch im hohen Alter bei den Proben Attila noch wie einen »kleinen Bruder« behandelte. Und 1981, an Pauls Totenbett, unterhielten sich die beiden Brüder wieder auf Ungarisch, in der Sprache ihrer Kindheit. Deutsch hatten sie erst gelernt, als die Familie von Budapest nach Wien übersiedelt war.

10 Paul Hörbiger drehte rund 300 Kinofilme, etliche davon in der Nazizeit. »Operette« entstand 1940 mit Trude Marlen und Willi Forst, der auch Regie führte. »Es klingt grotesk, entspricht aber der Wahrheit«, sagte Forst nach dem Krieg, »meine österreichischesten Filme habe ich gedreht, als Österreich zu existieren aufgehört hatte.« 1938 spielte Paul Hörbiger in »Heimat« mit Zarah Leander (11) und 1940 war er »Der liebe Augustin« (12).

Trotz seiner enormen Popularität wurde Paul Hörbiger im Jänner 1945 verhaftet, als die Gestapo einen Scheck entdeckte, mit dem er eine Widerstandsgruppe unterstützt hatte. Mit 85 Jahren besuchte er noch einmal »seine« Zelle im Wiener Landesgericht (13).

Einer der großen Nachkriegserfolge war der 1951 von Franz Antel gedrehte Film »Hallo Dienstmann« mit Paul Hörbiger und Hans Moser (14).

15 Es dauerte Jahrzehnte, bis er entdeckt wurde: Der junge Hans Moser spielte auf billigen Schmierenbühnen, und niemand erkannte sein komödiantisches Talent.

16 Unter der Regie von E. W. Emo spielte Hans Moser 1957 in »Ober zahlen« einen Kaffeehauskellner. Mit Emo hatte er schon während des Krieges gedreht – unter anderem sah man ihn 1943 in »Schwarz auf Weiß«, gemeinsam mit Hans Holt (17).

Der Frosch war eine der Rollen, die Hans Moser sein halbes Leben lang begleiteten. 1937 spielte er den betrunkenen Gefängniswärter in einer »Fledermaus«-Verfilmung von Paul Verhoeven (18). In den Jahren der Nazidiktatur waren Hans und Blanca Moser voneinander getrennt, da sie als Halbjüdin emigrieren musste. Umso mehr genoss das Paar nach dem Krieg jede gemeinsame Stunde (19). In dem 1943 gedrehten Film »Reisebekanntschaft« spielte Moser den Privatdetektiv Fridolin Specht. Hier kämpft er – mit dem für Moser typischen »G'schau« – gegen die Widrigkeiten des Lebens an (20).

21 Er spielte den Valentin, als hätte Ferdinand Raimund ihm diese Rolle auf den Leib geschrieben: Denkwürdige Aufführung des Zaubermärchens »Der Verschwender« im Jahre 1976 mit Josef Meinrad am Wiener Burgtheater. Fritz Muliar war der Kammerdiener Wolf.

22 Er ist zwar nicht Pfarrer geworden, wie sich's die Mutter wünschte, aber Josef Meinrad hat sehr viele Priester gespielt – hier in der Fernsehverfilmung »Kalksteine« nach Adalbert Stifter.

24 Er träumte den unmöglichen Traum: Meinrad als Don Quixote im Musical »Der Mann von La Mancha«, 1968 im Theater an der Wien. Die Kritik schrieb von »einer Aufführung, die Broadway-Format erreichte«.

3 Publikumsliebling Josef Meinrad in einer der ir ihn so typischen Nestroy-Rollen am Wiener Akademietheater: als Nebel in »Liebes'schichten und Heiratssachen«, 1976.

25 Ein Opernballbesuch des Ifflandringträgers Josef Meinrad mit seiner Frau Germaine, die er während des Krieges in Frankreich kennen gelernt hatte. Das Ehepaar Meinrad war mehr als 45 Jahre miteinander verheiratet.

26 Als langjährige Freundin Kaiser Franz Josephs nimmt »die Schratt« einen Platz in der Geschichte der österreichisch-ungarischen Monarchie ein, als Schauspielerin ist sie weitgehend vergessen. Laut Hermann Bahr war sie eine Künstlerin, »in der alle guten Geister unserer gemütlichen Eleganz versammelt sind«. Katharina Schratt, 1885 in einem Rollenfoto als Claire in »Der Hüttenbesitzer« am Burgtheater (27), in einem weiteren Jugendbildnis (28) und als Maria Theresia am Wiener Volkstheater (29). In dieser Rolle löste sie 1903 einen Skandal aus, weil sie als Freundin des Kaisers eine Kaiserin spielte. Karl Kraus bezeichnete die Aufführung als »Gipfel der Geschmacklosigkeit«, die durch »frechen Reklameeifer« unterstützt wurde. Die Schratt zog sich danach von der Bühne zurück.

Alexander Girardi war so populär, dass er den wohl kuriosesten Vertrag der Theatergeschichte erhielt. Da er mit der Direktorin des Theaters an der Wien verfeindet war, stand in seinem Kontrakt: »Wenn Herr Girardi die Bühne betritt, hat Fräulein von Schönerer dieselbe augenblicklich zu verlassen.« Als weniger originell erwies sich der Versuch seiner Frau Helene Odilon, den gutgläubigen Alexander Girardi in ein Irrenhaus sperren zu lassen. – Girardi mit Blanca Glossi in Raimunds »Der Bauer als Millionär« (30).

Rosa Albach-Retty konnte noch fast 70 Jahre nach seinem Tod von Josef Kainz schwärmen, den sie als »das Größte, das Modernste« in Erinnerung behielt. Sie war mit ihm 1904 in »Die Jüdin von Toledo« am Wiener Burgtheater aufgetreten (31).

Von der jungen Schauspielerin (32) zur Doyenne des Burgtheaters (33). »Ich habe ein gutes Naturell«, sagte Rosa Albach-Retty mit 102 Jahren, »Dinge, die mich belasten, kann ich abschütteln.«

Als stolze Oma mit der kleinen Romy (34). Später machte sich die weltberühmte Enkelin rar – Romy Schneider bei einem der seltenen Besuche bei ihrer Großmama Rosa Albach-Retty (35).

36 »Sissi hing wie ein Klotz am Bein«, notierte Romy Schneider in ihr Tagebuch, »Sissi lächelte selig, wenn ich Lust hatte zu weinen und zu leiden. In Wien, Paris, Rom, wenn ich ein großes Kaufhaus betrat, ja sogar im Hotel, zeigte man mit dem Finger auf mich: ›Schau, Sissi!‹ Mir hing diese Person zum Halse raus.« Nie zuvor wurde eine Schauspielerin dermaßen mit einer Filmfigur identifiziert wie Romy Schneider mit der jungen Monarchin. Offenbar spielte sie Sissi so glaubwürdig, dass die Nachwelt das Gesicht der Romy Schneider vor sich hat, wenn von Elisabeth die Rede ist. Wie die wirkliche Kaiserin aussah – das weiß heute kaum noch jemand. Magda Schneider spielte in den »Sissi«-Filmen die Mutter der Kaiserin (37). Wenig Kontakt hatte Romy Schneider mit ihrem früh verstorbenen Vater Wolf Albach-Retty (38).

39 Romy Schneider spielte in dem nach einem Roman von Georges Simenon 1973 gedrehten Film »Le Train – Nur ein Hauch von Glück« eine deutsche Jüdin, die sich auf der Flucht vor den Nazis in einen Franzosen verliebt.

Die Liebe der beiden Weltstars währte sechs Jahre, war aber von Anfang an zum Scheitern verurteilt: Romy Schneider und Alain Delon, 1968, in einer Szene des Films »Der Swimmingpool«.

Zweimal Romy Schneider im Film: 1956 mit Horst Buchholz in »Monpti« (41) und 1972 mit Helmut Berger in Luchino Viscontis »Ludwig II.« – noch einmal als Kaiserin Elisabeth (42).

43 »Die Bankiersfrau«, 1980 gedreht, ist einer ihrer letzten Filme: Romy Schneider spielt eine emanzipierte Frau, die durch die Heirat mit einem älteren Geschäftsmann Karriere macht.

44 »Die Dinge des Lebens«, 1969 unter der Regie von Claude Sautet mit Michel Piccoli gedreht, bezeichnete Romy Schneider als einen ihrer liebsten Filme – und er war wohl auch einer ihrer besten.

45 Ein Österreicher, der in Hollywood Karriere machte: Francis Lederer küsst Ginger Rogers 1934 in dem Film »Romance in Manhattan«.

46 Ideen wie diese kennzeichnen die Filme von Billy Wilder: Dreharbeiten zu »Das verflixte 7. Jahr«, 1954, mit Marilyn Monroe an einem New Yorker Luftschacht.

Der Vater des genialen Filmtänzers Fred Astaire (47) hieß Franz Austerlitz und war ein k. u. k. Unteroffizier aus Wien. Er wanderte 1895 nach Ohama/Nebraska in den USA aus, wo vier Jahre später Fred zur Welt kam.

48 Paul Henreid, als Baron von Hernried in der österreichisch-ungarischen Monarchie zur Welt gekommen, spielte 1942 eine der Hauptrollen in dem Filmklassiker »Casablanca«: Ingrid Bergman, Paul Henreid, Conrad Veidt, Claude Rains (von rechts nach links).

49 Nichts ist dem Zufall überlassen, jede Geste, jede Bewegung bis ins kleinste Detail geplant: Regie-Sir Billy Wilder – einst Polizeireporter in Wien, dann Eintänzer in Berlin – zeigt Jack Lemmon bei den Dreharbeiten zu »Manche mögen's heiß« im Jahre 1958 die richtigen Schritte.

50 Ein Bad in flüssiger Milchschokolade, um ihrer Haut besondere Bräunung zu verpassen: Hedy Lamarr, 1940 auf einem Filmplakat zu »Comrade X«, an der Seite von Clark Gable.

51 Metro-Goldwyn-Mayer holte Hedy Lamarr von Wien nach Hollywood, wo sie als »schönste Frau der Welt« schnell zur Kultfigur wurde. Doch fast ebenso schnell verlöschte ihr Stern wieder.

52 Hedy Lamarr spielte mit vielen der Großen in Hollywood, 1940 drehte sie mit Spencer Tracy den Film »Der Draufgänger«.

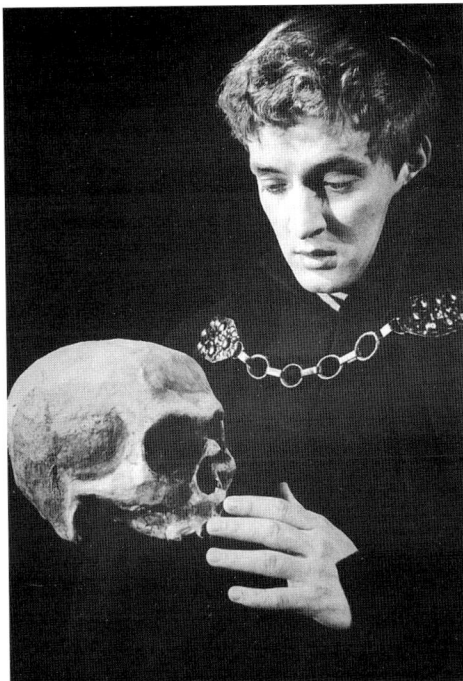

53 »Ich merke«, sagte Oskar Werner, »dass Hamlet für mich geschrieben ist.«

54 Ein Walzer mit Faye Dunaway in »Reise der Verdammten«, England 1976.

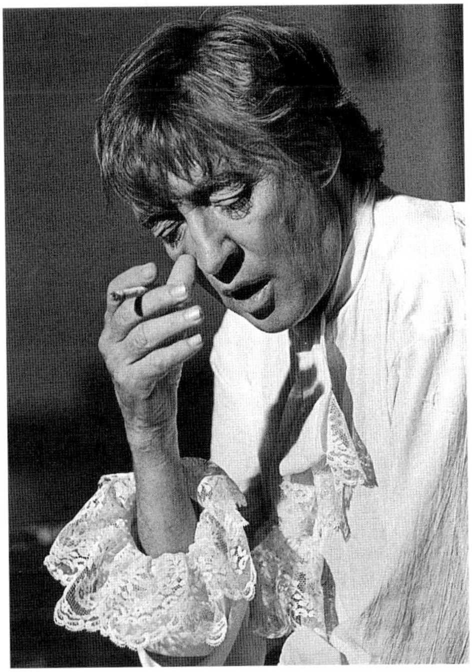

55 Das letzte Jahr: Oskar Werners Wachau-Festival im Sommer 1983.

56 Johanna Matz, Oskar Werner in dem 1955 gedrehten Film »Mozart«.

57 Zwischen Kriegsgräuel und Menschlichkeit: Curd Jürgens als General Harras in »Des Teufels General« nach Carl Zuckmayer. Der Film entstand 1954 unter der Regie von Helmut Käutner.

58 In dem Einpersonenstück »Im Zweifel für den Angeklagten« unternahm Curd Jürgens in der Rolle des Anwalts Clarence Darrow zahlreiche Tourneen, die ihn durch ganz Europa führten.

59 Curd Jürgens war einer der wenigen deutschsprachigen Schauspieler, denen die ganz große internationale Filmkarriere gelang: »Und immer lockt das Weib« mit Brigitte Bardot, 1956.

60 Er spielte ihn nicht nur, er lebte auch – wohl als einziger europäischer Schauspieler – wie ein Renaissancefürst: In den Jahren von 1973 bis 1977 war Curd Jürgens Salzburgs »Jedermann«.

61 Curd Jürgens studierte Sigmund Freud und beschäftigte sich intensiv mit den Lehren des »Vaters der Psychoanalyse«, ehe er ihn 1979 in »Berggasse 19« am Theater in der Josefstadt darstellte.

62 In London drehte Curd Jürgens mit Roger Moore den James Bond-Film »Der Spion, der mich liebte«. Hier die beiden Hauptdarsteller in einer Drehpause im Dezember 1977 mit Margie Jürgens.

63 Die Dreharbeiten des Films »Der blaue Engel« wurden für Marlene Dietrich zur Qual. Regisseur Josef von Sternberg ließ einzelne Szenen bis zu hundertmal wiederholen, ehe er sie akzeptierte. Das Publikum freilich tobte vor Begeisterung, als Marlene als kesse Lola, auf einem Fass sitzend, die Beine übereinander schlug und damit die Blicke auf ihre schwarzen Seidenstrümpfe und eine Handbreit nackte Haut lenkte. Als sie dann noch »Ich bin von Kopf bis Fuß auf Liebe eingestellt« sang, war ein neues Sinnbild skrupelloser Erotik geboren.

64 In »Sehnsucht« spielt Marlene Dietrich 1936 eine Betrügerin, die Gary Cooper nur deshalb erobern will, weil er ein wertvolles Schmuckstück besitzt. Doch dann verliebt sie sich in ihn.

65 In dem amerikanischen Film »Zeugin der Anklage« beweist Marlene Dietrich 1957, dass sie auch dramatische Rollen darzustellen vermag. Sie spielt eine Varietésängerin, deren Mann des Mordes angeklagt ist und der sich im Lauf des Prozesses in tödliche Indizien verstrickt. Charles Laughton beeindruckt als alternder, schwer kranker Staranwalt Sir Wilfried Robarts. In der Regie Billy Wilders bleibt der Film nach einem Kriminalroman von Agatha Christie bis zur letzten Minute spannend.

»Sag mir, wo die Blumen sind«: In den letzten Jahren ihrer öffentlichen Auftritte füllte »die schönste Großmutter der Welt« mit ihren Chansonabenden große Konzertsäle. »Selbst wenn sie nichts als ihre Stimme hätte«, urteilte Ernest Hemingway, »könnte sie einem damit das Herz brechen. Doch sie hat dazu noch diesen schönen Körper und die zeitlose Schönheit ihres Gesichts.« Die Dietrich wurde im Rahmen ihrer Welttournee in Las Vegas, London, Monte Carlo und Paris (66) umjubelt, doch bei ihrem Auftritt 1960 in Berlin hagelte es Proteste, und auf Plakaten stand »Marlene go home«.

67 Marlene Dietrich ist immer noch verführerisch, als sie 1956 mit Vittoria De Sica im Milieu der Spielcasinos die italienisch-amerikanische Filmkomödie »Monte Carlo Story« dreht.

68 Wurde als Tochter eines k u. k. Sektionschefs in die Salons des Theaters in der Josefstadt förmlich hineingeboren: Vilma Degischer, die Ehefrau von Hermann Thimig.

69 Max Reinhardt, der »Zauberer des Theaters«, hat viele der ganz großen Schauspieler des 20. Jahrhunderts entdeckt. In zweiter Ehe war er mit Helene Thimig verheiratet.

70 Familienfoto einer bedeutenden Theaterdynastie: Vater Hugo Thimig mit Tochter Helene sowie den Söhnen Hermann und Hans (links). Sie alle waren Schauspieler, nur vom vierten Kind der Familie erfuhr man wenig: Fritz Thimig nahm sich 1936 das Leben – offensichtlich, weil ihm die künstlerische Begabung seiner Geschwister fehlte.

Eigentlich wollte Johannes Heesters Priester werden, doch er wurde der große Herzensbrecher auf den Operettenbühnen. »Es ist nicht zu glauben, wie die Frauen hinter mir her waren, in der Tramway, im Bus, auf der Straße, im Theater, im Luftschutzkeller – alle Altersklassen, alle Berufssparten, alle Haarfarben, Dicke, Dünne, Große, Kleine, es war nicht zum Aushalten.« (71)

Der Danilo in der »Lustigen Witwe« ist die Rolle seines Lebens. Heesters hat in jungen Jahren (72) ebenso wie im reifen Alter (73) »Heut geh ich ins Maxim« gesungen. In Wirklichkeit war er nur einmal im Maxim: »Wenn man wie ich viel arbeitet, kommt man gar nicht dazu, in Bars und Nachtlokale zu gehen, exzessiv zu trinken, zu rauchen und sich mit anderen Blödheiten zu befassen.«

74 Der Regisseur von »Die drei von der Tankstelle« bestand auf Heinz Rühmann, obwohl er bei den Probeaufnahmen durchgefallen war. Und Rühmann gelang – neben Oskar Karlweis und Willy Fritsch – mit seinem ersten großen Tonfilm 1930 der Durchbruch.

75 Aus »politischen Gründen« sollte Rühmann 1937 den Dr. Watson in »Der Mann, der Sherlock Holmes war« – mit Hans Albers in der Titelrolle – nicht spielen. Erst nach seiner Scheidung von der jüdischen Schauspielerin Maria Bernheim war Rühmann »tragbar«.

76 In »Hauptsache glücklich« gab Rühmann 1941 an der Seite seiner zweiten Frau Hertha Feiler einen Mann, der sein Schicksal selbst in die Hand nimmt. »Ich spielte in diesem Film – höchst originell – den Mann meiner eigenen Frau«, erinnerte sich Rühmann später.

Zu Lebzeiten schon sein eigenes Monument, wurde Heinz Rühmann nach vielen Rückschlägen Deutschlands populärster Schauspieler. Hier bei Dreharbeiten zu dem Film »Oh Jonathan – Oh Jonathan!« (77), in dem er einen Millionär spielt, der nur noch wenige Stunden zu leben hat.

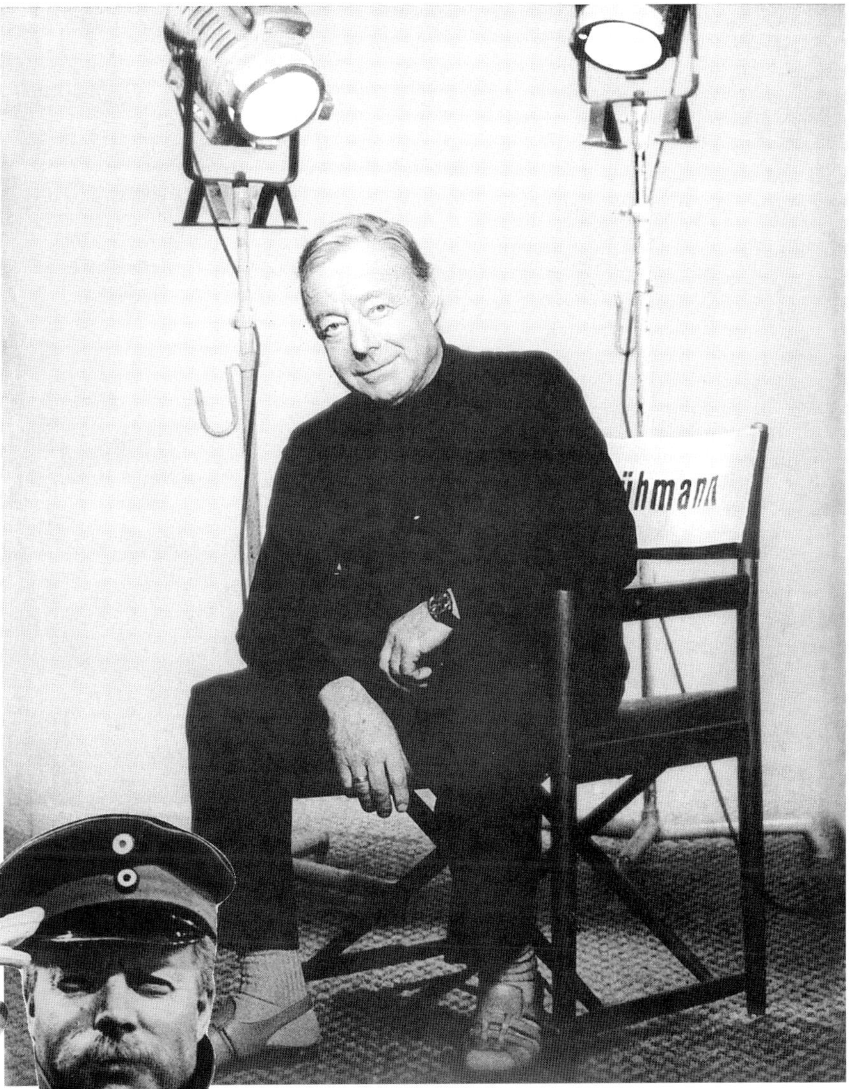

78 »Ik häng an meine Heimat, jenau wie du, aber erst solln sie mir mal drin leben lassen, in de Heimat, dann kann ik och sterben dafür«, sagte Rühmann als Gestrauchelter zu seinem Schwager in Carl Zuckmayers »Der Hauptmann von Köpenick« und zeigte einmal mehr seine überragend große schauspielerische Bandbreite.

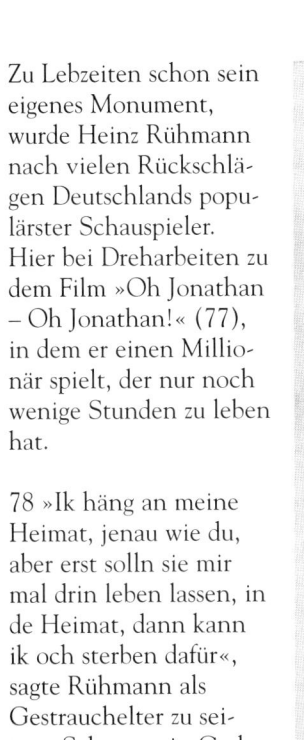

79 Heinz Rühmanns neunzigster Geburtstag wurde als nationales Ereignis gefeiert. Der große Schauspieler starb im Oktober 1994 im Alter von 92 Jahren.

80 Karl Farkas und Fritz Grünbaum »erfanden« in den zwanziger Jahren im Kabarett »Simpl« die Doppelconférence. Farkas war »der Gescheite«, Grünbaum »der Blöde«.

Mit seiner Frau Anny in den sechziger Jahren vor der Villa in Edlach an der Rax (81). Die schwere Behinderung seines Sohnes Bobby (82) konnte Karl Farkas nie verwinden. Der große Kabarettist hat fast nie über diese Tragödie seines Lebens gesprochen.

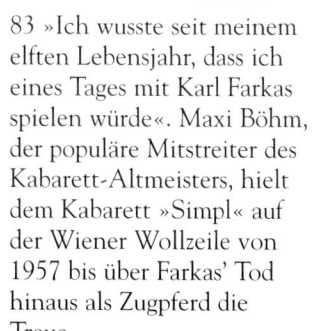

83 »Ich wusste seit meinem elften Lebensjahr, dass ich eines Tages mit Karl Farkas spielen würde«. Maxi Böhm, der populäre Mitstreiter des Kabarett-Altmeisters, hielt dem Kabarett »Simpl« auf der Wiener Wollzeile von 1957 bis über Farkas' Tod hinaus als Zugpferd die Treue.

84 Der Abschied vom Publikum: Am Abend des 15. Mai 1971 war Karl Farkas in dieser kurz davor aufgezeichneten Doppelconférence mit Ernst Waldbrunn in seiner letzten Fernseh-»Bilanz der Saison« zu sehen. Am nächsten Morgen trauerte Österreich um den Altmeister des Wiener Kabaretts.

85 »Manchmal weiß ich nicht, ob ich ein Mensch bin oder ein Wiener«, sagte er einmal. In Helmut Qualtingers Namen, meinte Hans Weigel, vereinten sich die Begriffe »Qual und Gewalt«. In den letzten Jahren seines Lebens wollte »Quasi«, der 100-Kilo-Mann mit den feinen, aristokratisch anmutenden Händen, vom Kabarett ebenso wenig wissen wie von seiner berühmten Figur, dem Herrn Karl.

86 Den Travnicek hat Helmut Qualtinger in den fünfziger Jahren während eines Jugoslawien-Urlaubes »entdeckt« und als Prototyp des wienerischen Raunzers – gemeinsam mit Gerhard Bronner – in Kabarettprogrammen nachempfunden. Wie es überhaupt fast alle berühmt gewordenen Qualtinger-Figuren auch wirklich gegeben hat.

So wenig der Name Bschließmayer eine Bühnenkarriere vermuten ließ, so wenig war auch seine Herkunft dazu ausersehen. Der am 13. November 1922 in Wien-Gumpendorf als Sohn eines Versicherungsangestellten und einer Arbeiterin in einer Hutfabrik geborene Bub wuchs bei der Großmutter auf, da sich die Eltern scheiden ließen, als er fünf war. Damals schon klapperte er Wiens Heurigenlokale ab, um »G'stanzeln« zu singen, und mit dem eingesammelten Geld das karge Budget der Großmutter – einer Hausbesorgerin – aufzupolieren.

Das ist das Milieu, in dem Oskar Werner groß wird. Das wahre Leben beginnt viel später. Als er *der* Hamlet, *der* Don Carlos, *der* Prinz von Homburg ist. Und mit großen internationalen Filmen wie *Jules und Jim*, *Das Narrenschiff* und *Fahrenheit 451* Weltruhm erlangt.

Und der Mensch Oskar Werner? Wird es der »Bub aus der Vorstadt«, als der er sich auch als berühmter Mann noch sieht, verkraften, in Hollywood herumgereicht und als Mythos gefeiert zu werden? Wohl kaum. Alkoholprobleme, Depressionen, Auseinandersetzungen mit Theaterdirektoren und Filmregisseuren kennzeichnen seinen Weg.

Die Kindheit war trist. »Mit acht hab' ich meine Mutter g'funden ... Selbstmordversuch wegen einem Mann ... furchtbar!« Oskar beobachtet die Menschen in seiner Umgebung, er geht einem blinden Mann nach und tappt sich dann genau wie dieser, mit verschlossenen Augen, an den Hauswänden entlang. Im Innenhof des armseligen Zinshauses in der Gumpendorfer Marchettigasse »inszeniert« er für sich allein das Stück *Die feindlichen Brüder*. Oskar spielt beide Brüder.

Sein Onkel Franz Zelta ist Beleuchter bei der Sascha-Film und verschafft ihm ein paar Statistenrollen. »Wenn ich nicht

Schauspieler werden dearf«, droht der hagere Bub, »dann werd' ich ein Lump.«

Durch die Erzählungen seiner Großmutter, einer leidenschaftlichen Stehplatzbesucherin, erfährt er von der Existenz des Burgtheaters. »Als ich elf war und wusste, dass ich Schauspieler werden will, bin ich nachmittagelang um das Haus herumgestrichen. Ich wusste, wann die Einzelnen kommen und gehen; nur Autogramme hab' ich nie verlangt, dazu war ich zu schüchtern. Und wenn ich mit der Straßenbahn vorbeigefahren bin, hab' ich den Hut gezogen wie vor einer Kirche.«

Mit achtzehn spricht er am Burgtheater vor. »Sie sind begabt«, sagt Direktor Lothar Müthel schon nach ein paar Sätzen, »das müssen S' machen, da sind Sie glücklich!«

»Er gehörte dem Burgtheater von 1941 bis 1961 an – mit vielen Unterbrechungen«, steht in einem der Nachrufe auf Oskar Werner. Für die erste Unterbrechung sorgt die Weltgeschichte. Nach nur acht Wochen am Burgtheater wird er zu den Fahnen gerufen. Die Mutter bringt ihn zum Franz-Josephs-Bahnhof. »Ich weiß nicht, ob ich sie wiedersehen werde – es war 1941, da ist es in Russland schon drunter und drüber gegangen – vielleicht komm' ich als Krüppel zurück und kann nie mehr auf der Bühne des Burgtheaters stehen. Das ist mir alles durch den Kopf gegangen.«

Später wird er in der Wachkompanie an mehreren Wiener Bahnhöfen Dienst versehen. Bekommt abends hin und wieder frei, tritt in kleinen Rollen am geliebten Burgtheater auf.

Im Frühjahr 1944 heiratet Oskar Werner, wie er sich jetzt nennt, seine um zwölf Jahre ältere Burgtheaterkollegin Elisabeth Kallina. Raoul Aslan ist Trauzeuge. »Er sagte zu mir: ›Ich möchte sehr gerne mit dir per du sein.‹ – Der Aslan trägt mir das Du an! Lange Pause. Wir gingen in die Verdunkelung. Aber es geht nicht.«

Oskar Werner lehnt ab, die Distanz zu einem der von ihm Vergötterten aus seiner Jugend ist ihm lieber.

Beim Bombenangriff auf das Wiener Arsenal erleidet Werner einen Nervenschock. Nach kurzem Genesungsurlaub wird er an die Front befohlen. »Ich war vom 8. Dezember 1944 an mit meiner halbjüdischen Frau und mit meiner kleinen Tochter, die im August geboren worden war, fahnenflüchtig und hatte mich versteckt in Baden bei Wien.« Von nun an auf einer lebensgefährlichen Flucht, hält er sich mit seiner Familie im Wienerwald verborgen.

Der Krieg ist aus, Oskar Werner meldet sich sofort wieder am Burgtheater. »Ich war ja der Benjamin, aber ich hab' aufgepasst wie ein Haftelmacher und hab' mir von den Großen viel abgeschaut.« Die da waren: Albin Skoda, Paul und Attila Hörbiger, Paula Wessely, Käthe Gold, Werner Krauß …

In den Künstlergarderoben fällt der »Benjamin« dadurch auf, dass er die Angehimmelten parodiert. Raoul Aslan, einem seiner Opfer, kommt dies zu Ohren, und er sagt zu Werner (sehr wohl per du): »Oskar, ich höre, dass du mich nachmachst. Spiel mir das doch vor!«

Oskar Werner spricht ein paar Sätze »als Aslan«. Der ist enttäuscht und ruft seinem Parodisten zu: »Also, Oskar, ich weiß nicht welcher – aber einer von uns beiden ist schlecht.«

Von Karl Hartl wird ihm die erste Filmrolle angeboten. *Der Engel mit der Posaune*, nach dem Roman von Ernst Lothar. »Ich wusste noch nicht, ob ich die Rolle kriege, nur: der Hartl hat dann g'sagt: ›Was machen S' jetzt auf d'Nacht? Gengan S' mit zum Heurigen?‹ Da hab i g'wusst, ich darf mit Paul Hörbiger spielen.«

Oskar Werner wird mit diesem Film – ebenso wie die noch unbekannte Maria Schell – in die Hocharistokratie österreichischer Schauspielkunst aufgenommen. Plötzlich steht »der kleine Oskar aus der Marchettigasse« mit all den Verehrten im Studio. 1949 reist er nach London, um eine Synchronfassung des *Engels mit der Posaune* zu drehen (und er wandelt den englischen Titel *Angel With The Trombone* auf *Engel mit der Thrombose* ab). Da ihm die Burgtheaterdirektion für den Englandaufenthalt keinen Urlaub gewährte, wird er fristlos entlassen.

Die nächste Unterbrechung also, nicht die Letzte. Er weicht ans Theater in der Josefstadt aus, dreht *Eroica* mit Ewald Balser, und seinen ersten internationalen Film, *Entscheidung vor Morgengrauen* unter der Regie von Anatole Litvak.

20th Century Fox nimmt ihn unter Vertrag. Oskar Werner, der Schwierige, will bald bemerkt haben, »dass man in Hollywood mit mir nur Filme machen will, wie wenn ich im Drugstore entdeckt worden wäre, und ich hab' g'sagt: ›Schauen Sie, mit Mickey Mouse und Rin-Tin-Tin kann man auch Filme machen, die waren auch Movie-Stars, aber die können nicht Shakespeare spielen.‹«

Ein Ergebnis des Hollywood-Zwischenspiels ist seine zweite Ehe mit Anne Power, der Stieftochter des Schauspielers Tyrone Power. Auch das private Glück bleibt ein Zwischenspiel. Sein Sohn Felix wird geboren – allerdings von einer anderen Frau.

Rückkehr ans Burgtheater. Werner zweifelt immer mehr an sich und seinem Beruf. »Ich hab' nicht mehr Schauspieler sein wollen, im zweiundfünfziger Jahr. Ich hab' mich geschämt und wollt' ein Jahr pausieren. Dann hab' ich mir gesagt: Irgendwas muss ich jetzt tun; ich kann nur den Beruf nicht mehr machen, so wie er jetzt ist. Dazu muss ich sagen: Ich hasse Auswendiglernen.«

Er bezwingt seinen Hass und büffelt den Hamlet – »es is' ka Schand, wenn man den auswendig lernt« – ohne je ein Angebot, den Dänenprinzen zu spielen, erhalten zu haben. Und ausgerechnet jetzt fragt Lothar Müthel bei ihm an, ob er die Rolle in Frankfurt am Main spielen möchte.

»Er *ist* Hamlet«, schreibt Franz Theodor Csokor nach der Premiere, und Oskar Werner selbst urteilt: »Ich merke, dass Hamlet für mich geschrieben ist … in Hamlet habe ich einen Zwillingsbruder gefunden. Müthel hat mir einmal gesagt, Gustaf Gründgens habe sich am wohlsten in der Intrige gefühlt. Nun, ich in der Liebe. Die Rolle seines Lebens war für Gründgens auch der Mephisto. Die meinige ist der Hamlet.«

Neben Franz Antels *Oberst Redl*-Verfilmung an der Seite von Ewald Balser dreht Oskar Werner 1955 *Lola Montez*, *Mozart* und – nach einem Roman von Erich Maria Remarque – einen Film über die letzten Tage des Adolf Hitler (den Albin Skoda spielt). Werner ist mit *Der letzte Akt* nicht zufrieden, aber Marlon Brando wird einmal zu ihm sagen, er hätte sich seine Sterbeszene 24-mal angesehen. Dazwischen immer wieder Burgtheater samt obligater »Unterbrechungen«. Oskar Werner ist Don Carlos, Werner Krauß Philipp II. Er war für ihn der Gott des Theaters, Freund und Saufkumpan. »So glücklich«, sagt Oskar Werner später über die *Don-Carlos*-Proben mit Werner Krauß, »war ich nie wieder«.

Spätestens im Jahr darauf, als Oskar Werner an der Josefstadt den Hamlet gibt, sind ihm die Wiener erlegen. Hunderte Menschen am Bühnentürl. »Wenn der Funke von mir auf das Publikum überspringt, habe ich das Gefühl, drei Minuten im Leben wirklich glücklich zu sein.« Noch mehr Freude als beim Spielen hatte er, so lange er die Rolle formen konnte: »Das Schönste am Theaterspielen waren für mich immer die Proben, das gemeinsame Erarbeiten des Stückes. Nach der dritten Vorstellung war mir immer schon fad. Nach der dritten Aufführung kommt man sich schon vor wie ein Zirkuspferd.«

Während der *Don-Carlos*-Proben am Burgtheater gelangt er zum ersten Mal in die Schlagzeilen. »Oskar Werner in Polizeihaft«, liest man, der Schauspieler wurde festgenommen, weil er, in offensichtlich alkoholisiertem Zustand, in seinen Wagen steigen und die Abnahme einer Blutprobe verweigern wollte. Nach mehreren Stunden wird er vom Amtsarzt »als gehfähig« aus der Polizeizelle entlassen, aus der er sich direkt zur Nachmittagsprobe begibt.

Die Liste der »Oskar-Werner-Skandale« ist lang: Einmal muss er sich vor Gericht verantworten, weil er ein längst geplantes *Hamlet*-Gastspiel absagt. Seine Begründung: Die Spielstätte befände sich in unmittelbarer Nähe eines Rummelplatzes. Als er im Sommer 1959 eine eigene Theatergruppe gründet und mit ihr Schiffbruch erleidet, findet er Geldgeber, die ihn retten wollen, doch er lehnt ab: »Lieber in Ehren leer, als in Schande voll. Ich bin zum Theater gegangen, um den Hamlet zu spielen, und nicht, um mir einen Mercedes zu kaufen.«

Im Weg gestanden ist er sich sein Leben lang – sei es aus hehren künstlerischen Motiven, sei es aus irrealer Leidenschaft. Er überwarf sich mit Leopold Lindtberg (seinem *Becket*-Regisseur), er sagte einen Termin mit dem in Wien weilenden Regisseur William Wyler ab – der ihm eine Rolle in einem Hollywoodfilm anbieten wollte – weil er »zur selben Zeit eine Fechtstunde« hatte. »Ich hab' in den letzten Jahren so viele Filme abgelehnt«, hinterließ uns Oskar Werner, »ich könnt' mir Capri kaufen mit dem Geld. Aber was mach' ich mit Capri?«

1961 verlässt er das Burgtheater, diesmal endgültig. Ernst Haeussermans Versuch, ihn zu halten, lehnt er ab, weil er »kein Masochist« sei. François Truffaut holt ihn nach Paris, um mit ihm, Henri Serre und Jeanne Moreau *Jules und Jim* zu drehen. Wieder im internationalen Geschäft, steht er drei Jahre später unter der Regie Stanley Kramers in der Rolle des Schiffarztes Dr. Schumann im *Narrenschiff* vor der Kamera. Seine Partner sind Vivian Leigh, Lee Marvin, Heinz Rühmann und Simone Signoret, die Oskar Werner als »einen Verrückten auf eine grandiose Art« bezeichnete.

Für die Rolle im *Narrenschiff* erhält Oskar Werner – ebenso wie für seinen nächsten, mit Richard Burton gedrehten Film, *Der Spion, der aus der Kälte kam* – den Golden Globe als bester Nebendarsteller. Die Dreharbeiten zu *Fahrenheit 451* im Jahre 1966 enden im Streit mit dem Regisseur François Truffaut. Er sei mit seinem Beruf unglücklich, erklärt Werner in einem Interview mit der *New York Times*. »Ich weiß am Morgen beim Rasieren, wie der Film sein muss, aber am Abend stelle ich enttäuscht fest, dass er ganz anders geworden ist.« Wie immer lehnt er es ab, über sein Privatleben zu sprechen, doch die letzten Zeilen des Berichts verraten ohnehin mehr, als er hätte sagen können: Oskar Werner »leerte seinen achten doppelten Benedictiner, und der Presseagent half ihm aufzustehen. Als er die Straße überquerte, entkam er sehr knapp einer Havarie mit einem Lastwagen.«

Abgesehen von *Zwischenspiel* und *In den Schuhen des Fischers* mit Anthony Quinn und Laurence Olivier lehnt er wieder eine Filmrolle nach der anderen ab, diesmal weil er »nicht auf den Strich« gehen wolle. »Ich bin nicht die Romy Schneider, die macht doch nur lauter pornografische Sachen.« Einmal, 1974, tritt er noch in den USA auf, als Mörder in der Fernsehserie *Columbo*.

Zu einem weiteren Eklat kommt es, als der ORF eine Vorstellung seiner *Kabale-und-Liebe*-Tournee aufzeichnen will, zumal Werner die vom Fernsehen vorgesehene Beleuchtung ablehnt. Die Übertragung fällt ins Wasser, der ORF gewinnt einen Schadenersatzprozess, Oskar Werner weigert sich zu zahlen und wird gepfändet. Später hebt der Oberste Gerichtshof das Urteil auf, der Star bekommt sein Geld wieder zurück.

Der ORF wagt sich noch einmal an Oskar Werner heran. *Faust* soll verfilmt werden, die Fernsehintendanz behält sich aber vor, die Letztfassung zu überprüfen und, wenn nötig, zu kürzen oder zu verändern. Werner zieht das Projekt mit der Begründung, »mit Dilettanten nicht arbeiten zu können«, zurück.

Am Ende seines Lebens scheitert sein Comeback mit *Julius Cäsar* am Burgtheater. Der Grund: Direktor Achim Benning hatte vor Probenbeginn Werners *Prinz-von-Homburg*-Premiere in der Wachau besucht – die er selbst als Desaster bezeichnete – und verlangte nun, dass nicht er, sondern ein anderer Künstler Regie führen sollte. Werner reagiert empört: »Ich spiele nicht unter der Regie eines anderen. Ich habe so grauenvolle Vorstellungen im Burgtheater gesehen, dass ich meinen *Homburg* durchaus vertreten kann.«

Im Zuge seines Oskar-Werner-Wachau-Festivals lädt er im Sommer 1983 auch ins ehemalige KZ Mauthausen, er hisst – um der hier Getöteten zu gedenken – die Hakenkreuzfahne, lässt das Horst-Wessel-Lied intonieren. »Oskar Werner hätte in dieser, seiner letzten Lebensphase, der Schonung bedurft«, erinnert sich sein Freund Heinrich Schweiger, »aber er selbst exponierte sich noch in der Öffentlichkeit, kaum mehr der Selbstkontrolle fähig. Sein Wachau-Festival wurde zu einem Debakel und die Medien stürzten sich auf ihn, als Beispiel eines gescheiterten Genies, das zum Opfer seiner selbst geworden war.«

Es waren wohl die eigenen Widersprüche, die Oskar Werners Lebensweg kennzeichnen und erschweren sollten. Er hat seinen Beruf geliebt und gehasst, in sich aufgesogen und verdammt. »Der Paul Hörbiger hat einmal gesagt, es gäbe einen würdigeren Beruf für einen erwachsenen Mann. Dieser Meinung bin ich auch. Die Schauspielerei ist für einen Erwachsenen wirklich eine merkwürdige Profession.«

Im Jänner 1984 veranstaltet Oskar Werner im Wiener Palais Auersperg eine Retrospektive seiner Filme sowie Lesungen aus eigenen Werken, die er mit dem Titel »Ein Dichter aus Gumpendorf« versah. Auch für Susanne, die er heiraten wollte, schrieb er Gedichte.

Für Susanne 25.6.84

SCHÖN DU WARST DA
NICHT GANZ NAH
ABER DA –
WOHIN DU GEHST
WEISS ICH NICHT.
ICH BETE DU BESTEHST
DAS DUNKEL – DAS LICHT.
WER WEISS
DEIN GEHEISS
VERSCHWOMMEN – KLAR
DEINE GEFAHR
SEI WAHR
BLEIBE WAHR.

HANDSCHRIFT:
OSKAR WERNER, 1984

Niemand kann die Kunst des Oskar Werner erklären, er selbst konnte es nicht. »Wenn ich sagen könnte, *wie* ich den Hamlet spiele, bräuchte ich ihn nicht zu spielen.« Er lehnte es ab, ein Genie genannt zu werden, er sei nur »empfindsamer als die anderen«.

Diese Empfindsamkeit war es wohl, die ihn vernichtete. Sie war es aber auch, die uns Sternstunden des Theaters und des Films beschert hat.

»Das Altwerden«, sagte er einmal, »ist nicht schön, aber es steht uns allen bevor.«

Ihm stand es nicht bevor. Oskar Werner stirbt, noch ehe eine von ihm geplante Rezitationstournee durch Deutschland beginnt, am 23. Oktober 1984 in einem Hotelzimmer in Marburg an der Lahn, wenige Wochen vor seinem 62. Geburtstag.

Musikalisches Zwischenspiel

»Ich geh nicht ins Maxim«
Johannes Heesters, geb. Danilo

Mit Johannes Heesters, Wien, im November 1992.

In einem der früheren Kapitel war von Burgschauspielern die Rede, die ein biblisches Alter erreichten. Dennoch war es keinem von ihnen vergönnt, ihren 93. Geburtstag dort zu feiern, wo sie ihr Leben lang am glücklichsten waren. Auf der Bühne.

»Ich würde gern wieder Theater spielen«, sagte Johannes Heesters, als ich ihn kurz vor seinem 90. Geburtstag traf, »aber es gibt keine guten Stücke für mich.«

Naja, das sagt er so, dachte ich mir. Wie soll denn ein Neunzigjähriger seinen Text lernen, wochenlangen Probenstress durchhalten, jeden Abend auf der Bühne stehen?

Drei Jahre später machte er wahr, wovon er damals geträumt hatte. *Ein gesegnetes Alter* ist der Titel einer Komödie von Curth Flatow, mit der er 1996 und 1997 auf Tournee durch Deutschland und Österreich ging. Heesters hat in diesem Stück die Bühne von der ersten bis zur letzten Minute nicht verlassen. Auch an seinem 93. Geburtstag, den der Film- und Operettenstar vergangener Tage in den Wiener Kammerspielen feierte.

Am nächsten Tag Treffen mit »Jopie«. Hellwach, ein Grandseigneur vom Scheitel bis zur Sohle, sitzt er da und beantwortet meine Fragen. Die erste stellt sich von selbst: Herr Heesters, jeden Abend drei Stunden Theater spielen – wie schaffen Sie das?

»Mein Gott«, sagt er, als wär' sein Auftritt das Selbstverständlichste auf der Welt, »ich habe zurückhaltend gelebt, bin mit meinen Kräften sparsam umgegangen.« Er habe viel Sport betrieben und immer gearbeitet. Müde sei er nicht nach den abendlichen Marathon-Vorstellungen, ein bisschen abgespannt vielleicht. »Dass es mir gut geht«, betont er, »das habe ich vor allem meiner Frau zu danken.«

Sie sitzt neben ihm. Simone Rethel, halb so alt wie er, ist das Glück seiner späten Jahre. Und sie ist auch seine Bühnenpartnerin in dem Zweipersonenstück. »Die Arbeit hält ihn jung«, sagt sie, »und er kann sich auch wunderbar regenerieren, am Tag nach der Vorstellung ist er ausgeruht und wieder ganz der Alte. Und ich habe bei den Proben und Vorstellungen viel von ihm gelernt.«

Simone Rethel ist Heesters-Fan seit sie dreizehn war. »Als meine Klassenkameraden von den Beatles schwärmten, da war's bei mir schon der Jopie.« Nach dem Tod seiner ersten Frau Wiesje, mit der er ein halbes Jahrhundert verheiratet war, lernte Heesters die junge Schauspielerin bei Dreharbeiten kennen. 1991 haben sie geheiratet.

Johan Marius Nicolaas Heesters ist wahrhaft einer der letzten großen Operettenhelden. Geboren 1903 im holländischen Amersfoort, wollte der Sohn eines Kaufmanns ursprünglich katholischer Priester werden, absolvierte dann aber eine Banklehre, die er abbrach, um Schauspiel und Gesang zu studieren. Nach ersten Auftritten am Sprechtheater in Amsterdam, feierte er 1934 als

Bettelstudent an der Wiener Volksoper seinen Durchbruch, der den kometenhaften Aufstieg zum Star der großen Musikbühnen in Berlin einleitete. »Ich war ja kein Sänger«, sagt er, »eher ein Schauspieler, der singt. Aber wenn ich auf mein Leben zurückblicke, muss ich schon sagen, dass ich aus meiner kleinen Stimme eine ganze Menge herausgeholt habe.« Auch wenn er nach zahllosen Musikfilmen – von *Hofkonzert* über *Hochzeitsnacht im Paradies* bis *Tanz ins Glück* – der Bühne treu blieb, werden all seine Auftritte, ob in der *Fledermaus* oder in *Gigi*, nie darüber hinwegtäuschen, dass man den elegantesten Frackträger des 20. Jahrhunderts wohl für immer mit einer Rolle identifizieren wird: »Rund 3000-mal«, schätzt Heesters, habe er den Grafen Danilo in der *Lustigen Witwe*, den geborenen Herzensbrecher, gespielt.

Die Rolle hat ihn bis tief ins Privatleben hinein verfolgt. Es muss schrecklich gewesen sein. Stellen Sie sich vor, meine Herren, was dieser Mann durchzumachen hatte: »Es ist nicht zu glauben, wie die Frauen hinter mir her waren, in der Tramway, im Bus, auf der Straße, im Theater, im Luftschutzkeller – alle Altersklassen, alle Berufssparten, alle Haarfarben, Dicke, Dünne, Große, Kleine, es war nicht zum Aushalten. Eine hat sogar vor lauter Aufregung den Rock verloren.«

Entsetzlich, der arme Mann! Marika Rökk, mit der er *Gasparone*, *Hallo Janine* und *Die Csardasfürstin* drehte, bestätigte: »Nie habe ich erlebt, dass ein Mann ähnlich von Frauen vergöttert, ja verfolgt worden wäre. Sie lauerten ihm auf, setzten sich in Szene und machten ihm Anträge. Einmal fiel eine aus dem Kleiderschrank seiner Garderobe, als er sich umzog.«

Franz Lehár schätzte ihn aus ganz anderen Gründen, er war von seinem Auftreten in der *Lustigen Witwe* dermaßen angetan, dass er ihm ein Foto mit Widmung schenkte: »Dem besten Danilo, den ich je hatte.« Heesters freute sich sehr. Bis er herausfand, dass der Meister mit denselben Zeilen sowohl Louis Treumann – den ersten Danilo bei der Welturaufführung 1905 im Theater an der Wien – als auch Hubert Marischka beehrt hatte.

Noch einer bezeichnete Heesters als seinen liebsten Danilo. Adolf Hitler. Der junge Holländer war bis zu diesem Bekenntnis bei den nationalsozialistischen Machthabern nicht besonders gut angeschrieben. Er hatte 1938 einen Monat lang in seiner niederländischen Heimat ein Stück gespielt, in dem neben ihm fast nur emigrierte jüdische Schauspieler auf der Bühne standen. Da Goebbels deshalb über ihn ein Drehverbot verhängte und ein bereits fix geplantes Projekt mit der Ufa abgeblasen wurde, fand Heesters Zeit, am Münchener Gärtnerplatztheater in seiner Leibrolle, als Danilo, aufzutreten.

Im Publikum saß eines Abends der »Führer«. »In der Pause klopfte es an meiner Garderobentür«, erinnert sich Heesters. »›Herein‹, sagte ich, und zwei Männer in schwarzer SS-Uniform traten ein. ›Heil Hitler, Herr Heesters! Der Führer erwartet Sie in seiner Loge.‹ Hitler saß in der so genannten Königsloge. Er stand auf, als ich eintrat, kam auf mich zu, drückte mir die Hand und sagte: ›Ich danke Ihnen für diesen schönen Abend. *Die Lustige Witwe* ist meine Lieblingsoperette*, und Sie sind für mich der beste Danilo, den ich kenne!‹ Sprach's, ließ meine Hand los und kehrte auf seinen Platz an der Balustrade zurück.« Insgesamt kam Hitler viermal in die Vorstellung, und Heesters dachte: »Herrgott, hat der Mann nichts Besseres zu tun, wann kommt der denn zum Regieren?«

---

* Die Namen der jüdischen Librettisten Victor Léon und Leo Stein wurden 1933 aus den Programmheften der »Lustigen Witwe« eliminiert.

Hitler, so erzählte ihm später dessen Haushälterin, hätte sich nach der Vorstellung zu Hause im Frack vor den Spiegel gestellt, den Zylinder aufgesetzt, sich einen Schal umgeworfen und gefragt: »Na, Frau Winter, was sagen Sie? Bin ich vielleicht kein Danilo?«

Das Drehverbot für Heesters wurde nach Hitlers Besuchen im Gärtnerplatztheater aufgehoben. Der Publikumsliebling filmte wieder – und musste sich dafür 1946 vor einer holländischen Militärkommission verantworten. »Es war eine schlimme Zeit«, bekannte der Star, »jeder ahnte, dass es bald zur großen Katastrophe kommen würde, aber wir drehten und drehten, einen Film nach dem anderen, geradeso, als hätten wir Scheuklappen vor den Augen.« Erst später sei ihm – wie vielen seiner Kollegen – klar geworden, dass scheinbar harmlose Unterhaltungsfilme wie *Liebesschule*, *Es lebe die Liebe* oder *Frech und verliebt* durchaus politisch motiviert waren. Sie dienten der Ablenkung und sollten das Durchhaltevermögen der Bevölkerung steigern.

Was man Heesters aber nach Kriegsende – vor allem in seiner holländischen Heimat – vorwarf, war die Tatsache, dass er am 21. Mai 1941 mit Schauspielerkollegen zu einer »Lagerbesichtigung« ins KZ Dachau kam und dort vor SS-Offizieren ein Nachmittagskonzert gab. »Das Lager wirkte auf uns wie ein typisches Soldatenlager«, rechtfertigte er sich später, »es sah so aus wie ein Arbeitsdienst- oder Hitlerjugendlager, wie man sie aus den Illustrierten kannte.«

Nur langsam ging's nach Kriegende mit der Karriere wieder los. Die Filme waren nicht mehr so aufwändig wie früher, doch als Danilo war er wieder an allen großen Musikbühnen Europas gefragt.

Ich war auch dabei, als er seinen letzten Auftritt als großer Frauenheld an der pontevedrinischen Botschaft hatte. Das war am

5. Dezember 1983 in der Wiener Volksoper. Heesters feierte an diesem Abend seinen 80. Geburtstag, und er war – ich erinnere mich ganz genau daran – immer noch der geborene Danilo, dem kein Junger in dieser Rolle das Wasser oder besser: den Champagner reichen konnte. Einmalig, wie er mit der einen Hand den weißen Seidenschal nonchalant über die Schulter warf, mit der zweiten den Zylinder ins Genick schob und mit der dritten Hand – wo kam denn die plötzlich her? – seine Zigarette anzündete. Als er dann auch noch gleichzeitig einen Schluck aus dem Champagnerglas nahm, hab ich aufgehört, seine Hände zu zählen. Zu alldem hat er noch »Heut geh ich ins Maxim« gesungen, als wäre er neunundreißig.

Befragt um den Unterschied zwischen dem alternden Frauenhelden Danilo und jenem, den er in seiner Jugend gegeben hatte, sagte er nur: »Früher habe ich den Danilo im weißen Frack und mit schwarzen Haaren gesungen. Heute singe ich ihn im schwarzen Frack mit weißen Haaren.«

Ich habe ihn auch damals, als er erst – ist man geneigt zu sagen – achtzig war, getroffen. Es sei beruhigend, meinte ich, dass er als geeichter Lebemann und Champagnertrinker so frisch und würdevoll zu altern verstünde.

»Schoompanjer?«, erwiderte Heesters mit dem für ihn so typischen Akzent. »Gott bewahre, das Zeug hab ich nie mögen. Davon bekommt man nur Sodbrennen. Auf der Bühne habe ich als Danilo immer Apfelsaft getrunken und privat war es Schnaps mit Knoblauch, das ist gesund.«

Wie oft er denn am Originalschauplatz »seiner« Operette, dem Maxim in Paris gewesen sei, wollte ich wissen. Zwanzig-, fünfzig-, hundertmal?

»Ein einziges Mal«, lachte er, »und ich muss Ihnen sagen, ich war enttäuscht, sehr enttäuscht. Sie kennen doch die breite Treppe, über dich ich als Danilo ins Maxim trete? Ich komm also ins echte Pariser Maxim, suche die Treppe – ist gar keine da. Das Maxim ohne Treppe, also das brauch ich nicht. Ein zweites Mal kriegen mich dort keine zehn Pferde hin.« Und überhaupt: »Wenn man wie ich jahrzehntelang viel arbeitet, kommt man gar nicht dazu, in Bars und Nachtlokale zu gehen, exzessiv zu trinken, zu rauchen und sich mit anderen Blödheiten zu befassen.«

Dreizehn Jahre später, mit 93, erklärte er mir dann glaubhaft: »Ich könnte den Danilo jederzeit wieder spielen, ich mache täglich meine Gesangsübungen, hätte da keine Probleme. Aber ich möchte nicht, dass man sich im Publikum zuflüstert: Muss denn der Alte immer noch den Herzensbrecher spielen?«

Irgendwie ist für mich nach all den Gesprächen mit dem Frauenliebling – ob in seiner noblen Gründerzeitvilla in der Wiener Cottagegasse oder in seinem Haus am Starnberger See – eine Operettenwelt zusammengebrochen. Johannes Heesters trinkt nicht, raucht nicht, ist glücklich verheiratet, verkehrt nicht im Maxim. Zum Kuckuck, was bleibt denn da eigentlich noch übrig von diesem Danilo?

Tja, alles: Seinem Charme könnten die Lolos, Dodos, Jou-Jous, Fru-Frus und all die anderen Grisetten und Lustigen Witwen dieser Welt nach wie vor nicht widerstehen. Egal, wie alt er gerade sein mag.

DER HERR INSPEKTOR UND DER OPERNSTAR

*Ljuba Welitsch heiratet –
und lässt sich wieder scheiden*

Ljuba Welitsch, das ist in allererster Linie die Geschichte einer außergewöhnlichen Sängerin. Unvergessen als der Welt beste Salome, so die einhellige Kritikermeinung in den fünfziger Jahren, aber auch als Aida, Musetta, Donna Anna, als Amelia. An der Met in New York jubelte man der gebürtigen Bulgarin ebenso zu wie an der Scala in Mailand. Ihr Zuhause freilich war die Wiener Staatsoper.

Ljuba Welitsch, das ist aber auch eine der großen, romantischen Lovestorys des 20. Jahrhunderts: Weltberühmte Künstlerin heiratet kleinen Streifenpolizisten – die Romanze hatte einst für ungeheures Aufsehen gesorgt. Ohne ein Happy End zu finden.

Die Sensation schien perfekt, damals im Jahre 1956, als die 43-jährige Diva einen 28-jährigen Wachmann zum Standesamt führte. Als ich die gefeierte Sopranistin viel später einmal über ihre 12-jährige Ehe befragte, wollte sie zunächst nur so viel sagen: »Ich habe für meinen Beruf gelebt, und dabei ist das Privatleben auf der Strecke geblieben. Mehr werden Sie dazu nicht erfahren.«

Also machte ich mich auf die Suche nach dem inzwischen auch schon in die Jahre gekommenen Rayonsinspektor i. R. Karl Schmalvogel, der seit seiner Trennung von Ljuba Welitsch zurückgezogen am Stadtrand von Wien lebte. Und der bereit war, mir »zum ersten Mal die wirkliche Geschichte« dieser ungewöhnlichen Ehe zu erzählen: »Wir lernten einander im Frühjahr 1955 kennen, Ljuba stand mit ihrem Auto Ecke Gumpendorfer Straße/Getreidemarkt vor einer roten Ampel, ich neben ihr auf meinem Motorrad.« Karl Schmalvogel, die »weiße Maus«, wie die uniformierten Verkehrspolizisten damals genannt wurden, erkannte die mondäne Dame nicht, er wunderte sich nur, »weil sie mich sehr freundlich anlachte. Ich lachte zurück.« Der kleine Flirt wiederholte sich an den folgenden Kreuzungen, wobei dem ungleichen Paar Wiens traditionelle »rote Welle« entgegen kam.

Der »weißen Maus« fiel es natürlich nicht schwer, Namen, Adresse und Telefonnummer der Besitzerin des schwarzlackierten Rover W 4.907 vom Verkehrsamt ausheben zu lassen. Der fesche Polizist rief die Kammersängerin an und stand bald auch vor der Tür ihrer vornehmen Stadtwohnung am Wiener Rathausplatz. »Sie lud mich zu einem gemeinsamen Spaziergang auf die Höhenstraße ein.«

Aus dem Flirt wurde eine innige Beziehung, der Herr Inspektor ließ sich von seiner damaligen Frau, einer Schuhverkäuferin, scheiden und machte die weltberühmte Ljuba Welitsch zur Frau Schmalvogel.

Wobei in Wahrheit wohl eher aus dem Karl Schmalvogel ein Herr Welitsch geworden war.

»Zunächst schien alles gutzugehen, sie hatte ihre Auftritte, drehte Filme, ich versah meinen Dienst wie eh und je. Natürlich war's nicht ganz leicht für mich, denn sie stand überall im Mittelpunkt, und ich kam mir wie der Prinz Philip vor, der ja auch immer einen Schritt hinter der Queen gehen muss.« Doch das eigentliche Problem lag woanders: »Wir wollten ein Taxiunternehmen aufbauen, aber sie war nicht bereit, mich an den Einnahmen zu beteiligen, obwohl ich die Hauptarbeit leistete. Schließlich hat sie dann nicht nur im Geschäft, sondern auch zu Hause den Chef gespielt und mir gezeigt, wer das Geld hat.«

Daran bestand ja auch kein Zweifel: Karl Schmalvogel, der Streifenpolizist aus der Wiener Vorstadt, hatte ein Monatssalär von dreitausend Schilling brutto, Ljuba Welitsch, der internationale Film- und Opernstar, verdiente vergleichsweise ein Vermögen. Zum Finanzstreit kamen rasende Eifersuchtsszenen der feurigen Diva, die ihrem Mann unterstellte, dass er eine Geliebte hätte. Was er stets bestritten hat.

Ljuba Welitsch reichte die Scheidung ein. Nach zweijährigem Prozess war die Ehe 1968 auch offiziell beendet. »Ich bekam nicht einen Schilling«, erklärte Karl Schmalvogel, der von einem Tag zum anderen aus der gemeinsamen Luxusvilla in Wien-Döbling in eine Zimmer-Küche-Kabinett-Wohnung in Favoriten übersiedelte.

Nach der Scheidung suchte der Polizist um Frühpension an, wurde Taxiunternehmer und ging eine neue Lebensgemeinschaft ein. Seine Partnerin ist mittlerweile gestorben.

Auch Ljuba Welitsch ließ sich relativ früh, im Jahre 1962, von der Staatsoper pensionieren, »weil mich die Leute so in Erinnerung behalten sollten, wie sie mich aus meiner Glanzzeit gekannt hatten«.

Das einstige Traumpaar der Wiener Society ist seit dem letzten Verhandlungstag vor Gericht nie wieder zusammengetroffen. Herr Schmalvogel sagte mir, dass er ein glücklicher Mann sei, der wieder in sein früheres, einfaches Leben zurückgefunden habe. »Ich hätte mir das Ganze ersparen können, aber ich bereue nichts, habe die Film- und Opernwelt kennen gelernt, war auf Reisen. Andererseits weiß ich, dass es für einen einfachen Menschen unmöglich ist, auf Dauer die Allüren eines Stars zu ertragen, dem Vertrauen und Toleranz unbekannt sind. Ljuba ist gebürtige Bulgarin, so leidenschaftlich sie lieben kann, so leidenschaftlich kann sie auch hassen.«

Und auch die Welitsch blickte – nachdem ihr Ex-Mann aus der Schule geplaudert hatte – noch einmal kurz zurück: »Ich wollte damals einen Kameraden und dachte einen gefunden zu haben. Aber er hat mich wohl zu wenig geliebt. Es schmerzt, im Privatleben gescheitert zu sein, aber ich hab' es vergessen, weggesteckt. Es war nur eine Episode in meinem Leben.«

Ljuba Welitsch starb 1996 im Alter von 83 Jahren.

Caruso & Co.
Die Helden des hohen C

Mit Luciano Pavarotti, Wien, im Juni 1995.

Sicher, auch Bass und Bariton haben ihre Verehrer – der Tenor aber wird angebetet, bewundert, geliebt. »Caruso ist und bleibt der Größte«, meint Luciano Pavarotti, einer seiner legitimen Nachfolger. Ich traf ihn, als er im Sommer 1995 vor Schloss Schönbrunn ein Open-air-Konzert gab. »Caruso«, sagt er, »war der Wahrhaftigste von allen, er wäre auch heute noch modern, es hat nie einen Besseren gegeben.« Pavarotti weiß das so genau, weil er mit ihm aufgewachsen ist: »Mein Vater hat mir alle seine Platten vorgespielt, und wir haben im Radio immer nur Carusos Stimme gesucht. Er war mein Leitstern auf dem Weg zur Bühne.«

Enrico Carusos Karriere war aber auch wirklich einzigartig: Am 25. Februar 1873 als 18. Kind einer armen Arbeiterfamilie in Neapel zur Welt gekommen, bettelte er sich als Straßensänger durchs Leben, um die ersten Gesangsstunden finanzieren zu können. Doch niemand wollte an ihn glauben. »Deine Stimme klingt wie der Wind, der durchs Fenster pfeift«, meinte sein Lehrer.

Tatsächlich überschlug sich das später so berühmte Organ fortwährend, und vom legendären Hohen C konnte noch lange keine Rede sein. Mit 21 debütierte er bei einer Wandertruppe, in den folgenden Jahren trat er ohne besonderen Erfolg an verschiedenen Provinzbühnen auf, ehe er 1898 im Mailänder Teatro Lirico in Umberto Giordanos Oper *Fedora* den Durchbruch schaffte.

Dennoch lehnte ihn Puccini noch zwei Jahre später für die Uraufführung seiner *Tosca* in Rom ab. Gegen alle Widerstände kämpfte Caruso mit ungeheurer Disziplin weiter, bis London, Mailand, Berlin und New York riefen. 1902, als Herzog von Mantua in Verdis *Rigoletto* an der Covent Garden Opera, wurden erstmals das Außergewöhnliche seiner Stimme, seine darstellerische Kraft und seine bahnbrechende Persönlichkeit gewürdigt. Als er zwischen 1906 und 1913 – insgesamt nur 14-mal – an der Wiener Hofoper auftrat, lag ihm die Stadt zu Füßen. Keinem anderen war je ein derartiger Empfang bereitet worden. Der Wiener Schriftsteller Robert Weil drückte die Stimmung in einem unter dem Pseudonym Homunkulus verfassten Gedicht mit dem Titel »Caruso in Wien« aus:

> *Was rennt das Volk, was wälzt sich dort*
> *Die langen Gassen brausend fort?*
> *Steht etwa gar der Ring in Flammen?*
> *Es läuft die halbe Stadt zusammen,*
> *Fahrzeuge schießen her und hin,*
> *In hellem Taumel steht ganz Wien,*
> *Nie vor der Oper ging's noch zu so:*

Heut singt Caruso!
Die Presse kündete es laut:
»Das ist das Wunder, kommt und schaut,
Das jede Konkurrenz bezwungen,
Das sich die höchste Gage ersungen,
Dem in der Welt, der neuen, alten,
Kein Sänger den Tarif kann halten;
So ein Tenor wie sein Tenor,
Kommt niemals nimmer nie nicht vor.
Dafür sind doch genug Beweise,
Vierfach erhöhte Eintrittspreise«…
Jetzt hebt der Vorhang sich hinauf;
Ein Schauder bebt: Denn e r tritt auf,
Der Einzige! Der Auserkorne!
Der eigens für das C Geborne,
Zu viel nicht sagten die Tiraden:
Herrgott, was hat der Mann für Waden!
Herrgott, was ist die Brust so rund!
Doch still, jetzt öffnet er den Mund!
Er räuspert sich! Achtung! Er zuckt!
Achtung! Er gluckt! Er schluckt! Er spuckt!
Und jetzt: Er singt! Schon singt er A,
Schon singt er B! Schon singt er Ha!
Und jetzt – jetzt kommt's: Hurra, das C!
Das ganze Haus schnellt in die Höh'
Es ist, als zündete der Blitz,
Die Frauen halten sich am Sitz,
Die Mägdlein alle fasst 'ne Rage,
Es wölbt sich hoch die Decolletage,

Mit Ohren, Lippen, Wangen, Augen,
Sucht man das Wunder einzusaugen,
Und die Prinzessin haucht ganz fahl.
»So einer wär' mein Ideal!« ...

»In der Tat war Caruso ein dreifaches Phänomen«, weiß Marcel Prawy. »Erstens war er wirklich der größte Tenor aller Zeiten. Zweitens war er der Erste, für den die amerikanische Reklamemaschine voll einsetzte und drittens war er der erste Plattenstar.«

Und was für einer. Die Platte hat nicht nur Carusos weltweite Popularität begründet, er war es auch, der den Siegeszug des noch jungen Mediums ermöglichte. Schafften sich doch Millionen Menschen in aller Welt ihre Grammophone nur an, um das »Wunder Caruso« mit eigenen Ohren erleben zu können. Der britische Plattenproduzent Fred Gaisberg – der mit ihm in der Rekordzeit von zwei Stunden zehn populäre Opernarien aufnahm – brachte es auf den Punkt, als er über Caruso sagte: »He made the gramophone!« Trotz mangelhafter Aufnahmetechnik – anfangs noch mit dem Edison-Zylinder – lässt sich seine überragende Gesangsqualität heute noch erahnen.

Caruso, der auch ein talentierter Zeichner war, hatte in seinem Repertoire 500 Lieder und 67 Opernpartien, die er ohne Vorbereitung jederzeit beherrschte. Er selbst definierte seinen Erfolg so: »Eine große Brust, ein großer Mund, neunzig Prozent Gedächtnis, zehn Prozent Intelligenz, eine Menge harter Arbeit und ein kleines Etwas im Herzen.«

500 Lieder und 67 Opernpartien im Repertoire: Enrico Caruso gilt heute noch als der größte Tenor aller Zeiten. Die Karikatur zeigt ihn während eines seiner Wien-Gastspiele.

Die Tenöre nach Caruso – der 1921 mit nur 48 Jahren starb – hatten es verdammt schwer, in seine Fußstapfen zu treten. Ihre Karrieren verliefen sehr unterschiedlich: Benjamino Gigli sang neben der Oper auch im Film. Richard Tauber hat alles gleichzeitig gemacht: In der Früh komponiert, mittags ins Filmatelier, abends dirigiert, am nächsten Tag Auftritt in der Oper. Jan Kiepura war der Populärste, weil er seine Karriere vor allem im Film gemacht hatte. Zur ersten Garnitur unter den Tenören des 20. Jahrhunderts gehören weiters Leo Slezak, Giuseppe di Stefano (der bei Pavarotti »gleich hinter Caruso rangiert«), Mario del Monaco, Franco Corelli und Alfredo Kraus.

Wenig geändert hat sich in all den Jahrzehnten der Starrummel. Wenn *Aida*, *Rigoletto* oder *Othello* um zehn Uhr aus sind, kann mit der Ankunft des Bühnenhelden bei der anschließenden Premierenfeier erst um ein Uhr früh gerechnet werden. Denn nach eineinhalbstündigem Applaus – der bei Größen wie Pavarotti, Carreras, Domingo immer in *Standing Ovations* ausartet – muss der Tenor am Bühnentürl weitere eineinhalb Stunden Autogramme geben.

Nicht ganz so umjubelt waren die Vorgänger der Tenöre – die Kastraten. Für sie waren viele große Tenorpartien ursprünglich komponiert worden. Erst als die »Entmannung« in vielen Ländern untersagt wurde, suchte man Ersatz und »erfand« den Tenor. »Die Oper geht zugrunde«, sagte Gioacchino Rossini zu Richard Wagner, »weil es keine Kastraten mehr gibt.«

Geld ist – neben ihren Liebschaften natürlich – das Thema Nummer eins, wenn Tenöre in die Schlagzeilen geraten. Wobei die heutigen Stars »arme Schlucker« sind, vergleicht man ihre Gagen mit denen ihrer Vorgänger: Pavarotti bekommt für einen Opernauftritt in Wien 200 000 Schilling, Caruso aber erhielt 1907 für eine Vorstellung an der Hofoper 12 000 Kronen*.

Legendär sind die Rivalitäten unter den Opernstars. Gelten sie nach außen oft als gute Freunde, wird hinter den Kulissen gerne und heftig intrigiert. Jan Kiepuras Karriere begann, weil Wiens Primadonna assoluta Maria Jeritza den damaligen Startenor Alfred

---

* Entspricht lt. Statistischem Zentralamt Wien im Jahre 2000 rund 620 000 Schilling.

Piccaver nicht leiden konnte. Sie intervenierte so lange, bis er durch Kiepura ersetzt wurde. Kiepuras *Turandot*-Debüt in Wien bildete dann den Auftakt zur Weltkarriere. Carreras und Domingo sollen hingegen echte, ehrliche Freunde sein.

Oft wird die Frage gestellt, wer der Größte der Großen Drei sei. »Wie soll man das messen?«, meint Marcel Prawy, der sonst alles weiß. Domingo ist für ihn »die interessanteste Persönlichkeit, Carreras hat die schönste Stimme. Und Pavarotti ist die beste Mischung aus allem.«

Zwischen Bühnenruhm und privatem Glück können freilich Welten liegen, das musste auch schon Enrico Caruso leidvoll erfahren: Seine langjährige Lebenspartnerin Ada, als Opernsängerin eher mittelmäßig, ging – nachdem sie ihm vier Kinder geschenkt hatte – mit seinem Chauffeur durch. Der Startenor, einer der größten Frauenhelden aller Zeiten, hat diese Schmähung nie verkraftet.

Die ganz Grossen des Films

Ein Schauspieler als Renaissancefürst

Curd Jürgens – Weltstar und Lebemann

„Die einzige Geliebte, die mich nie enttäuscht hat, hieß Theater." Fragte man ihn, ob er lieber filmte oder auf der Bühne stand, verglich er seinen Beruf mit dem eines Malers: »Das Theater, das große Drama ist für mich wie das Auftragen der Farbe des Gemäldes, die Arbeit beim Film ist das Graphisch-Zeichnerische, Großaufnahmen sind die feinen dünnen Striche einer Radierung.« Also sprach Curd Jürgens, damals sechzig Jahre und – entgegen anderslautendem Memoirentitel – doch sehr weise. Der Film machte ihn zum Weltstar, seine Wurzeln liegen aber beim Theater. Und zwar in Wien.

Saint Paul de Vence, dort, wo die Côte d'Azur am schönsten ist. Swimmingpool, philippinischer Diener, Salons und Hallen wie für ein Schloss gebaut. Seit 1982 ist er tot. Margie Jürgens, die elegante Gastgeberin, verwaltet alles, was er errichtete, der Filmstar, »normannische Kleiderschrank«, Bonvivant. So jedenfalls stellte man sich ihn und sein Leben vor.

Dann aber ein Blick in die gewaltige Bibliothek. Rilke, Schnitzler, Goethe, Hofmannsthal, Werfel – kein Großer fehlt. Und mindestens drei Meter Freud. Das war Curd Jürgens nämlich auch. Ein Grandseigneur, ein Frauenheld, gewiss – aber ein Mann, insgesamt, von intellektuellem Format. Sigmund Freud hat er studiert, als er 1979 den aus Wien flüchtenden Vater der Psychoanalyse in *Berggasse 19* am Theater in der Josefstadt verkörperte. Er ging an das Stück mit Herz und Seele heran, aber auch mit sehr viel Kopf. Rollen lernen ist eine Sache, sie zu erfühlen, zu leben, zu verstehen die andere.

Ausgerechnet im Frühjahr 1938, gerade als die Nazitruppen einmarschierten und Freud gehen musste, war der in Berlin aufgewachsene gebürtige Münchner nach Wien gekommen. Dem Publikum hätte er ja gefallen, sagte der Bühnenportier des Deutschen Volkstheaters unmittelbar nach dem »Anschluss« zu ihm, »aber mir sind Sie zu piefkinesisch«. Curd Jürgens hatte hier gerade an der Seite von Gusti Huber eine seiner ersten Theaterpremieren gefeiert: *Ein ganzer Kerl*. Ihm war bald klar: »Das Stück und ich wurden gelobt – in erster Linie wohl, weil der neue blonde Deutsche äußerlich genau dem entspricht, was die Wiener in ihrer Begeisterung für den ›Anschluss‹ sehen – und hören – wollten.«

Curd Jürgens war 22, in großbürgerlich-liberaler Kaufmannsfamilie aufgewachsen, Vater Deutscher, Mutter Französin. Alles, was er bis dahin erlebt hatte, sollte dem Beruf zugute kommen. Als er fünfzehn war, wies ihn eine reife Baronin in die Geheimnisse der Liebe ein, worauf ihn der Vater nach England expedierte. Er lernte dort die Sprache, in der er später in Hollywood Filme drehen sollte, Französisch konnte er sowieso durch die Mama.

1933 erlitt er bei einem Autounfall so schwere Verletzungen im Unterleib, dass er seine Zeugungsfähigkeit verlor (die Manneskraft blieb jedoch erhalten). Curd musste ein Jahr im Spital zubringen: Er nützte es, um Zugang zur Literatur zu finden, seinen Horizont zu erweitern. Auch den brauchte er später im Beruf – so wie er ihn auffasste.

Jürgens wird, als er das Spital verlassen darf, Reporter beim Berliner *Acht-Uhr-Abendblatt*. Das erste Interview führt er mit der schönen Schauspielerin Lulu Basler. Er verliebt sich, heiratet sie, geht mit ihr nach Wien. Sie erkennt, dass er Schauspieler werden muss und »verführt« ihn im wahrsten Sinne des Wortes zu diesem Beruf.

Gut zu leben hat er bald gewusst, Savoir-vivre war kein Fremdwort für ihn. In Wien bezieht er ein elegantes Apartment im damals neu errichteten Hochhaus in der Herrengasse. Erst bei der – heute würde man sagen – House-warming-Party erfährt er von Kollegen, dass es die frühere Wohnung des Filmstars und Volkstheaterlieblings Hans Jaray war, der seine Heimat soeben fluchtartig hatte verlassen müssen.

Hans Jarays Nachfolge trat er nun auch am Volkstheater an. Eine Episode dort, gleich typisch für den Frauenschwarm, erzählte er selbst. Er stand in einem Dutzend-Lustspiel auf der Bühne und verkörperte mit seinen 23 Jahren einen Skilehrer, der in den Bergen das Leben einer jungen amerikanischen Touristin rettet und dabei selbst verletzt wird.

Annie Rosar spielte eine Bäuerin, die die Pflege zu seiner Gesundung übernahm. Jürgens lag in einem riesigen Bett, das durch Vorhänge vom Wohnraum des Bauernhofs getrennt war. Während einer großen, rund zwanzig Minuten dauernden Szene der Rosar blieben die Vorhänge des Bettes, in dem Jürgens lag, geschlossen. Der Bühnenbildner hatte aber Mitleid mit ihm gezeigt und in den hinteren Bereich des Bettes ein »Schlupfloch« gebaut, so dass Jürgens während der Rosar-Szene gemütlich in der Kantine sitzen konnte.

Doch weil die Rosar an manchen Abenden ein Stück des Vorhangs öffnete, beschloss Jürgens tatsächlich im Bett zu bleiben. So lag er also da, als sich eines Abends, mitten im Stück, das Schlupfloch an der Bettrückwand öffnete und jene bildhübsche Schauspielerin zu ihm ins Bett kroch, die die junge Amerikanerin spielte.

Den Rest der Szene erzählte Curd Jürgens so: »Mizzi fand es fad, allein auf das Stichwort zu warten. Die Gefahr ertappt zu werden, erhöhte den Reiz der Situation derart, dass sie sich nicht wehrte, als ich ihre Skihose herunterstreifte, ja sogar half, eine klassische Stellung einzunehmen. Die Augenblicke, in denen wir zitternd das Aufreißen des Vorhangs fast herbei sehnten und überzeugt waren, dass unser Höhepunkt damit zusammenfallen musste, werden mir unvergesslich bleiben. Das Bewusstsein, eine improvisierte Bewegung der Rosar würde uns beide 1200 Zuschauern beim Bumsen zur Schau stellen, hatte etwas herausfordernd Endgültiges beschworen: die Sehnsucht, ertappt und erlöst zu werden … Nun, nach wenigen Minuten stellten sich unsere Körper und Bewegungen auf den Rhythmus des buchstäblich vor unseren Nasen gesprochenen Dialogs ein, und es war wohl eine Art Überlebenswille, der uns zum Höhepunkt trieb, rechtzeitig genug für Mizzi, auf ihr Stichwort hin im Türrahmen zu erscheinen … Atemlos und mit nie zuvor gespielter Zärtlichkeit absolvierten wir die Schlussszene.«

Laut Regie sollten Mizzi und Curd am Ende der Vorstellung so schnell wie möglich die Bühne räumen, um Annie Rosar, dem Star des Abends, allein den Applaus zu überlassen. »Doch als Mizzi und ich Hand in Hand auftraten, um uns zu verbeugen«, so Curd Jürgens weiter, »brach ein Orkan los. Es war, als hätten 1200 Zuschauer an allem teilgenommen, was wir getan – nicht gespielt – hatten.«

Auf dem Weg in die Garderobe sagte die Rosar dann zu dem jungen Paar: »Heute habt ihr zwei aber sehr gefallen.«

Curd Jürgens jedenfalls blieb die Gewissheit, »dass der Zuschauer eine Antenne ausgefahren hat und wie auf einem Radarschirm die wahren Beziehungen zwischen den Darstellern abliest …«

Nach zwei Jahren Volkstheater – die wohl nicht immer so lustvoll waren – und einigen eher unbedeutenden Filmrollen engagiert ihn Lothar Müthel an die »Burg«: Curd Jürgens ist der Benvolio in *Romeo und Julia*, der Wallenstein in Grillparzers *Bruderzwist*, er spielt Hauptmann, Hebbel, Kleist, Schiller. Bei den Dreharbeiten zu Willi Forsts *Wiener Mädeln* lernt er ein solches kennen: Judith Holzmeister. Sie wird Ehefrau Nummer zwei.

Nachdem er sich in einem Wiener Lokal zwei Nazigrößen gegenüber provokant äußert, wird er im September 1944 als »politisch unzuverlässig« eingestuft und zu »Schanzarbeiten« in die Steiermark verfrachtet. Es gelingt ihm die Flucht nach Thüringen, wo er sich gemeinsam mit der mittlerweile ebenfalls am Burgtheater beschäftigten Judith Holzmeister bis Kriegsende versteckt hält.

Aber er war nun einmal in Wien sesshaft geworden. Vergleiche lagen ihm irgendwie. Fand er in seinem Beruf Parallelen zu dem des Malers, so musste bei den Stätten seiner Erfolge das schwache Geschlecht herhalten: »Berlin«, sagte er, »ist meine Frau, Wien meine Geliebte.«

Er nahm das »Verhältnis« mit der Geliebten bald wieder auf, kehrte, nach kurzer Tournee durch die zerstörten deutschen Städte der Nachkriegszeit, zurück ans Burgtheater. Er versagt sich ihm erst 1953, als ihn der Film nicht mehr loslässt, als die stattliche Figur des blonden Hünen reif ist für die Hauptrollen auf der Leinwand. Im selben Jahr lernt er, bei den Dreharbeiten zu *Der letzte Walzer*, die ungarische Schauspielerin Eva Bartok kennen. Ehefrau Nummer drei.

In den drei Jahren dieser Verbindung, deren Eskapaden ihn erstmals in die Schlagzeilen der Boulevardpresse brachten, entstand sein erster großer Film – und er brachte den internationalen Durchbruch: Curd Jürgens ist *Des Teufels General*, wie er leibt und lebt, Offizier zwischen Kriegsgreuel und Menschlichkeit. 1955 in der Regie Helmut Käutners gedreht, ebnete sein General Harras –

mit dem Carl Zuckmayer den Flieger Ernst Udet gemeint hatte – seinen Weg zum Weltstar.

Das Theater hatte jetzt Pause, die Filmangebote waren zu verlockend, er »zeichnete« (= Film) lieber, als »Farbe aufzutragen« (= Theater). Gezeichnet wurden *Die Ratten* nach Gerhart Hauptmann, *Die Helden sind müde*, *Orientexpress*, *Jacobowsky und der Oberst* nach Franz Werfel, *Schachnovelle* nach Stefan Zweig, *Der Kurier des Zaren* ... insgesamt sind es 160 Filme, die Curd Jürgens gedreht hat.

Das Burgtheater lockt erst wieder 1965, und neben dieser »Geliebten« hat er auch eine neue Ehefrau: Simone, französisches Mannequin, die Nummer vier.

Immer wieder auf Tournee mit dem Einpersonenstück *Im Zweifel für den Angeklagten*, und 1966 Brechts *Galileo Galilei* an der »Burg«. Schlagzeilen, diesmal ohne Ehekrach, Scheidung oder Prominentenfest: Weil er den Nachtzug nach München erreichen will, um anderntags im Fernsehstudio auftreten zu können, verkürzt Jürgens die Vorstellung, ohne ein einziges Wort auszulassen, um eine Dreiviertelstunde. Er – und ein kollegiales Ensemble – sprechen einfach schneller! Obwohl der Abend keinen Schaden nimmt (»im Gegenteil«, meinte er später, »die Raffung tat der behäbig inszenierten Aufführung so gut, dass der bayrische Brecht plötzlich wirklich in Florenz und Rom zu spielen schien«), gibt es einen Wiener »Theaterskandal«: Taxifahrer klagen der Presse ihr Leid wegen des erlittenen Verdienstausfalls. Als sie zur üblichen Schlusszeit in langer Reihe am Ring vorfuhren, trafen sie dort keine Menschenseele mehr an, die festlich gekleideten Theaterbesucher waren nolens volens mit der Straßenbahn nach Haus gefahren.

Curd Jürgens, ein Mann voller Gegensätze. Dachte links, lebte rechts. Ein Sozialist im Rolls-Royce. Schauspieler von Weltformat, der seine Hollywood-Gagen besser anlegte als irgendeiner seiner Kollegen. Haus in Bayern, Wohnung in Paris, Palais am Wiener Franziskanerplatz. Ein Chalet im schweizerischen Gstaad, Traumvilla in Cap Ferrat, die Rosenfarm in Vence, das Haus auf den Bahamas, ein kleines noch in Enzesfeld bei Wien. Und schließlich das Paradies in Saint Paul. Er spielte – zwischen 1973 und 1977 – nicht nur Salzburgs *Jedermann*, er war tatsächlich Renaissancefürst. Der letzte (und wahrscheinlich einzige) europäische Schauspieler, der es je zuwege brachte, so zu leben.

Sicher, Curd Jürgens hat gut verdient. Aber ganze Ländereien? Er war ein kommerzielles Genie. Kaufte ein Grundstück da, verkaufte es wieder, kaufte dort ein anderes. Wann immer er sich an einem Flecken dieser Welt angesiedelt hatte, stiegen dort die Preise. Saint Paul war ein Dorf, als er es entdeckte. Kaum war Curd gekommen, zog es die Prominenz an. Yves Montand, Lino Ventura, Roger Moore waren auch da, eine Fremdenverkehrslawine geriet ins Rollen. Genauso war's in Gstaad – wo sich Gunther Sachs und Friedrich Karl Flick nach ihm niederließen –, überall, wo er hinkam, dasselbe. Er kaufte, verkaufte, kaufte anderswo, und mit dem Wert seiner Grundstücke stieg das Vermögen.

Als der Psychiater Friedrich Hacker ihn einmal fragte, ob seine vielen Wohnsitze darauf zurückzuführen wären, dass er – wie Alfred Polgar einmal sagte – »überall ein bisserl ungern« sei, erwiderte Jürgens: »Nein, ich bin überall so wahnsinnig gern, dass ich es an keinem bestimmten Ort allzu lange aushalte.«

Durch Hacker lernte ich Curd Jürgens näher kennen, zuvor traf ich ihn 1980, als ich mein erstes Hans-Moser-Buch schrieb. Jürgens hatte mit Moser im letzten Kriegsjahr in Schloss Schönbrunn *Wie-*

ner Mädeln gedreht und berichtete mir die tragikomische Geschichte, wie die Filmcrew – da während der Dreharbeiten Bombenalarm herrschte – in verschiedene Luftschutzkeller flüchtete. Als man endlich Entwarnung gab, trudelten Schauspieler, Komparsen und technisches Personal wieder ein – nur Moser fehlte. Da er auch nach Stunden noch nicht eingetroffen war, musste man das Schlimmste befürchten. Statisten wurden losgeschickt, um in allen Kellern der Umgebung nach dem Volksschauspieler Ausschau zu halten. Einer fand ihn: Hans Moser war in einem Luftschutzkeller eingeschlafen.

Curd Jürgens erzählte mir die kleine Episode in der Wiener Privatklinik, wo er nach einer von Professor Michael DeBakey in Houston durchgeführten dreifachen Bypass-Operation lag. Der Weltstar saß am Bett seines Spitalszimmers, war überaus gesprächig, konnte lauthals lachen, wenn er an Moser dachte und sein wienerisches Nuscheln nachzuahmen versuchte. Er wirkte in keiner Weise rekonvaleszent, ganz im Gegenteil, er schien sich von dem schweren Eingriff am Herzen gut erholt zu haben.

Später traf ich ihn mehrmals bei den Heurigenabenden unseres gemeinsamen Freundes Friedrich Hacker. Der berühmte Terror- und Aggressionsforscher war leidenschaftlicher Wienerliedsänger und musste für Curd jedes Mal das Lied von der alten Zahnradbahn singen, die längst zum alten Eisen gehörte. Psychiater Hacker führte diesen Musikwunsch darauf zurück, dass der Schauspieler »mit dem Tod auf Du und Du stand, sich aber dennoch vor ihm fürchtete« – zumal in dem Lied die Zeile »Einmal kommt ein jeder dran« auftaucht.

Curd Jürgens war das Gegenteil von ... *kein bisschen weise* – »ein Buchtitel, den er gar nicht wollte«, wie seine Witwe Margie heute sagt. »Curd wollte die Memoiren *Koloss auf tönernen Beinen* nennen, das hätte besser zu ihm gepasst, seine Sensibilität ausgedrückt. Aber der Verlag fand den anderen Titel verkaufsträchtiger.«

Margie war auch dabei, damals am 29. März 1982, als ich ihn das letzte Mal sah. Wir fuhren von Schwechat nach Enzesfeld. Ich hatte diesen Koloss erwartet, doch Curd Jürgens saß im Rollstuhl, der von einem Flughafenbediensteten geschoben wurde. Ein Schatten des Weltstars. Die »tönernen Beine« waren dünn geworden, hingen fast leblos herunter. Die Schultern schmal, das Gesicht eingefallen, schwach die immer noch rauchig-kehlige Stimme. Curd Jürgens war alt, aber nicht mehr der Alte.

»Die Sünden eines ganzen Lebens«, wie drei Monate später sein Arzt Anton Neumayr sagen wird. Curd Jürgens hatte über seine Verhältnisse gelebt, intensiver als irgendein anderer. »Lieber den Jahren mehr Leben, als dem Leben mehr Jahre«, lautete seine Devise, der er auch nach der schweren Herzoperation treu blieb. »Eine Diät, weniger Arbeit, sonstige Einschränkungen, dafür war er nicht zu haben«, so Margie, die bis zum Ende an seiner Seite blieb. »Er hat das Risiko auf sich genommen, hat immer aus dem Vollen gelebt. Und doch bis zum Schluss gehofft.«

Sieben Jahre hatte sie an seiner Seite gelebt, ehe Curd Jürgens im Alter von 66 Jahren im Wiener Rudolfsspital von dieser Welt ging.

»Du bist reich und glücklich. Du bist reich und glücklich. Du: Jedermann«, zitierte er in seinen Erinnerungen eine der Rollen seines Lebens. Und er fügte noch an: »Du: Jürgens. Bis der Tod auftritt, da darfst du deine Angst zeigen, deine Todesangst, dann wird alles leicht …«

»Ich war nicht mehr Romy«

*Vom Leben und Sterben
einer Legende*

Kaum eine Familienchronik zeigt die Unwegbarkeiten des Schicksals deutlicher auf als diese. Die Hofschauspielerin Rosa Albach-Retty wurde 105 Jahre alt, Romy Schneider, ihre Enkelin, starb mit 43. »Es war kein sehr bewegtes Leben«, hatte die Großmama ihr eigenes Schicksal beschrieben, »alles verlief sehr bürgerlich«.

Eben das kann man von Rosemarie Albach, die als Romy Schneider weltweite Berühmtheit erlangte, nicht behaupten.

Ihre Eltern Magda Schneider und Wolf Albach-Retty zählten, als das Mädchen am 23. September 1938 im Wiener Rudolfinerhaus zur Welt kam, zu den Traumpaaren des deutschen Kinos. Da ihnen der Beruf über alles ging, wurde Romy, wie man sie bald nannte, vier Monate nach der Geburt abgeschoben. Ebenso wie später dann ihr um drei Jahre jüngerer Bruder Wolf, der sich als Einziger in der Familie vom Schauspielberuf fernhalten und Arzt werden sollte.

Romy kam zu den Großeltern nach Berchtesgaden und dann in eine Klosterschule. Die Eltern bekam sie fast nie zu Gesicht, da diese einen Film nach dem anderen drehten. Während die Mama von den jeweiligen Drehorten Briefe schickte, hatte Romy mit dem abgöttisch geliebten Papa so gut wie keinen Kontakt. Als sie sieben war, ließen sich die Eltern scheiden, und Wolf Albach-Retty heiratete die junge Schauspielerin Trude Marlen.

»Wenn es nach mir ginge, würde ich sofort Schauspielerin werden. So wie Mammi. Aber mit ihr habe ich noch nie darüber gesprochen«, vertraut die 13-jährige Romy ihrem Tagebuch an. In der katholischen Klosterschule Goldenstein bei Salzburg träumt sie von einer Filmkarriere, kein Wunder, sie kennt ja gar keinen anderen Beruf als den des Schauspielers. Da sie keine anderen Interessen hat, lassen ihre schulischen Leistungen eher zu wünschen übrig. Hat Magda Schneider sich wenig um ihre Tochter gekümmert, so lange sie das Internat besuchte, ist sie plötzlich ganz für sie da, als absehbar wird, dass die Kleine Karriere machen könnte. Es zeigt sich nämlich, dass der Aufstieg der Tochter auch für den Berufsweg der Mutter förderlich ist. Tatsächlich wird Magda Schneider später oft an Romys Seite »mit engagiert« – insgesamt sind es acht Filme, die sie, immer als Mutter und Tochter, gemeinsam drehen.

»Es geht los, ich filme! Toll, einfach toll«, notiert Romy Schneider am 6. September 1953, als die Dreharbeiten ihres ersten Films *Wenn der weiße Flieder blüht*, in dem (noch) die Mama die Hauptrolle spielt, beginnen. Sie ist Feuer und Flamme, Regisseur und Kollegen erkennen sofort, dass das Mädchen außergewöhnlich talentiert und fotogen ist. »Ich war schon fertig mit der ersten Szene. Alle waren sehr zufrieden mit mir. Nur Mammi noch nicht. Willy Fritsch sagte sogar am ersten Tag: ›Es ist erstaunlich, wie sie ihre Rolle nicht nur spielt, sondern auch innerlich verarbeitet, tatsächlich eine verblüffende Begabung!‹ Und damit meinte er mich! Das ist ein ganz tolles Kompliment, glaube ich. Ich bin ganz rot geworden und weggegangen.«

Der Film ist noch nicht abgedreht, da kündigt sich mit *Feuerwerk* der nächste an. Doch nach der ersten Euphorie stellen sich Zweifel ein – Zweifel, die sie ein Leben lang nicht mehr loswerden sollte: »Eigentlich ist es ein häßlicher Beruf – Filmschauspielerin! Man muss mit ganzem Herzen dabei sein. Und irgendwann einmal darf man es doch wieder nicht. Man sitzt oder man steht oder man schreibt oder man weint. Man muss sich richtig gehen lassen, man muss mitleben, wenn man es gut machen will, aber man soll trotzdem Abstand von den Dingen haben, einen klaren Kopf behalten. Ich weiß, dass ich in der Schauspielerei aufgehen kann. Es ist wie ein Gift, das man schluckt und an das man sich gewöhnt und das man doch verwünscht.«

Der Teenager wird zum Star, ohne die Chance zu bekommen, erwachsen zu werden. Mama tut alles, um die Karriere der Tochter anzukurbeln. Vorsprechen, Illustriertenfotos, Termine mit Produzenten und Regisseuren. Für den 9. Juni 1954 organisiert sie ein Treffen mit Ernst Marischka, das großen Einfluss auf Romys weiteres Leben haben wird. Treffpunkt Hotel Vier Jahreszeiten in München: »Wir nehmen in der Halle Platz ... Ernst Marischka und seine Frau Lilli waren bereits da. Marischka ist Regisseur, ein sehr bekannter sogar. Mammi kannte die beiden gut ... Marischka saß also da, stumm wie ein Fisch. Schließlich seufzte er auf: ›Jetzt weiß ich auch, warum ich so unglücklich bin!‹ Und dann erklärte er, warum. Er war dabei, einen neuen Film vorzubereiten: *Mädchenjahre einer Königin* sollte er heißen. ›Es ist ja alles schön und gut‹, sagte er jetzt, ›ich habe sogar schon jemand im Vertrag. Aber jetzt sehe ich die Romy da sitzen‹.«

Alle schweigen. »Und dann verschwand er. Mammi, Daddy* und ich guckten uns bloß an. Na, das wäre was! Romy als Königin. Der Film sollte nämlich die erste zufällige Begegnung zwischen der englischen Königin (Victoria, Anm.) und irgendeinem Coburger Prinzen zum Mittelpunkt haben. Nach einer halben Stunde kam

---

* Hans-Herbert Blatzheim, Magda Schneiders zweiter Ehemann

Marischka wieder. Er freute sich wie ein Schneekönig. ›Also Kinder, der anderen hab' ich abgesagt. Sie kriegt einen anderen Film. Romy spielt die Königin.‹ Ist das nix? Ich sage ja. Romylein macht sich. Wenn ich dran denke, wird mir ganz schwach.« Voller Übermut schließt Romy Schneider die Tagebuchseite mit den Worten: »Gegeben am 10. 10. 1954. Victoria, Königin von England.«

Von Kritik und Publikum als Königin bejubelt, steht Romy Schneiders Aufstieg nichts mehr im Wege. Nach einer Königin muss eine Kaiserin her, und Ernst Marischka weiß, dass es nur eine Kaiserin gibt, die in Frage kommt. Das Leben Sissis, der unglücklichen Frau an der Seite Kaiser Franz Josephs, wird verfilmt. Und Romy ist Sissi!

Geschickt nützt Marischka die Sehnsucht der Österreicher, nach Krieg und Naziherrschaft die Schattenseiten der Geschichte vergessen zu wollen und dreht ein kitschig-verklärtes Epos, in dem alles zählt, was gut und teuer ist, nur mit der historischen Wahrheit nimmt er's nicht so genau. Die Katastrophen in Elisabeths Leben werden weggelassen, die Kaiserin ist glücklich, verliebt und viel auf Reisen. Um keine Missverständnisse aufkommen zu lassen: Ernst Marischka dreht einen hervorragenden Film – dessen einziger Fehler darin liegt, dass er sehr wenig mit dem Leben der Kaiserin Elisabeth zu tun hat.

Nie zuvor wurde eine Schauspielerin dermaßen mit einer Filmfigur identifiziert wie Romy mit der jungen Monarchin. Sie spielt Sissi so echt, so glaubwürdig und sympathisch, dass die Nachwelt das Gesicht der Romy Schneider vor sich hat, wenn von Elisabeth die Rede ist. Wie die wirkliche Kaiserin aussah – das weiß niemand mehr.

Sissi wird zum Kassenknüller im Kino der fünfziger Jahre. 17-Jährige lassen sich für acht Schilling Eintrittsgeld ebenso verzaubern wie 70-Jährige. Klar, dass Ernst Marischka einen *Sissi*-Aufguss dreht. Und noch einen. Romy wird zum Idol. Und erkennt mit ihren 18 Jahren sehr schnell, dass der Ruhm teuer erkauft ist: »Ich wehrte mich schon gegen die zweite *Sissi* und drehte trotzdem die dritte ... Sissi hing wie ein Klotz am Bein. Sissi lächelte selig, wenn ich Lust hatte zu weinen und zu leiden. In Wien, Paris, Rom, wenn ich ein großes Kaufhaus betrat, ja sogar im Hotel, zeigte man mit dem Finger auf mich: ›Schau, Sissi!‹ ... Mir hing diese Person zum Halse raus.«

Der Erfolg geht weit über die Grenzen Österreichs hinaus, der Film läuft in ganz Europa, später in aller Welt. Irgendwann stellt die immer berühmter werdende Schauspielerin fest: »Ich war nicht mehr Romy, nur noch Sissi, die jungfräuliche Königin des deutschen Films.« Und ihr ist klar, dass sie das ändern muss.

Besser gesagt: müsste. Denn Hans-Herbert Blatzheim, ein gelernter Gastwirt, lässt es nicht zu. »Daddy«, wie ihn seine Stieftochter nennt, hat deren perfekte Vermarktung übernommen. Romy Schneider eilt von Produktion zu Produktion, Millionen wollen sie als süßes Mädel sehen, und ihr »Daddy«-Manager sagt nie nein. Wie in seinen Restaurants der Gast König ist, ist es jetzt das Kinopublikum. Es darf nicht enttäuscht werden. Dass dabei die Seele des Mädchens Rosemarie Albach Schaden nimmt, wird nicht registriert. *Kitty und die große Welt*, *Robinson soll nicht sterben*, *Monpti*, *Mädchen in Uniform* ... Romy dreht und dreht und dreht.

Erst 18 Jahre alt, aber schon der große Star auf dem Plakat: Romy Schneider in dem Film »Kitty und die große Welt«.

FILMPLAKAT: 1956

1958 zeichnet sich die Wende ab. Mit der Titelrolle in *Christine* scheint ihr in der französisch-italienischen Version von Schnitzlers *Liebelei* mit einem anspruchsvollen Stoff der internationale Durchbruch endgültig zu gelingen. Parallel zum beruflichen Aufstieg erfolgt der persönliche Reifeprozess. Alain Delon, Romy Schneiders um drei Jahre älterer Partner in diesem Film, gilt wie sie als aufkommender Stern.

»Und dann«, notiert sie, »kam Alain Delon. Ich erinnere mich an jede Einzelheit.« Wie von der Produktionsfirma publicityträchtig arrangiert, lernen die beiden einander vor versammelter Presse auf dem Pariser Flughafen Orly kennen. Es ist alles andere als Liebe auf den ersten Blick. »Ich fand das Ganze geschmacklos und den Knaben uninteressant. Auch er fand mich zum Kotzen.«

Auch die Dreharbeiten bringen keine Annäherung. Sie sieht ihn als »einen Verrückten, einen blutjungen Burschen in Blue Jeans und Sporthemd, einen ungekämmten, schnell sprechenden, wilden Knaben, der immer zu spät ins Atelier kam, mit einem Rennauto durch Paris raste, rote Ampeln überfuhr«.

Erst als der Film fertig ist und jeder seiner Wege geht, bemerkt Romy Schneider, dass er ihr fehlt. Er ist der erste »richtige Mann« in ihrem Leben, und er erinnert sie – wie sie mehrmals bekannte – noch dazu an ihren Vater, den sie über alles liebte, dem sie aber kaum je nahe kommen konnte.

Romy Schneider kehrt zurück nach Paris, um Delon zu treffen. Es ist die große Liebe, eine Liebe freilich, die zum Scheitern verurteilt ist. Zügellose Leidenschaft geht Hand in Hand mit Streitexzessen und krankhafter Eifersucht. Alain Delon tanzt eng umschlungen mit Jeanne Moreau, während Romy beleidigt in einer Ecke sitzt, und er nützt auch sonst jede Gelegenheit, sie zu demütigen.

Der aus kleinen Verhältnissen stammende frühere Kellner und Taxifahrer, der – wie auch Romy – ohne jede Ausbildung Schauspieler wurde – drückt in seinen Memoiren die tiefe Kluft aus, die zwischen ihm und seiner Geliebten liegt: »Sie stammt aus der Gesellschaftsschicht, die ich auf der ganzen Welt am meisten hasse. Sie kann nichts dafür, aber sie ist unglücklicherweise von ihr geprägt. Ich konnte nicht in fünf Jahren das auslöschen, was ihr zwanzig Jahre lang eingetrichtert worden war. Ebenso wie es in mir zwei, drei, ja vier Alain Delons gibt, gab es in ihr immer zwei Romy Schneiders. Das weiß sie auch. Die eine Romy liebte ich mehr als alles auf der Welt, die andere Romy hasste ich ebenso stark.«

Dazu kommt, dass Alain Delons Aufstieg wesentlich rasanter vor sich geht, als der seiner Geliebten. Romy Schneider schlittert in eine beruflichen Krise. »Der Alain hat gearbeitet, gearbeitet, gearbeitet, und ich bin halb krepiert daneben … In Deutschland war ich abgeschrieben, in Frankreich war ich noch nicht ›angeschrieben‹. Als Schauspielerin gab es mich nicht. Ich war bekannt als lebenslustige Begleiterin des kommenden Weltstars Alain Delon. Alain raste von einem großen Film zum anderen. Ich saß zu Hause.«

Eines Tages lernt sie durch ihn Luchino Visconti kennen. Er inszeniert 1961 im Théatre de Paris *Schade, dass sie eine Dirne ist* mit Romy Schneider und Alain Delon in den Hauptrollen. Zehn Jahre später lässt sie sich von Visconti überreden, noch einmal die Kaiserin Elisabeth zu spielen – in *Ludwig II.* an der Seite Helmut Bergers, der Sissis exzentrischer Cousin, der König von Bayern, ist.

In den Jahren, die zwischen den beiden Visconti-Projekten liegen, hat sich Romy Schneiders Leben vollkommen verändert. Sie hat in Hollywood mit Peter O'Toole, Peter Sellers, Jack Lemmon und unter Regisseuren wie Orson Welles und Otto Preminger gedreht.

Privat sucht Romy, als sie nach sechsjähriger Beziehung von Alain Delon verlassen wird, einen Kontrast zu ihrem bisherigen, »verrückten Leben«. Der Kontrast heißt Harry Meyen, den sie bei der Eröffnung eines Restaurants ihres Stiefvaters in Berchtesgaden kennen lernte. Ihr gefällt, dass der um 14 Jahre ältere Schauspieler und Regisseur kein Star ist und sie in eine, im Vergleich zu Delon, geradezu bürgerliche Welt führt.

Schon mit 17, als Sissi, hatte sie geträumt: »Zuletzt haben wir die Hochzeitsszenen gedreht. Für mich ist ein Brautkleid angefertigt worden. Ein Traum von einem Kleid! In so einem ähnlichen Kleid möchte ich auch einmal auf meiner Hochzeit tanzen!« Jetzt, mit

28, ist es so weit, Romy Schneider und Harry Haubenstock – so sein bürgerlicher Name – heiraten in Cap Ferrat, wo sie gerade den Film *Spion zwischen zwei Fronten* dreht. Fünf Monate später kommt ihr Sohn David Christopher zur Welt. Romy Schneider verlässt Frankreich, siedelt sich in Berlin an und gibt ihrem Mann zuliebe das Filmen auf. Bis ihr die Ruhe und die Geborgenheit, die sie so ersehnte, langweilig werden.

Die junge »Hausfrau« und Mutter wurde in eine Rolle gedrängt, die ihr nicht liegt. Dazu kommt, dass Harry Meyen die Prominenz seiner Frau nicht erträgt, einmal meldet er sich als »Harry Schneider« am Telefon. Er betrinkt sich und Romy kehrt, zwei Jahre nach der Heirat, zurück nach Paris. Sie dreht *Der Swimmingpool* mit Alain Delon, es folgen *Das Mädchen und der Kommissar, Die Dinge des Lebens, Die Ermordung Trotzkis, Nur ein Hauch von Glück, Trio Infernal* – Romy Schneider wird Frankreichs Filmstar Nummer eins – doch die Ehe zerbricht. 1975 lässt sie sich scheiden, Harry Meyen begeht vier Jahre später Selbstmord.

Romy Schneider bleibt in Paris, stürzt sich von einem Abenteuer ins andere, ehe sie ihren um zehn Jahre jüngeren Sekretär Daniel Biasini heiratet, der den Ruhm seiner weltberühmten Frau genießt. 1977 kommt Töchterchen Sarah Biasini zur Welt, doch bald scheitert auch diese Ehe und Romy Schneider muss, wie bei Harry Meyen, eine Millionenabfindung bezahlen, um ihre Freiheit zu erlangen.

5. Juli 1981. Der düsterste Tag ihres Lebens. 26 Jahre nach Beginn der Dreharbeiten zu *Sissi* wird Romy Schneider vom Schicksal der Kaiserin Elisabeth eingeholt. Auch sie verliert ihren Sohn. Der 14-jährige David klettert über die Mauer des Hauses der Großel-

tern Biasini im Pariser Vorort Saint-Germain-en-Laye, um über das verschlossene Gitter zu springen. Er rutscht ab und stürzt in die schmiedeeisernen Spieße. Sie durchbohren seinen Unterleib. David stirbt im Centre Hospitalier. Romy Schneider verliert, wie sie sagt, »den einzigen Mann, den ich immer geliebt habe«.

Kaiserin Elisabeth hat Rudolf, ihren Sohn, um neun Jahre überlebt. Überlebt? Sie selbst hat es nicht so empfunden: »Mein Leben ist unnütz«, schrieb sie, »warum wurde ich geboren?« Auch für Romy Schneider ist das Leben vorbei, als David begraben wird. Sie stirbt elf Monate nach ihm, am 29. Mai 1982. Eine fatale Mischung aus Alkohol und Tabletten hat wohl dazu beigetragen, dass sie nicht einmal halb so alt wurde wie ihre Großmutter.

Im Mai 1994 sagte Magda Schneider, Romys Mutter, zu mir: »Ich bin ein durch und durch positiver Mensch. Sicher, ich habe Schlimmes erlebt, habe zwei Männer verloren, die Tochter und mein Enkelkind. Aber ich habe gelernt, damit fertig zu werden.«

Eine Fähigkeit, die ihrer Tochter nicht gegeben war.

»Aber selbst gelacht hat er nicht«

Heinz Rühmann, ein Komödiant von höchsten Gnaden

Heinz Rühmann war damals, als ich ein Fernsehporträt über Paul Hörbiger drehte, an die achtzig. Ansonsten in seinen späten Jahren eher kamerascheu, erklärte er sich sofort bereit, über seinen Wiener Freund und Filmpartner zu sprechen. Zierlich und bescheiden kam er mir in den Münchner Bavaria-Studios entgegen. Rühmann verlangte keine Gage, er stellte nur eine Bedingung: ORF und ZDF müssten den Friseur fürs Toupet zahlen, mit dem er sich damals noch in der Öffentlichkeit zu zeigen pflegte.

Heinz Rühmann, das ist ein Leben in hundert Filmen, von *Charleys Tante* über *Quax, der Bruchpilot*, *Dr. med. Hiob Prätorius* bis *Maigret* und *Der brave Soldat Schwejk*. Was wie ein einziger Höhenflug wirkt, ist freilich ein Leben, das von Tiefschlägen begleitet wurde.

»In meinem Pass steht: Heinz Rühmann. Und geboren bin ich am 7. März 1902 im Hotel Stemme in Essen. Für Genauigkeitsfanatiker: im ersten Stock, in einem Zimmer, an dessen Tür ›Privat‹ stand«, ist in seinen Memoiren nachzulesen. »Denn das Hotel gehörte meinem Großvater.« Heinz war dazu ausersehen, es später einmal zu übernehmen, doch sein komödiantisches Talent ließ das nicht zu. Nachdem der Mittelschüler in einem Zeitungsinserat erfahren hatte, dass eine Liebhaberbühne angehende Talente suchte, trat er in Schillers *Räubern* auf, erkannte aber selbst, dass man das Handwerk auch lernen müsse, um ein »wirklicher Schauspieler« zu werden. Heinz Rühmann verließ das Gymnasium ein Jahr vor dem Abitur und meldete sich beim berühmten Hofschauspieler Friedrich Basil in München an, der ihn 1919 – nach einem ersten Hinauswurf – als Schüler akzeptierte. Rühmann büffelte klassische Rollen und lernte die Grundbegriffe der Schauspielkunst. »Am Isarwehr versuchte ich mit einem Korken im Mund so laut zu sprechen, dass das Wasserrauschen übertönt wurde. Wie jeder eifrige Schüler nahm ich auch die Gewohnheiten und Eigenarten meines Lehrers an. Bei Friedrich Basil war dies ein ›verschnupftes‹ Sprechen. Also sprach ich auch so und hatte bald meinen ersten Theaterspitznamen weg: ›Der kleine Basil‹.«

Nach ersten Engagements in Breslau – wo er wegen »mangelnder Begabung« hinaus flog – und anderen Provinzbühnen, kam er nach Hannover. Noch ganz darauf versessen, in klassischen Rollen Karriere zu machen, erkannte kein Mensch, wo die wahre Stärke des jungen Mannes lag. Als er 1926 in den Münchner Kammerspielen vorsprach, wurde er wieder einmal nach Hause geschickt. Auch hier klappte es erst beim zweiten Anlauf.

Die Titelrolle in der Komödie *Der Mustergatte* sollte dann den Durchbruch bringen – er hat sie rund dreitausend Mal gespielt. »Einmal«, erinnerte sich Rühmann später, »musste ein Zuschauer aus einer Sitzreihe heraus geführt werden. Er hatte sich beim Lachen die Kinnlade verrenkt.«

Auch wenn diese von ihm so beschriebene Episode zutrifft, ist sie keineswegs symptomatisch für den Komödianten. Das Verrenken von Kinnladen war seine Sache nicht. Heinz Rühmann war der Meister der leisen, feinen Kunst, einer, der ohne große Worte, mit kleinen Gesten vielmehr, berühren konnte. Otto Falckenberg, dem Intendanten der Münchner Kammerspiele, blieb es vorbehalten, die wahre Größe des kleinen Mannes zu erkennen: »Ich habe Sie, Heinz Rühmann, zuerst gar nicht als Komiker gesehen. Sie gefielen mir nur, weil Sie so natürlich waren«, schrieb er ihm später. »Es war in einer ganz kleinen Rolle in *Liebes Leid und Lust*, wo es sich mir zeigte, dass Sie ein Komiker von höchsten Gnaden sind. Sie spielten einen armseligen, ein wenig dümmlichen Bauern auf eine Art, die im Gegensatz zu der aller anderen stand. Es war Ihr erstes Auftreten im neuen Fach, und ich war ungeheuer überrascht, wie Sie diesen Tölpel sprechen ließen, so natürlich, so einfach, so komisch, dass ich mir gesagt habe, dem Mann darfst du überhaupt nicht dreinreden. Regie muss da aufhören, wo die Natur richtig funktioniert.«

Charleys Tante brachte 1928 den zweiten durchschlagenden Bühnenerfolg. Immer, wenn die Münchener Kammerspiele in finanzielle Nöte gerieten, musste Rühmann mit diesem Schwank aushelfen. Galt er einst als »der kleine Basil«, so fand er nun ein neues Vorbild: »Nach einer der ersten Vorstellungen fragte Otto Falckenberg meine Mutter, wie es ihr gefallen habe. Sie sagte unter Lachen: ›Mein Sohn kopiert mich.‹ Es war aber kein Kopieren, ich konnte gar nicht anders, ich war einfach sie, vor allem in Frauenkleidern.«

Fast dreißig Jahre später, als Rühmann den Komödienklassiker verfilmte, meinte er: »Eigentlich hatte ich mir vorgenommen, die Rolle dezent zu spielen! Aber was nützen solche Vorsätze bei einem alten Komödianten! Kaum hatte ich die Stöckelschuhe an und die Perücke auf dem Kopf, gab ich meinem Affen Zucker, wie wir Schauspieler sagen, wenn einer alle Register zieht!«

Klar, dass dieses außergewöhnliche Talent von Max Reinhardt nach Berlin geholt wurde. Ebenso klar auch, dass der eben aufkommende Tonfilm auf ihn aufmerksam wurde. Als er 1926 – für eine Gage von 500 Mark – seine erste Rolle in dem Stummfilm *Das deutsche Mutterherz* gespielt hatte, dachte er noch, »am Höhepunkt der Karriere angelangt zu sein«. Weil er nicht ahnen konnte, dazu ausersehen zu sein, *der* Komödiant des deutschen Films und im Alter dann ein unvergleichlich berührender Charakterdarsteller zu werden.

Den Grundstein zur Filmkarriere legte sein erster Tonfilm im Jahre 1930. Obwohl er bei den Probeaufnahmen durchgefallen war – das war schon der gottweißwievielte Hinauswurf – wollte ihn Regisseur Wilhelm Thiele unbedingt neben Willy Fritsch, Oskar Karlweis und Lilian Harvey für *Die drei von der Tankstelle* haben. »Der Film war im In- und Ausland ein außerordentlicher Erfolg. Auch für mich persönlich, wenn auch die Zuschauer erst ins Programmheft schauen mussten, um zu lesen, wie der Kleine mit der Brille hieß.«

Die Zugkraft der *Drei von der Tankstelle* lag ebenso an der Besetzung wie an den von Werner Richard Heymann komponierten »Ohrwürmern« des Films. Halb Europa sang »Ein Freund, ein guter Freund, das ist das Schönste, was es gibt auf der Welt«. Aber auch an der Handlung, die im Alltagsmilieu angesiedelt war und nicht, wie in den meisten Filmen dieser Zeit, auf Schlössern und anderen Domizilen reicher Leute. Der Film hatte die Sorgen des kleinen Mannes zum Inhalt und kam diesem damit näher als jeder andere.

Heinz Rühmann war nun reich genug, um einen lang gehegten Wunsch wahr zu machen. Der Filmstar wurde zum begeisterten Hobbyflieger, dem man allerdings nachsagte, dass er den Luftraum über Berlin »unsicher machte«. Paul Hörbiger – der mit ihm und Hans Holt 1936 den Film *Lumpazivagabundus* drehte – erzählte mir, dass ihn Rühmann einmal in einer gemieteten Zweisitzer-Maschine zu einem Berlin-Rundflug eingeladen hatte. »Gegen Ende der einstündigen Luftfahrt kamen wir zum Leidwesen meines ohnehin nicht gerade flugtüchtigen Magens in eine schlimme Bö«, erinnerte sich Hörbiger, »und im Anschluss daran zeigte mir Heinz noch mein Wohnhaus aus der Vogelperspektive.« Einigermaßen »geschafft« entstieg Paul Hörbiger am Flugfeld in Tempelhof der Propellermaschine. Einem Nervenzusammenbruch nahe war er aber erst, als ihm Rühmann gestand: »Paul, es grenzt ja geradezu an ein Wunder, dass wir das jetzt überlebt haben!«

»Warum?«

»Weil ich zum ersten Mal ohne Fluglehrer unterwegs war.«

Rühmann schmunzelte, als ich ihm in den Bavaria-Studios diese Geschichte erzählte. »Ich erinnere mich an den Flug«, sagte er, »aber richten Sie meinem Freund Paul, sobald Sie wieder in Wien sind, aus, dass wir damals recht sicher unterwegs waren – ich brauchte in dieser Zeit längst keinen Fluglehrer mehr.« Und dann setzte der 80-Jährige jenen Lausbubencharme ein, den es auf der weiten Welt kein zweites Mal gab. Heinz Rühmann lachte übers ganze Gesicht: »Kann aber auch sein, dass ich Paul, den alten Angsthasen, nur ein wenig auf die Schippe nahm.«

Durch seine Leidenschaft fürs Fliegen hatte Rühmann sein Vorbild, den durch seine Lufteinsätze im Ersten Weltkrieg legendär gewordenen Jagdflieger Ernst Udet kennen gelernt. Udet war es auch, der ihn mit Hermann Göring und anderen Größen des NS-Regimes bekannt machte.

Die ihm später vorgeworfenen Kontakte zu den neuen Machthabern schützten Rühmann freilich nicht vor Problemen, die jetzt auf ihn zukamen. Da er mit der jüdischen Schauspielerin Maria Bernheim verheiratet war, legte ihm Propagandaminister Goebbels nahe, sich von seiner Frau zu trennen. Rühmann ging in die Knie und ließ sich 1938 »im gegenseitigen Einvernehmen« scheiden.

Man hatte davor schon versucht, ihn mit infamen Mitteln fertig zu machen. So wurde Rühmann aus dem Aero-Club ausgeschlossen, die Filmangebote blieben aus, und als er 1937 endlich den Dr. Watson in *Der Mann, der Sherlock Holmes war*, spielen sollte, legte sich die Ufa quer. Es war der Wiener Regisseur Karl Hartl, der es verhinderte, dass Paul Kemp, wie bereits fix geplant, Rühmanns Rolle übernahm. »Ohne Rühmann dreh' ich den Film nicht«, sagte Hartl, und der große kleine Mann erlebte, an der Seite von Hans Albers, einen neuerlichen Sensationserfolg. Ein Kritiker wandelte den Schlager des Films ab und schrieb, auf Albers und Rühmann bezogen: »Jawoll, meine Herren, so sehen wir Sie gern!«

Bald nach der Scheidung lernte Rühmann bei Dreharbeiten zu dem Film *Lauter Lügner* die Wiener Schauspielerin Hertha Feiler kennen. »Sie gefiel mir, doch wir verloren uns wieder aus den Augen. Ein Jahr später sahen wir uns zufällig auf einer privaten Einladung. Hertha erinnerte mich, dass ich ihr noch 20 Mark schuldete, die sie mir bei den Dreharbeiten geliehen hatte. Ich war verlegen und beim Entschuldigen muss ich wohl zu weit gegangen sein. Wir heirateten am 1. Juli 1939.«

Obwohl er auf die Erpressung der Nazis eingegangen war, geriet der mittlerweile beliebteste deutsche Schauspieler während des Dritten Reichs immer wieder in Turbulenzen. Der 1943 gedrehte Film *Die Feuerzangenbowle* wurde mit der Begründung verboten: »Da es an Nachwuchs für den Lehrerberuf mangelt, kann man es sich nicht leisten, solche Typen als Lehrer zu zeigen.« Rühmann fuhr, mit fünf Filmrollen unterm Arm ins Führerhauptquartier und erwirkte die Spielerlaubnis durch Hitler.

Fest steht natürlich, dass er mit der Scheidung von seiner ersten Frau kein besonderes Zeichen von Heldenmut setzte, dennoch waren die Vorwürfe, die nach dem Ende der Nazizeit über ihn hereinbrachen, überzogen. Rühmann wurde, obwohl er in keinem Propagandafilm mitgewirkt hatte, 1945 als Schauspieler gesperrt und konnte seine Karriere erst nach Erhalt einer »Unbedenklichkeitsbescheinigung« fortsetzen.

Wenn auch vorerst nur auf einer Wanderbühne, da der deutsche Film nach dem Zusammenbruch des Dritten Reichs am Ende war. Rühmann wollte an den Niedergang nicht glauben und gründete die Produktionsfirma Comedia, mit der er in eine Riesenpleite schlitterte. Gepfändet und sieben Jahre aufs Existenzminimum gesetzt, wohnte er mit Frau und seinem Sohn Peter in einer Holzbaracke, die die Bavaria ihrem einstigen Star zur Verfügung stellte.

Niemand hätte in dieser Zeit einen Pfennig darauf gesetzt, dass es mit Rühmann je wieder bergauf gehen könnte. Der einstige Star erhält kaum ein Engagement, dafür aber von seinem Anwalt den taktvollen Rat: »An Ihrer Stelle würde ich mich aufhängen!« Scheinbar am Ende, weiß er dennoch die größte Chance seines Lebens zu nützen, als ihm 1956 die Titelrolle in der Verfilmung von Carl Zuckmayers *Hauptmann von Köpenick* angeboten wird. Einmal mehr zeigt der Schauspieler seine überragend große menschliche Bandbreite, wenn er als Gestrauchelter zu seinem borniertem Schwager sagt: »Ik häng an meine Heimat, jenau wie du, aber erst solln sie mir mal drin leben lassen, in de Heimat, dann kann ik och sterben dafür ...«

Heinz Rühmann ist wieder da. Größer denn je, reiht sich ein Erfolg an den anderen. Hollywood ruft, und mit seiner Rolle als jüdischer Emigrant, den das Heimweh zurück nach Deutschland treibt, erlangt er mit dem Film *Das Narrenschiff* Weltruhm. Daneben Bühnenaufgaben wie *Mein Freund Harvey*, *Der Tod des Handlungsreisenden* am Burgtheater und der Frosch in der *Fledermaus* an der Wiener Staatsoper.

Gerade als das Glück vollendet scheint, schlägt das Schicksal erneut zu, als seine Frau Hertha Feiler 1970 an Krebs stirbt. »Es war«, sagte er über sich selbst, »nicht mehr viel los mit Herrn Rühmann.« Da lernt er die um zwanzig Jahre jüngere Verlegerwitwe Hertha Droemer kennen. »Wir denken gleich und haben eine wunderbare Harmonie«, dankt er dem Schicksal.

Heinz Rühmann ist fast neunzig, als er sich einen Jugendtraum erfüllt. Ein Leben lang wollte er Clown sein. Berührend wie nie zuvor besingt er im Fernsehstudio, ohne Maske, nur mit weißen Handschuhen, die Philosophie des Spaßmachers, die in den vielen Jahrzehnten seiner Karriere zu einem Teil seiner selbst geworden war:

> *Er wollte alle Menschen immer lachen machen,*
> *Und machte selbst ein trauriges Gesicht.*
> *Er konnte auch die komischesten Sachen machen,*
> *Aber selbst gelacht hat er nicht.*

Toupet brauchte er da längst keines mehr.

ZWEI STUNDEN LANG VERGESSEN KÖNNEN

Die Ufa und ihre Stars

Mit Luise Ullrich, München, 1980.

Teurer Glanz und prächtige Roben. Galapremieren und Starrummel, eine Parade der beliebtesten Schauspieler des deutschen Sprachraums. Von Marika Rökk über Zarah Leander bis Hildegard Knef. Von Gustav Fröhlich über Heinz Rühmann, Willy Birgel bis Johannes Heesters. Und immer wieder Lilian Harvey und Willy Fritsch, die einander in jedem Film »kriegen« mussten, auch wenn das Publikum enttäuscht war, als es erfuhr, dass die beiden »in Wirklichkeit gar nichts miteinander haben«. Angeblich.

»Es war einmal ...« Mit diesen Worten beginnen die großen Märchen. Im Fall der Lilian Harvey ist es eines, das wahr wurde. »Es war einmal« ein kleines Revuegirl, das ein großer Filmstar werden sollte. Lilian Pape, wie die gebürtige Engländerin in Wirklichkeit hieß, war als »Tänzerin mit Chorverpflichtung« am Wiener Ronacher engagiert, wo sie 1924 in der Revue *Alles per Radio* auftrat. Der Berliner Filmproduzent Richard Eichberg war von ihrer winzigen Szene als »erstes Radiogirl« so begeistert, dass er der 18-Jährigen eine Rolle in seinem nächsten Film anbot. Was heutzutage der große Traum vieler junger Mädchen wäre, konnte die Harvey in einer Zeit, da Filmen noch als äußerst unsicherer Broterwerb galt, nicht reizen. Lächelnd lehnte sie ab: »Ich habe hier im Ronacher einen Vertrag auf drei Monate, beim Film weiß man nicht, wie lange so was dauert.«

Wenige Tage später stürzte Lilian Harvey während der Vorstellung so unglücklich, dass sie mit einem komplizierten Knöchelbruch ins Spital musste. Der Arzt teilte ihr mit, dass sie in der laufenden Ronacher-Revue nicht mehr tanzen könnte. Richard Eichberg erfuhr in Berlin von dem Malheur und erkannte seine Chance. Noch im Spital erhielt die Harvey ein Telegramm des Produzenten mit einem Siebenjahres-Vertrag. Jetzt sagte sie zu, zumal sie von den Ärzten erfuhr, dass sie zwar bald wieder spielen, aber noch lange nicht tanzen können würde.

Der Knöchelbruch begründet eine internationale Karriere. Die Harvey wird durch Filme wie *Liebeswalzer*, *Die drei von der Tankstelle* und *Der Kongress tanzt* zum »süßesten Mädel der Welt« und schließlich zum höchst bezahlten Ufa-Star.

Einer musste in allen Produktionen an ihrer Seite sein: Willy Fritsch. Der Erfolg erstaunte viele, waren die Harvey-Fritsch-Filme doch immer nach ein und demselben Muster gestrickt: Sie verliebten sich ineinander, gingen nach dramatischen Missverständnissen auseinander, um sich nach zwei Stunden doch wieder zu finden. »Es ist ganz egal, wer sonst noch aller mit spielt«, sagte der Ufa-Produktionschef Erich Pommer, »die Hauptsache ist, der Fritsch kriegt am Ende die Harvey.«

Wenn möglich, nicht nur im Kino. Während eine echte Beziehung von beiden immer bestritten wurde, rückte Willy Fritsch vierzig Jahre später, kurz vor seinem Tod im Jahre 1972, mit der

Wahrheit heraus, als seine Briefe an die einstige Filmpartnerin aufgetaucht waren. »Die Frage«, gestand er nun, »die mir in meinem Leben am häufigsten gestellt wurde, lautete: ›Wie war das mit der Lilian Harvey und Ihnen, hatten sie was miteinander oder nicht?‹ Die Antwort, die ich ebenso oft gegeben habe, hieß: ›Nein!‹ Wenn sie auch gelogen war. Die Wahrheit ist: Sie ist meine Geliebte gewesen – eine einzige Nacht lang! Als ›es‹ dann passierte, kannte ich Lilian schon sechs Jahre, ohne ihr wirklich näher gekommen zu sein.«

Er verriet auch den Grund, warum es bei nur einer Nacht – zu Silvester 1932/33 – geblieben war: »Sie war kalt wie ein Fisch. Für mich war es das Ende einer langen Gemeinsamkeit, die so vieles gewesen war. Verliebtheit, Spielerei, Freundschaft. Und jetzt war es vorbei.«

In ihrer Glanzzeit war die Universum Film AG, die das Traumpaar Harvey-Fritsch »geschaffen« hatte, die größte Filmproduktionsstätte Europas. Auf dem 480 000 Quadratmeter großen Ufa-Gelände in Berlin-Neubabelsberg entstanden neben Unterhaltungsfilmen auch Klassiker wie *Dr. Mabuse*, *Madame Dubarry*, *Metropolis* oder *M – eine Stadt sucht einen Mörder*. Gezeigt wurden sie in mehr als 120 Ufa-Filmpalästen und -Kinos in ganz Europa. Österreicher wie Willi Forst, Paul Hörbiger, Luise Ullrich oder Rudolf Prack zählten zur Ufa-Elite. Und Wiener Regisseure haben in Berlin Filmgeschichte geschrieben: Neben Josef von Sternberg, der die Dietrich entdeckte, auch Fritz Lang, Billy Wilder und G. W. Pabst.

Aufstieg und Fall liegen in den Traumfabriken dicht beisammen. In den Tagen, als Marlene Dietrich mit dem *Blauen Engel* weltberühmt wird, geht ein anderer Ufa-Star buchstäblich vor die Hunde: Jahrelang zählte Bruno Kastner zu den Lieblingen des Stummfilms. Frauen lagen ihm zu Füßen, Männer wollten sein wie er, doch als der Ton zum Film kam, lacht ihn das Publikum aus, weil er eine Fistelstimme hat. Der einstige Kassenmagnet geht auf Tournee durch die Provinz. In Bad Kreuznach erhängt er sich nach einer Vorstellung. Er hat den Abstieg vom Star zum Tingeltangelkünstler nicht verkraftet.

»Stumm« hat auch Luis Trenker noch gedreht. Den Ende der zwanziger Jahre aufkommenden Tonfilm – anfangs »Krachfilm« genannt – lehnte er ab und schätzte dessen Zukunft völlig falsch ein: »Viele Kinobesucher werden nicht mehr kommen«, dachte er, »wenn der Lärm die Leinwandruhe stört, und sie haben Recht: Aus dem Krachfilm wird ein Filmkrach werden.«

»Na ja, da hab ich mich halt ganz schön geirrt«, gestand er mir 1982, als ich den gebürtigen Südtiroler in München traf. »Ich wollte dem Kino die Ruhe der Bergwelt belassen. Natürlich ein ausgemachter Blödsinn, die technische Entwicklung lässt sich nicht aufhalten. Und heut muss ich sagen: Es war schon gut so, dass ich mich geirrt habe.« Für die Ufa sollte der Bergfex dann 1932 einen seinen erfolgreichsten Filme drehen, *Der Rebell*. – Mit Ton.

Die Universum Film AG sollte Europas Antwort auf Hollywood sein, ein Filmkonzern, in dem Kitsch, Kunst und Kommerz gleichrangig regieren. Und noch ein »K« spielt bei der Ufa eine Hauptrolle: Krieg! Gleich zwei Kriege sind es, die ihre Geschichte bestimmen. Gegründet im Ersten, 1917, um die Soldaten an der Front mit Stummfilmen aufzumuntern, führt der Zweite Weltkrieg zur Blüte der Ufa. Hitler und sein Propagandachef Goebbels haben die Bedeutung des Films zur Verbreitung ihrer Wahnideen erkannt. Die Ufa wird zum wichtigsten Sprachrohr des Dritten Reichs. Nicht nur auf direktem Weg – durch Wochenschauen und Durchhaltefilme – sondern auch mit scheinbar harmloser Unterhaltung. Da für die Schlachtfelder Nachwuchs gesucht wird, werden Drehbücher in Auftrag gegeben, die kinderreiche Familien verherrlichen. Hitler läßt sich im Film mit Friedrich dem Großen vergleichen und Österreicher werden als charmante, aber faule »Ostmärker« gezeigt.

Paul Hörbiger sagte nach dem Krieg: »Wir Schauspieler haben die Zusammenhänge nicht verstanden. Man hat unsere Popularität für die schmutzige Sache benutzt, missbraucht.«

Je schlechter es den Menschen geht, desto größer ihr Bedürfnis, unterhalten zu werden. Also erlebt der deutsche Film in den dreißiger und vierziger Jahren einen neuen Höhenflug. Kein Wunder: Die Nazis investieren in Rüstung und Film. Amerikanische Filme sind verboten, es gibt keine Konkurrenz. Und das Publikum ist glücklich, durch seine Lieblinge abgelenkt zu werden, für zwei Stunden vergessen zu können, dass der eigene Mann im Feld, der Sohn vielleicht schon gefallen ist.

Geld spielt keine Rolle. Hans Albers dreht 1943 mit *Münchhausen* einen der aufwändigsten Filme aller Zeiten. Der Lügenbaron reitet auf einer Kanonenkugel, und Hunderte Statisten sind glücklich, sich im Studio tummeln zu dürfen, statt für den »Führer« in den Krieg zu ziehen. Die Kosten des Films: 25 Millionen Reichsmark.

Mit dem Dritten Reich ging auch die Ufa unter. Die riesigen Ateliers wurden nach 1945 von der ostdeutschen Defa übernommen, in der zum Teil wieder Propagandafilme entstanden – diesmal im Auftrag von Ulbricht, Honecker & Co.

Die Ufa-Anteile, die Westdeutschland zugefallen waren, wurden in den sechziger Jahren liquidiert, die Filmrechte an Privatfirmen verkauft. Die heute noch existierende Ufa-Fernsehproduktion befindet sich im Besitz des Bertelsmann-Verlags und hat mit dem alten Filmkonzern so gut wie nichts mehr zu tun.

Die Zeiten freilich, in denen die großen Märchen wahr wurden, gehören seit langem schon der Vergangenheit an. »Es war einmal ...«

Es war auch einmal ..., dass Luise Ullrich zu den Stars der Ufa zählte. Eine der sympathischsten Schauspielerinnen, denen ich begegnete. Sie blieb stets bescheiden und erfrischend »normal«, lehnte jedes Stargehabe ab, hatte sehr viel Humor.

Mitte der siebziger Jahre gastierte sie an den Wiener Kammerspielen. Ich holte sie ein paar Tage vor der Premiere vom Theater ab, wir gingen in ein Kaffeehaus. »Haben Sie bei der Probe ein bisschen zugeschaut?«, fragte sie.

»Nur ganz wenig«, bedauerte ich, »der Regisseur hat mich nach fünf Minuten aus dem Theater geworfen.«

»Oh je. Haben Sie meinen Auftritt gesehen?«

»Leider nein!«

»Na, und wie war ich?«

Wir lachten beide. »Ja, wir Schauspieler sind ein eitles Volk«, sagte sie gut gelaunt.

Vier Jahre später war ich, gemeinsam mit ihrem oftmaligen Filmpartner Paul Hörbiger, bei Luise Ullrich in München-Grünwald zum Mittagessen eingeladen, sie servierte Fisch aus der Forellenzucht ihres Mannes.

Die Ullrich war einer der wenigen Stars, denen das Privatleben wichtiger blieb als der Beruf. »Meine Filme *Annelie, Liebelei, Viktoria*...«, blickte sie zurück, »ach Gott, das waren kleine Kammerspiele ohne Glanz und Glamour, kein Sex, keine Kriminalität. Metro Goldwyn Mayer schickte mir einen Vertrag, ich sollte als Partnerin von Robert Taylor nach Hollywood kommen. Ich hab' unterschrieben und dann im letzten Moment doch wieder abgesagt. Ein gütiges Schicksal führte dabei Regie, denn ich lernte etwas später am Flughafen von Arequipa in Peru meinen Mann kennen – er war der Pilot der Maschine, mit der ich unterwegs war. Jetzt bin ich seit fast vierzig Jahren Hausfrau und Mutter. Und das ist mir lieber als jeder Hollywood-Film der Welt.«

Ihr Mann, der Graf zu Castell-Rüdenhausen, saß an ihrer Seite, ein perfekter Gentleman, liebevoll um das Wohl seiner Frau bemüht. Ein paar Wochen später fiel er, als er die Dachrinne seines Hauses reinigen wollte, von der Leiter und war tot. Luise Ullrichs Lebensabend, der gerade noch so sonnig schien, hatte sich auf schreckliche Weise verdüstert.

»Was bleibt, ist die Einsamkeit«

Der Mythos Marlene Dietrich

Sie war die Femme fatale des 20. Jahrhunderts. Wie Marlene im tadellos sitzenden Smoking und im Zylinder über die Bühne stolzierte oder im Hauch eines Kleides durch schummrige Räume schwebte, das war unnachahmlich und wird es auch bleiben.

Die Karriere begann in Wien – mit einem Vertragsbruch. Die junge Schauspielerin sollte im September 1929 in der Ecke Kärntner Straße/Johannesgasse etablierten »Femina«-Bar ein Engagement antreten. Doch Wilhelm Gyimes, der Direktor des kleinen Kabaretts, wartet ebenso vergeblich auf ihr Eintreffen wie Hugo Wiener, der Hausautor des Etablissements.

Ein Vertragsbruch, der Filmgeschichte schrieb. Denn Marlene Dietrich tritt ihre Verpflichtung in der kleinen Bar nicht an, weil ihr der Regisseur Josef von Sternberg überraschend die Hauptrolle in seinem neuesten Film angeboten hat. Der Titel: *Der blaue Engel*. Marlene Dietrich erlangt, statt in Wien das fünfte Revuegirl von links zu spielen, Weltruhm.

Die »Femina«-Bar ist nur wenige Schritte vom Tortenparadies Hotel Sacher entfernt. Hier, in Wien, wäre ihr vermutlich nicht geglückt, was sie in Berlin durchziehen musste. Denn vor Drehbeginn des *Blauen Engels* zwingt Josef von Sternberg die eher mollige Marlene, zehn Kilogramm abzunehmen.

Der in Hollywood lebende gebürtige Wiener hat sie zuvor in der Revue *Zwei Krawatten* im Berliner Lustspieltheater gesehen und in ihr die ideale Besetzung der Nachtklubtänzerin Lola erkannt. Die Gewichtsreduktion ist freilich nur ein Teil dessen, was Sternberg Marlene abverlangt.

Die 28-Jährige durchlebt, ehe sie das Studio überhaupt betreten darf, die totale Verwandlung. Sternberg ändert ihr Make-up, ihre Frisur, ihre Stimme, die Garderobe, ja selbst ihre Persönlichkeit. Marlene ist am Beginn der Dreharbeiten nicht mehr jenes Fräulein Dietrich, das sie gerade noch war. Sie ist das Produkt einer perfekt kalkulierten Erfolgsstrategie. »Ich formte sie«, wird Sternberg später sagen, »bis ihr tatsächliches Erscheinungsbild meinen Vorstellungen entsprach.«

Vorstellungen übrigens, die auf ähnliche Weise einmal schon, an dem amerikanischen Stummfilmstar Theda Bara, verwirklicht worden waren.

Doch die Ufa protestiert, die Direktoren halten Marlene für »ordinär« bis »untalentiert« und weigern sich, eineinhalb Millionen Mark in ein Filmprojekt zu stecken, dessen Hauptdarstellerin kein Mensch kennt. Erst als Sternberg droht, »ohne Frau Dietrich diesen Film nicht zu drehen«, stimmen die Produzenten zähneknirschend zu.

Die Dreharbeiten werden zur Qual. Sternberg brüllt, lässt einzelne Szenen bis zu hundertmal wiederholen, ehe er sie akzeptiert, findet nie ein Wort der Anerkennung oder Ermutigung. Marlene Dietrich schüttelt sich vor Weinkrämpfen. Was sie am meisten bei ihm fürchtete, schreibt sie in ihren Memoiren, war seine Verachtung.

Und doch hat sie ihm nie, auch später nicht, seinen scharfen Ton vorgeworfen. »Er hatte alles Recht dazu. Weil er mein Beschützer war. Weil er auch mein Freund war. Was er sagte, war immer richtig. Er hatte immer Recht.«

Mit dem *Blauen Engel* ist eine Leinwandgöttin geboren. Marlene Dietrich wird zum Vamp, der zur glühenden Leidenschaft ebenso fähig ist wie zu heimtückischer Bosheit.

1. April 1930. Der Film feiert im Berliner Ufa-Palast seine sensationelle Uraufführung. Die schauspielerische Leistung des Oscar-Preisträgers Emil Jannings, einem Star des deutschen Kinos, geht fast unter, denn alles brüllt »Marlene, Marlene« und »Beene, Beene!« Nur diese Frau, die zum ersten Mal Sexappeal auf die Leinwand brachte, zählt an diesem Abend. Die Dietrich, oder das, was nach der totalen Veränderung von ihr übrig blieb, ist ein Star. Der Film – gedreht nach Heinrich Manns Roman *Professor Unrath* – wird als erster deutscher Tonfilm ein internationaler Erfolg.

Wen wundert's. Zylinderhut, Zigarettenspitz und ihre rauchige Stimme lassen Marlene in jenen zwanziger Jahren, die heute als »wild« gelten, zum Sinnbild skrupelloser Erotik werden. Das Publikum tobt vor Begeisterung, als sie mit unvergleichlichem Timbre »Ich bin von Kopf bis Fuß auf Liebe eingestellt« singt, auf einem Fass sitzend die Beine übereinander schlägt und damit die Blicke auf ihre schwarzen Seidenstrümpfe und eine Handbreit nackte Haut lenkt. Die fesche Lola verführt Professor Rath, der ihretwegen von der Schule gejagt und fortan in ihrer Truppe als Clown auftreten wird.

Marlene Dietrich war bisher nur in Revuen, in kleineren Filmrollen und an Berliner und Wiener Bühnen zu sehen. Eigentlich wollte die am 27. Dezember 1901 in Berlin-Schöneberg geborene Tochter eines Polizeioffiziers Geigenvirtuosin werden, musste ihr Musikstudium aber wegen einer chronischen Sehnenscheidenentzündung am Arm abbrechen. 1921 sprach sie bei Max Reinhardt vor und besuchte danach, gegen den Willen ihrer Mutter, die Schauspielschule des Deutschen Theaters in Berlin. Um »den

Namen der Familie nicht zu entehren«, nahm Maria Magdalena von Losch den Namen Dietrich an.

Sie weiß genau, was sie will. Und bricht noch am Abend der Uraufführung des *Blauen Engels* nach Amerika auf. Dort kennt sie noch kein Mensch, da *The Blue Angel* erst Ende des Jahres 1930 von Paramount Pictures in die Kinos gebracht wird. Josef von Sternberg, mit dem sie mittlerweile liiert ist, verhilft ihr dennoch auch in den USA zum Senkrechtstart. Er dreht mit ihr den Film *Marokko*, in dem sie, weil sie sich in diesem Beruf schon einmal bewährt hat, wieder als Nachtklubtänzerin auftritt. Sternberg baut das Image des verruchten Vamps durch Schmink- und Beleuchtungstricks in Hollywood weiter aus. Und so wird auch ihr Einstand in Amerika zur Sensation. Wie sie, in Frack und Zylinder, vor den Augen Gary Coopers, eine andere Frau küsst und ihr eine Blüte zu Füßen legt, wird als pikante Andeutung bisexueller Liebeskünste interpretiert.

Diesbezüglich hilft sie auch ein wenig mit ihrem Privatleben nach. Ihre Affären mit schönen Frauen sind so legendär wie jene mit ihren berühmten Männern. »It took a lot of men to make me Shanghai Lily« – es bedurfte vieler Männer, um das verführerische Mädchen in dem 1932 gedrehten Sternberg-Film *Shanghai-Express* glaubhaft zu spielen. Diese »lot of men« hießen Gary Cooper, Douglas Fairbanks jr., Maurice Chevalier, Jean Gabin, Yul Brynner, Erich Maria Remarque und Ernest Hemingway, der von ihr sagte, dass Marlene »nur dann wahrhaft glücklich sein kann, wenn sie liebt«.

In ihren Memoiren wird sie später behaupten, der noch völlig unbekannte und mittellose John Wayne hätte sie angefleht, ihm eine Rolle zu verschaffen, und sie sei es auch gewesen, die ihm bei

Universal Pictures zu seinem ersten Vertrag verhalf. Als sie mit ihm 1940 *Das Haus der sieben Sünden* dreht, lockt sie ihn in ihre Garderobe, verschließt die Tür hinter sich und fragt, wie spät es sei. Ehe er antworten kann, schiebt sie langsam ihren Rock in die Höhe und lässt am Strumpfband eine Taschenuhr sichtbar werden. Dann beugt sie sich hinunter, sagt, nach einem Blick auf den eher unüblich platzierten Chronometer, wie spät es sei, flüstert »Wir haben noch viel Zeit« und verführt ihn.

Ihre unstillbare Sucht, starken Männern nahe zu kommen, wird später damit erklärt, dass sie ihr Leben lang auf der Suche nach dem Ebenbild ihres geliebten, früh verstorbenen Vaters gewesen sei.

Dabei hatte das Tingeltangelmädchen, das in Berlin nebenbei für eine Strumpfmarke warb, schon mit 22 Jahren den Regieassistenten Rudolf Sieber geheiratet, dem sie – so lange er lebte – treu blieb, nicht körperlich natürlich (ebenso wenig wie er ihr übrigens), aber seelisch irgendwie.

Bei ihm ist sie nicht Marlene, der Superstar. Er nennt sie »Mutti«, sie ihn »Vati«, selbst in Amerika noch, als sie ein Weltstar ist. Rettungsanker der Ehe bleibt über Jahrzehnte die gemeinsame Tochter Maria, die von Marlene ebenso vergöttert wie schikaniert wird.

Die Riege der »lot of men« wird durch »a lot of women« komplettiert. Zu Marlene Dietrichs Gespielinnen zählen Elisabeth Bergner, Greta Garbo, Colette und Edith Piaf. Ihre lesbischen Beziehungen begannen früh. Claire Waldoff, die berühmte Chansonette, war die erste, die sie erhörte, damals in Berlin noch, als sie gemeinsam in verruchten Kabarettrevuen auftraten und ihre homoerotischen Neigungen offen auf der Bühne zeigten. 1932 lernt Marlene in Hollywood Mercedes de Acosta kennen, die sich bei ihr ausweint, weil sie gerade von der Garbo verlassen wurde. Marlene nimmt sich ihrer an. Die attraktive Spanierin schreibt glühende Liebesbriefe, die als Dokument ihrer Beziehung erhalten blieben. Beim Abschied nach einem Jahr schreibt Mercedes, wie sehr sie Marlene begehre, dass sie immer an die gemeinsam verbrachten Tage und Nächte denken werde, in denen sie von ihr geliebt wurde. Mercedes überhäuft am Ende Marlenes »herrlichen Körper und die wunderbare Seele« mit Küssen und Liebkosungen.

Oft wurde Marlenes Vorliebe für Männermode als äußeres Zeichen ihrer lesbischen Neigung zu deuten versucht. Sie selbst erklärte ihre Kleidergewohnheiten in Amerika eher profan: »Meistens trug ich Hosen, denn da wir nicht weit vom Strand entfernt in den Hügeln wohnten, waren sie praktischer als Röcke und Strümpfe.«

Nach sieben Filmen, die sie mit Sternberg gedreht hat, gehen Beziehung und Arbeitsgemeinschaft in die Brüche. Sie war sein Produkt, doch jetzt bestimmt Marlene selbst, wie ihre Maske, die Kostüme, das Licht auszusehen haben. Sie hat ihre Lektion bei ihrem »Schöpfer« gelernt und setzt ihre Wünsche im Studio durch. Sie hat die Hosen im wahrsten Sinne des Wortes an. Was sie bei den Dreharbeiten sagt, das hat zu geschehen, sie duldet keinen Widerspruch, weder vom Regisseur noch vom Produzenten.

Marlene ist am Höhepunkt ihrer Karriere angelangt und weint ihrem Entdecker, dessen Ruhm ohnehin allmählich verblasst, keine Träne nach. Mit 200 000 Dollar Jahresgage ist sie die höchst bezahlte Frau der Welt. Eine Deutsche ist der Kassenmagnet des amerikanischen Kinos, die Traumfrau von Millionen Männern auf allen Kontinenten. Sie kann sich ihre Regisseure aussuchen – und entscheidet sich für die ganz Großen: Ernst Lubitsch, René Clair, Alfred Hitchcock, Fritz Lang, Billy Wilder und Orson Welles.

Marlene Dietrich ist die erste Frau, die die Hosen anhat – und das im wahrsten Sinne des Wortes. Sie trägt das bis dahin Männern vorbehaltene Beinkleid in ihrem Privatleben und vor der Kamera. Und sie erregt mit dieser, in den dreißiger Jahren noch außergewöhnlichen Mode weltweites Aufsehen. Dazu kommt, dass sie auch die Studiobosse in Hollywood spüren lässt, wer »die Hosen anhat«.

BILD: KRONEN ZEITUNG, 1932

Als es während des Krieges ein wenig ruhiger um sie wird, tritt sie in Frontkonzerten für die alliierten Truppen auf. In ihren Liedern ist sie auch mit vierzig noch »Von Kopf bis Fuß auf Liebe eingestellt«. Und sie besingt das Mädchen Lili Marleen, das vor der Kaserne steht und auf seinen Liebsten wartet.

Goebbels lässt nichts unversucht, um den Publikumsmagneten nach Deutschland zu holen. Abgesandte der Reichskulturkammer teilen der Dietrich mit, dass sie in der Heimat wie eine Königin empfangen und im Triumphzug durch das Brandenburger Tor geleitet würde. Einmal, als sie der deutsche Botschafter in Paris »im Namen des Führers« auffordert, nach Berlin zu kommen, um dort wieder Filme zu drehen, antwortet sie, sie käme nur, wenn sie gemeinsam mit dem (jüdischen) Regisseur Sternberg arbeiten dürfe.

»Sie sind von der amerikanischen Propaganda infiziert«, reagiert der Botschafter gereizt, »es gibt überhaupt keinen Antisemitismus in Deutschland ...«

Die Dietrich bleibt standhaft. Sie hasst die Nationalsozialisten, die ihre engsten Freunde als »Die Kinojuden« beschimpfen. Zwar ist sie nicht, wie später behauptet, wegen Hitler aus Deutschland weggegangen, aber sie kehrt seinetwegen nicht zurück.

In Amerika erweist sie sich unterdessen als Helferin der so zahlreich nach Hollywood strömenden Emigranten. Marlene schreibt Empfehlungsbriefe, verschafft ihnen Jobs, kocht für sie Hühnersuppe.

1957 erlebt sie unter Billy Wilders Regie als *Zeugin der Anklage* einen weiteren Triumph. Der Kreis schließt sich. Wie im *Blauen Engel*, ihrem ersten, verhält es sich auch in ihrem letzten großen Film. Die Dietrich spielt in der Agatha-Christie-Verfilmung eine unnahbar schöne Varietésängerin, die die Männer ins Verderben zieht. Ihr ebenbürtig: Charles Laughton als Staranwalt Wilfried Robarts.

Fast sechzig schon, strebt Marlene zu neuen Ufern. Und ist wieder ganz oben. Mit ihrer verruchten Whiskey-Stimme erregt die »schönste Großmutter der Welt« in einem 6000 Dollar teuren und halb durchsichtigen Kleid Aufsehen. Ob in Las Vegas, im Pariser »Olympia«, in London oder Monte Carlo, sie singt, begleitet von Burt Bacharach, »Sag mir, wo die Blumen sind«, »Ich weiß nicht, zu wem ich gehöre«, und immer wieder ist sie »Von Kopf bis Fuß auf Liebe eingestellt«. »Selbst wenn sie nichts als ihre Stimme hätte«, schwärmt Ernest Hemingway, der es wissen muss, »könnte sie einem damit das Herz brechen. Doch sie hat dazu noch diesen schönen Körper und die zeitlose Schönheit ihres Gesichts. Einerlei, womit sie einem das Herz bricht, wenn sie nur da ist, um es wieder zusammenzuflicken!«

Im Rahmen einer Welttournee tritt sie in mehreren deutschen Städten auf. In ihrer Heimat nimmt man ihr die Betreuung der GI's und die antideutsche Haltung – die in Wahrheit eine antinationalsozialistische Haltung war – 1960 noch übel. Es hagelt Proteste, die in »Marlene go home«-Plakaten vor dem Berliner »Titania-Palast« gipfeln.

Anfang der siebziger Jahre erleidet sie mehrere Bühnenunfälle. Mit Hilfe einer Reihe von kosmetischen Operationen hat sie ihr Image als Femme fatale zu verewigen versucht. Den ersten Sturz auf der Bühne verdankt sie ihrer im wahrsten Sinne des Wortes »mörderischen« Garderobe. Das eng anliegende Nichts von einem Kleid beeinträchtigt die Bewegungsfreiheit der Siebzigjährigen. 1974, in Sidney, stürzt sie wieder von der Bühne, fällt so unglücklich in den Orchestergraben, dass eines ihrer berühmten Beine gebrochen ist. Marlene zieht sich von der Bühne zurück.

Nach dem Tod ihres Mannes Rudolf Sieber – von dem sie sich trotz all der Affären nie scheiden ließ – igelt sie sich nur noch ein. In ihrem Wohnhaus in der Pariser Avenue Montaigne 12 ziehen tagtäglich die Touristenmassen vorbei. Besucher aus aller Herren

Länder starren auf die dicken, immer verschlossenen Gardinen, hinter denen der Mythos Marlene lebt. Sie empfängt keinen Menschen mehr, hält sich fast nur noch in ihrem Schlafzimmer auf, das voll geräumt ist mit Unmengen von Medikamentenschachteln, viel zu viel Alkohol, Stapeln von Büchern und Zeitungen. Das Telefon ist der letzte Kontakt zur Außenwelt. Nachts, wenn sie nicht schlafen kann, führt sie stundenlange Gespräche. Doch niemand bekommt sie zu Gesicht, das ohnehin schon »zu Tode fotografiert« worden sei, wie sie sagt. Die einzigen Menschen, die sie an sich heran kommen lässt, sind ihre Tochter, ein Arzt und ihre Haushaltshilfe. Will sie jemand anderer besuchen, lässt sie sich verleugnen.

»La Dietrich« darf nicht altern, sie möchte in Erinnerung bleiben, wie man sie gekannt hat, jung, schön, glamourös, von Kopf bis Fuß auf Liebe eingestellt und sonst gar nichts.

Einmal noch, im Jahre 1982, wird sie von Maximilian Schell überredet, den Dokumentarfilm *Marlene* zu drehen, in dem sie zu hören, nicht aber zu sehen ist.

Sie hat alles getan, um der Nachwelt den Mythos Marlene zu erhalten. Die Dietrich bleibt eine strahlende Schönheit. Niemand weiß, wie sie mit achtzig, neunzig ausgesehen hat.

Sie war *die* Femme fatale des 20. Jahrhunderts. Verehrt, umschwärmt, geliebt, eine Frau die die attraktivsten Männer und Frauen ihrer Zeit haben konnte (und wohl auch hatte). Sie lebte ein wildes Leben, wie es viele sich erträumen. Wie aber sieht die Bilanz dieses Lebens aus?

»Was bleibt«, lautet der letzte Satz ihrer Memoiren, »ist die Einsamkeit.«

Aus der Traum!
Die Kinolieblinge der Wien-Film

Mit Hans Holt, Baden bei Wien, im Frühjahr 2000.

Es war ein Traum. Der Traum hieß: Österreich hat eine Filmindustrie. Hollywood war in Sievering, Cary Grant hieß Willi Forst, Ingrid Bergman war Paula Wessely, und als Kassenmagnet stand statt Charlie Chaplin der Hans Moser auf dem Plakat. Jahrzehntelang schien der Traum wahr zu sein. Als wäre der Paul Hörbiger von der Leinwand heruntergestiegen, um die Maria Andergast auch privat zu heiraten. Doch es ist schon wieder vorbei. Aus der Traum von der eigenen Traumfabrik. Die Wien-Film, über siebzig Jahre lang die einzige Heimstätte österreichischer Kinostars, existiert nicht mehr. Zurück bleiben die wehmütigen Erinnerungen der Lieblinge von einst.

Hans Holt lebt, gemeinsam mit seiner Frau, im Hilde-Wagener-Heim für betagte Künstler in Baden bei Wien. Oft denkt er zurück, an die Zeit, da er zu den ganz Großen der Wien-Film zählte. Und ist »zutiefst traurig, dass es soweit kommen musste. Aber auch dankbar, dass ich so lange dabei sein durfte.« Die letzte Klappe ist gefallen, zuletzt siechte die Wien-Film nur noch mühsam dahin. Von einstigen Welterfolgen wie *Maskerade* war man weit entfernt. Mit internationalen Stars – Liz Taylor drehte für die Wien-Film

A little Night Music – versuchte man zuletzt noch zu retten, was nicht zu retten war. Eine nostalgische Hoffnung ist nicht mehr.

Es war in den letzten Jahren der Monarchie, als Alexander Graf Kolowrat, von seinen Freunden »Sascha« genannt, Österreichs erste Filmproduktion gründete. Man drehte noch stumm, und zu seinen Leinwandstars zählten keine Geringeren als Alexander Girardi (*Der Millionenonkel*, 1913) oder die noch unbekannte Marlene Dietrich (*Café Electric*, 1927). Dutzende Schauspieler wurden wie sie in den Sascha-Studios Sievering, Schönbrunn und am Rosenhügel entdeckt.

Nach dem »Anschluss« an Hitler-Deutschland wurde die Sascha 1938 in Wien-Film umbenannt. Und ausgerechnet zu der Zeit, als Österreich zur »Ostmark« wurde, erlebte die Spielfilmproduktion den größten Höhenflug ihrer Geschichte. Willi Forst, der die Wien-Filme *Operette*, *Wiener Blut* und *Wiener Mädeln* drehte, sagte nach dem Krieg: »Es klingt grotesk, entspricht aber der Wahrheit: Meine österreichischesten Filme habe ich gedreht, als Österreich zu existieren aufgehört hatte.«

Tatsächlich war es Karl Hartl, dem Produktionschef der Wien-Film, in der Nazizeit gelungen, die Politik weitestgehend aus dem Spiel zu lassen. Während in Berlin Propagandafilme à la *Jud Süß* entstanden, produzierte man in Wien in erster Linie Filme, deren Stoffe in der österreichischen Geschichte angesiedelt waren. »Wir wollten dem Zeitgeschehen ausweichen«, erklärte Hartl später, »daher sind wir in die Vergangenheit geflüchtet. Das hat denen in Berlin gar nicht gefallen, und man hat auch schon gespöttelt, wenn ein Film in der Monarchie handelte – aha, der spielt in der Wien-Film-Zeit. Man hat also eine ganze Epoche nach uns benannt!«

So ließ Willi Forst, während auf den Schlachtfeldern Hunderttausende starben, im Wien-Film *Wiener Blut*, frei nach Johann Strauß, den Wiener Kongress tanzen. Wie heißt's so schön beim Walzerkönig? »Glücklich ist, wer vergisst« …

Das Wort »Vergessen« war auch der Grund für die »weiche Welle« im Kino. Denn Propagandaminister Joseph Goebbels, dem die staatliche Filmproduktion unterstand, konnte es nur recht sein, wenn die Menschen von den Übeln der Zeit abgelenkt wurden, im Dunkel der Lichtspielpaläste ihr Leid vergaßen. Reiche Geldmittel flossen von Berlin nach Wien, und auf rund 4000 Filmschaffende warteten große Projekte.

Aus dem fernen Berlin erhielten die Wien-Film-Regisseure Order, »den Dialekt der Alpen- und Donaugaue so abzustimmen, dass er der in Großdeutschland allgemein verständlichen Schrift- und Hochsprache angepasst wird«.

Wovon bei Hans Moser nicht allzu viel zu bemerken war.

»Politische Einflussnahme« erlebte Hans Holt, der zu den meistbeschäftigten Wien-Film-Schauspielern zählte – »nur in einem Fall. Das war in dem Film *Schrammeln*, den wir 1944 drehten.« Das Schrammel-Quartett Hans Moser, Paul Hörbiger, Fritz Imhoff und Hans Holt sollte darin ein Altwiener Heurigenlied singen:

>*»Wer no in Wien net war und Linz net kennt,*
>*Wer net in Graz drin schon spazier'n is g'rennt,*
>*Wer Salzburg net hat g'sehn, das Paradies,*
>*Hat kan Begriff davon, was Österreich is.«*

Da das Wort »Österreich« in dieser Zeit verboten war, musste die letzte Zeile – auf Anweisung des Propagandaministeriums – geändert werden. Sie lautete jetzt:

»Hat kan Begriff davon, w i e s c h ö n ' s d a i s«

Nach der Premiere lief der Film monatelang in der Wiener Scala. Und immer wenn die Schrammeln gemeinsam mit Marte Harell das bekannte Lied anstimmten, wurden sie vom kriegs- und nazimüden Publikum mit lauten »Österreich«-Rufen »überschrien«. Dies war eine starke Sympathie-Kundgebung für das von den Machthabern verpönte Heimatland.

Nach 1945 wurde das Lied dann »rücksynchronisiert«, so dass in den meisten seither gezeigten Kopien wieder »Österreich« zu hören ist. Neben eher harmlosen Musik- und Unterhaltungsfilmen wurden in der »Ostmark« aber auch die beiden Propagandafilme *Heimkehr* und *Leinen aus Irland* gedreht – wahrlich keine Ruhmesblätter des Wiener Films. Der ohnehin bald keine allzu große Rolle mehr spielen sollte.

Während die Studios in Sievering nach dem Krieg der amerikanischen Besatzungsmacht zufielen, lagen die Rosenhügelateliers jetzt in der Sowjetzone. »Wir durften nur nachts drehen«, erinnert sich Franz Antel, unter dessen Regie 1947 am Rosenhügel *Das singende Haus* mit Curd Jürgens entstand – »weil der Strom tagsüber von der Industrie zum Wiederaufbau benötigt wurde. Die eleganten Vorhänge, die man im Film sah, waren aus Klopapier. Es hat damals wirklich nichts gegeben.«

Vor allem kein Geld. Ein Witz aus der Nachkriegszeit charakterisiert die Situation des österreichischen Films treffend.

Vier Wiener sitzen im Kaffeehaus. Sagt einer: »Mach ma an Film! Ich hab' an reichen Fleischhauer, der gibt eine Million.«

Der zweite: »Großartig. Ich weiß an reichen Gemüsehändler, der gibt auch eine Million!«

Der dritte: »Und ich kenn' an Schleichhändler, der gibt noch a Million. Drei Millionen, damit könnt' ma an Film machen!«

Da sagt der vierte: »Schön und gut. Die Millionen sind ka Problem. Aber wer zahlt jetzt unseren Kaffee?«

Es entstanden noch ein paar Kassenschlager mit Hans Moser, Paul Hörbiger, Hans Holt, Johanna Matz, Adrian Hoven, Waltraut Haas, Josef Meinrad und Oskar Sima. Der wusste übrigens ein Lied davon zu singen, was Filmruhm bedeuten kann. Der Komiker war mit der Schauspielerin Lina Woiwode verheiratet. Sie befand sich Ende der fünfziger Jahre auf Urlaub in Mönichkirchen, wo sie auf einer Parkbank mit einer alten Dame ins Gespräch kam. Die alte Dame erzählte, dass sie eben aus Lofer im Salzburgischen käme. »Dort ist es herrlich«, schwärmte sie, »und man trifft so interessante Leute. Zum Beispiel habe ich den Oskar Sima mit Frau und Kind gesehen.«

Fassungslos fuhr Frau Woiwode-Sima mit dem nächsten Zug nach Lofer. Und traf dort ihren Mann in den Armen seiner langjährigen Freundin. Mit dabei auch deren gemeinsame Tochter…

Ende der fünfziger Jahre schlitterte die Wien-Film in eine Krise, von der Hans Holt dachte, sie würde vielleicht fünf Jahre dauern. »Doch da habe ich mich gründlich getäuscht, denn die Krise dauerte ein Vierteljahrhundert.«

Nicht nur Geldmangel und das Aufkommen des Fernsehens waren am Sterben der österreichischen Kinoproduktion schuld, erklärte mir Karl Hartl 1978, als sich das Ende der Wien-Film schon abzeichnete: »Es gibt bei uns keine Stars mehr«, befand er, »deretwegen man ins Kino gehen würde.« Genau das wollte man lange nicht zur Kenntnis nehmen. Und produzierte mit gigantischen Verlusten munter weiter. Bis zum bitteren Ende.

Mitte der achtziger Jahre wurde die Wien-Film als Produktionsstätte gesperrt. Nur ein Wunder hätte die Ateliers, in denen einst Alexander Girardi, Hans Moser, Paula Wessely und Hans Holt ihre Filme drehten, retten können. Doch Wunder gibt's nur im Kino.

Hollywood in Rot-Weiss-Rot

Der Regie-Sir

Ein Nachmittag mit Billy Wilder

Mit Billy Wilder, Hollywood, im Oktober 1986.

»*Die beiden bedeutendsten Wörter der Filmindustrie sind Billy und Wilder.*«

ALFRED HITCHCOCK

Wenn man so alt ist wie ich«, schießt Billy Wilder los, »kann man lügen, so viel man will. Es lebt sowieso kein Mensch mehr, der das Gegenteil behaupten könnte.« Die Pointe sitzt, als hätte er sie für einen Dialog zwischen Jack Lemmon und Walter Matthau geschrieben. Die spielten unter seiner Regie ebenso wie die Monroe, die Dietrich, Gary Cooper und Kirk Douglas. Drunter macht er's nicht. Von hundert Jahren Hollywood hat der gebürtige Österreicher mehr als fünfzig miterlebt, die große Zeit der Traumfabrik geprägt, ja beherrscht. Denn am Erfolg seiner Filme wurden alle anderen gemessen.

Ein Nachmittag mit Billy Wilder in seinem kleinen Büro Ecke Santa Monica Boulevard/Rodeo Drive in Los Angeles kann so spannend sein wie *Zeugin der Anklage*, so komisch wie *Extrablatt* und fast so dramatisch wie *Reporter des Satans*.

»Einerseits heißt es, Hollywood ist tot«, setze ich zu einer Frage an, »auf der anderen Seite ...«

»... hört man immer wieder vom erfolgreichsten Film aller Zeiten. Da kann doch was nicht stimmen, meinen Sie.« Als gelernter Journalist, der Mitte der zwanziger Jahre für die Wiener Zeitung *Die Stunde* an einem Tag Sigmund Freud, Richard Strauss und Arthur Schnitzler interviewte, kennt er meine Fragen so gut wie seine Antworten.

Reporter und Gesprächspartner in Personalunion, führt er das Interview in Beverly Hills, dem Nobelbezirk von Los Angeles, bravourös weiter. »Beides ist wahr. Hollywood ist tot, und es werden die erfolgreichsten Filme aller Zeiten gedreht. 90 Prozent der Filme, die heute produziert werden, spielen ihr Geld nicht ein, acht Prozent machen ein bisschen Geld. Und zwei Prozent sind der größte Erfolg aller Zeiten. Sie wollen wissen, was sich sonst noch geändert hat?«

»Ja.«

»Alles. Da waren einmal die mächtigen Produktionsfirmen. Paramount hatte 100 Schriftsteller unter Vertrag, bei MGM waren Clark Gable, Spencer Tracy, Joan Crawford fix engagiert und haben jedes Jahr drei Filme gedreht. Heute ist kein Mensch mehr unter Vertrag. Sylvester Stallone, Robert Redford, die machen alles selber, sie schreiben, produzieren, inszenieren, schneiden ihre Filme. So wie wir ja auch keine Komponisten mehr brauchen, seit die Popstars komponieren.«

»Die heutigen Stars sind also ...«

»... intelligenter, weil sie alles allein schaffen? Keine Spur. Sie machen sich nur *noch* mehr wichtig als die früheren Stars. Und sie wollen das ganze Geld selber einstreifen.«

Meine nächste *nicht* gestellte Frage: »Mr. Wilder, Sie haben praktisch mit allen Großen gedreht, von Audrey Hepburn über Maurice Chevalier bis Shirley MacLaine. Können Sie die Faszination erklären, die solche Persönlichkeiten auf das Publikum ausüben?«

»Wir nennen es das Element X, das Unbekannte«, sagt er, »wüßten wir, wie man einen Star erzeugt, wären wir Milliardäre. Man sieht ein interessantes Gesicht, dreht einen Film und hat keine Ahnung, ob's ankommt. Erst auf der Leinwand erkennt man: Der ist phänomenal oder der ist eine Null. Nur soviel steht fest: Der Film, ich meine das Material, muss ihn lieben.«

»Andere Kriterien gibt's nicht?«, nütze ich die Zehntelsekunde, in der er sich eine dicke Zigarre anzündet.

Wilder pafft und spricht: »Schauen Sie, früher einmal, da mussten die Stars schöne Menschen sein, aber das ist vorbei. Ist ein Schauspieler heute 1,80 groß und gerade gebaut, dann lebt er in der falschen Zeit. Ein Buckliger kann viel eher ein Star werden. Er muss nur irgendwas haben. Wie Robert De Niro oder Dustin Hoffman – im Moment sind die Zwerge modern.«

»Wieso das so ist?«, fragt er sich. »Na ja, damit wird dem Publikum suggeriert, wenn der nicht schön ist, muss er was Interessantes haben. Wann erscheint das Interview?«

»Nächste Woche.«

»Da kann das schon wieder ganz anders sein.«

Wie in seinen Filmen lässt Billy Wilder auch hier, in seinem Büro im »Writer's Building«, nur wenige Meilen von Hollywood entfernt, keinen Augenblick ungenutzt vergehen. Während er erzählt, hebt er den Telefonhörer ab, wählt Nummern, legt auf, verlässt den Schreibtisch, holt ein Buch aus dem Regal, setzt sich nieder, fragt, was es in Wien Neues gibt, putzt einen Oscar, spricht von geplanten Filmprojekten, über die man noch nicht sprechen kann. Und das alles auf Deutsch-Amerikanisch mit Josefstädter Einschlag.

»Es gibt ja jetzt wieder einen österreichischen Schauspieler, der in Hollywood Karriere gemacht hat. Wie heißt er?«, fragt Billy Wilder.

»Schwarzenegger«, antworte ich.

»Nein, ich mein' den ernsten, nicht den starken.«

»Brandauer.«

»Oh yes, aber das ist eine Ausnahme. Das Glück von Hollywood ist die Sprache, Englisch ist international. Sie können heute der größte Poet der Welt sein, wenn Ihre Muttersprache Bulgarisch ist, bekommen Sie den Nobelpreis mit 93 oder wahrscheinlich gar nicht.«

Billy Wilders Muttersprache ist Deutsch, und er hat immerhin sechs Oscars eingestreift – die während unseres Gesprächs hinter ihm ganz selbstverständlich im Regal herumstehen. 1906 im damals österreichischen Galizien als Sohn eines Hoteliers geboren, besuchte er in Wien das Realgymnasium, wurde Sport- und Kriminalreporter, ging dann als Eintänzer nach Berlin und verfasste dort seine ersten Drehbücher. 1933, nach der Machtergreifung Hitlers, emigrierte er über Frankreich in die USA, wo er einer der originellsten und erfolgreichsten Regisseure wurde.

»Hollywood«, sagt er jetzt, »übt auf die Europäer immer noch die größte Faszination aus, es interessiert sie, was für Eisschränke, Möbel, Hüte die Amerikaner haben. Damit hat Hollywood nicht nur dem Film, sondern ganz Amerika Ansehen und Reichtum gebracht. Wie Amerika heute in der Welt dasteht, ist in erster Linie Hollywood zu danken. Aber das erkennen die in Washington natürlich nicht. Sie glauben, dass wir, die Leute vom Film, zu viel Geld verdienen und das Monopol besitzen, mit schönen Mädchen zu schlafen. Das ist bloßer Neid, sie hätten's selber gern.«

Während er Luft holt, hake ich ein. »Hollywood hatte doch mit Ronald Reagan lange Zeit sogar einen Präsidenten im Weißen Haus sitzen.«

»Reagan? Mit dem hat das nichts zu tun, schuld ist die Administration. Außerdem war er in Hollywood dritte Garnitur. Wenn man den John Wayne und den Glenn Ford und den William Holden nicht bekommen hat, dann hat man den Reagan genommen. Ob ich ihn persönlich kenne? Ja, seine erste Frau Jane Wyman hat in meinem Film *Verlorenes Wochenende* die Hauptrolle gespielt. Wie er ist? Mein Gott, nicht unsympathisch, aber er war hier einer von Tausenden Schauspielern, über die man sich keine besonderen Gedanken gemacht hat. Wer hätte gedacht, dass der einmal Präsident der Vereinigten Staaten wird? Kein Mensch!«

Und dann aus dem Blickwinkel des Regisseurs: »Für einen Politiker ist er ein guter Sprecher. Nicht so elegant wie Kennedy, aber repräsentativer als Chruschtschow, er läßt sich gut fotografieren, Sie verstehen, was ich meine?«

»Ich verstehe«, wollte ich sagen, aber da hatte er sich schon wieder die nächste Frage gestellt: »Ob Hollywood Zukunft hat? Aber sicher! Es heißt immer, das Fernsehen macht *alles* kaputt. Sehen Sie, das stimmt überhaupt nicht. Klopapier zum Beispiel wird es trotz Fernsehen immer geben.«

Billy Wilder ist wieder aufgestanden, er geht in dem kleinen Zimmer auf und ab, schaut zum Fenster hinaus. »Kennen Sie die Buchfeldgasse in Wien?«, fragt er unvermittelt, ohne meine Antwort abzuwarten. »Dort war mein Gymnasium – vis-à-vis von einem stadtbekannten Stundenhotel. Mein Beobachtungspunkt im Klassenzimmer war direkt am Fenster. Es hat Jahre gedauert, bis ich zu verstehen begann, was sich da drüben abspielte. Ich saß da, und während der Geografie-Professor über die Anden und Südamerika sprach, waren meine Gedanken bei der üppigen Rothaarigen im Hotelzimmer gegenüber. Ob die Blicke durchs Fenster Einfluss auf meinen Film *Irma La Douce* hatten? Darauf können Sie Gift nehmen. Der Stoff Ihres Anzugs ist sicher nicht billig, als ich damals Journalist war in Wien, hätt' ich mir den nicht leisten können, freut mich, dass sich die Zeiten geändert haben. Ich muss jetzt zum Zahnarzt, der kommt eigens für mich angeflogen, aus San Diego. Auf Wiedersehen.«

»Auf …« Weg ist er.

Es war wie im Kino. Buch und Regie: Billy Wilder.

Von »High Noon« bis »Casablanca«

Österreicher in der Filmmetropole

Mit Paul Henreid, Wien, im Oktober 1989.

Die Behauptung, Hollywood könnte ohne Österreich nicht existieren, ist pure Übertreibung. Denn Marilyn Monroe stammt leider nicht aus Attnang-Puchheim und Cary Grant nicht aus Gumpoldskirchen. Keineswegs übertrieben ist jedoch die Behauptung, dass österreichische Schauspieler und Regisseure für den Erfolg einiger der besten Filme Hollywoods verantwortlich sind. Und dass sie die amerikanische Filmindustrie mit geprägt haben. Hollywood wäre nicht Hollywood, hätte der Österreicher Billy Wilder nicht *Manche mögen's heiß* oder *Irma la Douce* gedreht. Wären unter Otto Preminger nicht *Exodus* und unter Fred Zinnemann nicht *12 Uhr Mittag* entstanden. Aber auch österreichische Schauspieler wie Hedy Lamarr, Francis Lederer und Peter Lorre haben Amerikas Traumfabrik beeinflusst. Ebenso wie der aus Österreich stammende Hollywoodstar Paul Henreid, der mit dem Film *Casablanca* weltberühmt wurde.

Henreid, im Jahre 1908 als Baron von Hernried in der österreichisch-ungarischen Monarchie zur Welt gekommen, war ein Herr der alten Schule. »Oh ja, die Österreicher haben den amerikanischen Film enorm beeinflusst«, erzählte er mir, als er sich im Herbst 1989 in Wien aufhielt. »In der Frühzeit von Hollywood waren Gestik und Mimik schrecklich übertrieben. Bis Fritz Lang und Billy Wilder dem amerikanischen Film zu realistischen Szenen, zu Witz und Erotik verhalfen. Ihre europäische Herkunft und Erziehung, die Schule Max Reinhardts, haben dabei eine große Rolle gespielt.«

Und Henreid schilderte, wie er selbst die Handlung eines berühmten Hollywoodfilms verändert hat: »Ich erhielt 1942 das Angebot, die Rolle des Victor Laszlo in *Casablanca* zu spielen, aber das Buch gefiel mir gar nicht. Ich übernahm die Rolle unter der Bedingung, dass die Handlung geändert würde. In der ursprünglichen Fassung sollte mich Humphrey Bogart am Ende des Films niederschießen, daraufhin mit Ingrid Bergman ins Flugzeug steigen und im Nebel verschwinden. Ich lehnte diese Szene als unrealistisch und kitschig ab. Und so kam es, dass ich – statt zu sterben – mit Ingrid Bergman, die meine Frau spielte, über Lissabon nach Amerika flog.«

Regisseur des Oscar-gekrönten Kultfilms war übrigens Michael Curtiz, der als Michael Kertesz ebenfalls in Österreich-Ungarn geboren wurde. »Österreichische Regisseure haben Hollywood mitgeprägt«, bestätigt Cornelius Schnauber, Professor für deutsche Literatur an der Universität von Südkalifornien. »Der Wiener Eric von Stroheim hat in Hollywood die sozialkritische Handlung etabliert, Fritz Lang war der erste, der im Kriminalfilm Verbrechen analysierte und den Motiven der Täter nachging. Und er war es, der den Übergang vom Stummfilm zum Tonfilm meisterhaft vollzog.« Der Alt-Österreicher Billy Wilder – neben Alfred Hitchcock

Hollywoods erfolgreichster Regisseur – stellt für Schnauber »eine geniale Mischung aus Wiener Charme, Berliner Witz und jüdischer Melancholie dar. Er hat diese drei wichtigen Elemente des amerikanischen Films in Hollywood eingeführt.« Ebenso wie Wilders Kinoklassiker bescherten auch die Filme der gebürtigen Wiener Fred Zinnemann (*Verdammt in alle Ewigkeit*) und Otto Preminger *(Laura)* Millionen Menschen in aller Welt Sternstunden.

Weniger erfreulich als das Ergebnis ihrer Tätigkeit war in vielen Fällen das Motiv der Emigration. Der Zustrom der Hollywood-Legenden aus Österreich erfolgte in drei Abschnitten:

Zur Jahrhundertwende kamen die Wiener Filmpioniere Eric von Stroheim und Josef von Sternberg.

In den zwanziger Jahren folgten Fred Zinnemann sowie Joe Pasternak, der dann Produzent einiger der ganz großen Sinatra-, Gene-Kelly- und Doris-Day-Erfolge war.

1938 waren es schließlich jene Österreicher, die von den Nazis aus ihrer Heimat vertrieben wurden. Zu ihnen zählen die Regisseure Fritz Lang (*Rache für Jessy James*), Otto Preminger (*Anatomie eines Mordes*), Billy Wilder (*Reporter des Satans, Zeugin der Anklage, Extrablatt*), der Produzent und Oscar-Preisträger Sam Spiegel (*African Queen, Die Brücke am Kwai, Lawrence von Arabien*) sowie der Drehbuchautor und Oscar-Preisträger Walter Reisch (*Untergang der Titanic, Das Haus der Lady Alquist*).

Eine besondere Ironie des Schicksals war es, dass jüdische Schauspieler aus Österreich wie Fritz Kortner und Ernst Deutsch in der Filmmetropole die Nazis spielen mussten, von denen sie aus der Heimat vertrieben wurden. Denn sie waren in Hollywood die Einzigen, die den deutschen Akzent beherrschten.

Karriere in der amerikanischen Filmmetropole machte auch der aus Österreich stammende Schauspieler Turhan Bey, der 1945 durch *Dragon Seed* mit Katherine Hepburn bekannt wurde. Und Francis Lederer, der im Mai 2000 starb, und bis zuletzt – im Alter von 100 Jahren noch – in der National Academy of Performing Arts eine Schauspielklasse unterrichtete. Jahrzehntelang einer der schönsten Männer Hollywoods, spielte er die Liebhaber an der Seite von Ikonen wie Ginger Rogers, Maureen O'Hara und Olivia de Havilland. Im Billy-Wilder-Film *Enthüllung um Mitternacht* sagt die bildschöne Claudette Colbert zu ihm: »Du darfst nie heiraten! Es würde zu viele Frauen enttäuschen.«

Nicht zu vergessen sind zwei Hollywoodstars mit österreichischen Wurzeln. Der Vater des genialen Filmtänzers Fred Astaire hieß Franz Austerlitz und lebte als k. u. k. Unteroffizier in Wien und Eisenstadt, ehe er 1895 – vier Jahre vor der Geburt seines Sohnes Fred – nach Amerika auswanderte. Und auch die Eltern des amerikanischen Tarzan-Helden Johnny Weissmüller stammten aus Österreich.

Nach 1945 machten sich Oskar Werner, Bernhard Wicki, Senta Berger, Klaus Maria Brandauer und Arnold Schwarzenegger in der Filmmetropole einen Namen.

Wie wichtig gerade in Hollywood eine gehörige Portion Selbstbewusstsein ist, zeigte Fred Zinnemann, als er in einem Fernsehporträt gefragt wurde: »Haben Sie sich nicht gewundert, Mr. Zinnemann, dass Ihr Film *High Noon* 1962 nicht weniger als sieben Oscars bekommen hat?«

Zinnemann saß elegant, zierlich und bescheiden in seinem Fauteuil und sagte nur ein Wort: »Nein!«

Wenn Sterne verblassen

*Legende und Wirklichkeit
der Hedy Lamarr*

Hedy Lamarr, ganz oben war sie. Und ganz unten. Kein anderer Name zeigt so dramatisch auf, wie Hollywood mit seinen Stars umgeht, sie in den Himmel hebt, um sie dann wieder in die Hölle des Vergessens fallen zu lassen.

Als Tochter eines Bankdirektors und einer Konzertpianistin 1914 in Wien zur Welt gekommen, trat Hedwig Kiesler – so ihr bürgerlicher Name – nach der Schauspielausbildung bei Max Reinhardt am Theater in der Josefstadt auf. Dank ihrer Tätigkeit als Scriptgirl erhielt sie erste Filmrollen, eine davon 1932 in *Man braucht kein Geld* mit Hans Moser und Heinz Rühmann. Niemand konnte damals ahnen, dass ihr Name nur ein Jahr später um die Welt gehen sollte.

Das lag an einem ziemlich billig gemachten tschechisch-österreichischen Film namens *Ekstase*, in dem die 19-Jährige nackt in einem See badete und damit als erste Frau der Kinogeschichte ihren blanken Busen zeigte.

Hedwig Kiesler wird zur »Sexgöttin«, löst mit der Uraufführung aber auch einen handfesten Skandal aus. Besitzer von Lichtspieltheatern, die den Film zeigen, werden wegen des »Schmutz-und-Schund-Paragraphen« angeklagt (und später freigesprochen). Die nackte Schönheit freilich ist über Nacht so berühmt, dass einer internationalen Karriere nichts mehr im Wege zu stehen scheint.

Abgesehen von der Liebe. Sie heiratet den Besitzer und Präsidenten der Hirtenberger Patronenfabrik. Und der will absolut nicht, dass seine Hedwig weiterhin Filme dreht. Mehr noch, der extrem eifersüchtige Industrielle Fritz Mandl kauft nach der Hochzeit alle verfügbaren Kopien des *Ekstase*-Films auf, um zu verhindern, dass je wieder ein Kinobesucher den Busen seiner schönen Frau bewundern kann.

Dies erfährt Italiens Diktator Benito Mussolini, der auf den Fabrikanten schlecht zu sprechen ist. Denn Mandl stand Mussolini vertraglich mit einer größeren Patronenlieferung im Wort. Als der Wiener nun aber die dem »Duce« zugesagte Munition statt nach Rom zu Hitler nach Berlin schickte – weil der »Führer« einen höheren Preis zahlte – schwor Mussolini Rache.

Und er lässt in allen Kinos von Rom eine Woche lang *Ekstase* spielen.

Die Ehe mit dem um fünfzehn Jahre älteren Fabrikanten ist aber – Mussolini hin, Filmkarriere her – ohnehin nicht zu retten. Der »Patronen-Mandl«, wie er genannt wurde, hält seine junge Frau buchstäblich wie eine Gefangene in seinem Jagdschloss im niederösterreichischen Schwarzau fest. Sie bricht aus, verlässt Österreich und unterschreibt 1937 einen Zehnjahresvertrag mit Metro Goldwyn Mayer.

In Hollywood sollte die nunmehr geschiedene Frau Mandl sofort erfahren, was perfekte Vermarktung im Showbusiness bedeutet. Als Erstes wird ihr in Erinnerung an den verstorbenen Stummfilmstar Barbara LaMarr der Künstlername Hedy Lamarr zugewiesen. Filmmogul Louis B. Mayer propagiert die Wienerin als »most beautiful girl in the world« und vertraut ihr in *Algiers* neben Charles Boyer die weibliche Hauptrolle an. Der Film wird ein Erfolg, zeigt aber auch, dass Hedy Lamarrs bezaubernde Erscheinung ihre geringen Ausdrucksmöglichkeiten nur begrenzt zuzudecken vermag. Schon seinerzeit in Wien, bei den *Ekstase*-Dreharbeiten, wurde gemunkelt, dass sie den Schmerz in einer dramatischen

Szene erst zeigen konnte, als ihr der Regisseur von hinten mit einer langen Stecknadel ins Gesäß stach …

Dennoch dreht die zur Hollywood-Ikone hochstilisierte Wienerin jetzt einen Film nach dem anderen und begreift sehr schnell, was zu geschehen hat, um sich in der Traumfabrik als Kultfigur zu etablieren. So lässt sie ihre Garderobe in den MGM-Studios dreimal tapezieren, weil der Farbton nicht zu ihrem Teint passt. So badet sie morgens in flüssiger Milchschokolade, um ihrer Haut besondere Bräunung zu verpassen. Und so ist sie auch die erste Schauspielerin, die im Film ihr Gesicht in Großaufnahme zeigt, während sie einen Orgasmus erlebt.

Im entscheidenden Moment aber begeht sie den Fehler ihres Lebens. 1941 wird Hedy Lamarr das Angebot unterbreitet, die Rolle der schönen Ilsa Laszlo in *Casablanca* zu spielen. Die bereits als exaltiert verschriene Schauspielerin lehnt ab (wie übrigens auch Ronald Reagan ablehnte, die Rolle des Nachtclubbesitzers Rick zu spielen, für die dann Humphrey Bogart engagiert wurde).

Die Lamarr jedenfalls verhilft Ingrid Bergman, die den Part übernimmt, zu Weltruhm. Und hat ihrer Karriere mit dieser Absage einen nie wieder gut zu machenden Knick verpasst. Zwar verführt sie in 22 Filmen immerhin Größen wie James Stewart, Clark Gable, Spencer Tracy und Robert Taylor, kommt beim amerikanischen Kinopublikum aber ebenso schnell wieder aus der Mode wie sie es erobert hatte. Auch ihre Hauptrolle in dem 1949 von Cecil B. De Mille gedrehten Historienspektakel *Samson und Delilah* mit Victor Mature kann den Abstieg nicht verhindern.

Während des Zweiten Weltkriegs machte sie auf ganz andere Weise von sich reden: Im Patentamt der Vereinigen Staaten von Amerika ist unter der Nummer 2,292.387 eine »Funkfernsteuerung für Torpedos« registriert. Hedy Lamarr hat diese strategisch nicht unbedeutende Erfindung gemeinsam mit dem Komponisten George Antheil entwickelt und damit den störsicheren Betrieb des Handytelefons voraus geahnt. Weiters erfreute sich bei den US-Truppen im Zweiten Weltkrieg eine von ihr erdachte Brausetablette mit Coca-Cola-Geschmack großer Beliebtheit.

Eine Zeit lang blieb Hedy Lamarr noch ein Star für die Medien – auch ohne durch weitere Filmerfolge aufzufallen. In erster Linie dank ihrer, selbst für amerikanische Verhältnisse, rekordverdächtigen Heirats- und Scheidungsraten. Kaum eine ihrer sechs Ehen hielt länger als ein, zwei Jahre. »Ich habe viele Fehler gemacht«, bekannte sie, »denn ich habe nicht nur die falschen Filme ausgewählt, sondern auch die falschen Männer.«

Doch die Lamarr sollte noch tiefer fallen. Sie gründete eine Produktionsfirma, ging damit Pleite und verlor den verbliebenen Rest ihres einstigen Vermögens. Zuletzt musste sich die Frau, die mit ihren Filmen dreißig Millionen Dollar verdient hatte, zweimal wegen Ladendiebstahls vor Gericht verantworten.

»Ich denke oft an meine Kindheit in Pötzleinsdorf«, sagte sie kurz vor ihrem Tod zu dem Wiener Journalisten Hans Janitschek. »Ich denke an meinen ersten Geliebten, den Schauspieler Wolf Albach-Retty, und an die Blumen des Rathausparks. Es waren die schönsten Jahre meines Lebens.«

Ihr Schicksal zeigt auf, wie grausam Hollywood sein kann. Die einstige Diva stirbt, 86 Jahre alt, im Jänner 2000 in Orlando/Florida. Allein, verarmt und vergessen.

Und doch wird sie für alle Zeiten eine Legende der Filmfabrik bleiben.

Die ganz Grossen des Kabaretts

Schau'n Sie sich den an

Erinnerungen an Karl Farkas

Mit Karl Farkas (und Fred Weis, rechts), Wien, im Kabarett Simpl, 1970.

Es war im Herbst 1969, als ich Maxi Böhm fragte, ob es im Kabarett »Simpl« nicht einen Posten für mich gäbe. Denn ich war ein hundertprozentiger Farkas-Fan.

Am nächsten Tag sagte Maxi Böhm zu mir, dass er mit Farkas gesprochen und dieser zu ihm gesagt hätte, es wäre zur Zeit nur eine Stelle frei: die des Requisiteurs und Kulissenschiebers. Obwohl der Job keineswegs meinen jugendlichen Karrierevorstellungen entsprach, musste ich keine Sekunde nachdenken. Ich nahm an. Und so war ich ein Jahr lang um ihn, konnte Karl Farkas täglich auf der Bühne, bei den Proben, in seiner Garderobe beobachten. Nach einigen Monaten wurde ich eine Art Assistent, dem Farkas auch kleine Schreibarbeiten und noch kleinere Rollen – wie die eines Polizisten in der Revue *Gangster über Wien* – anvertraute.

Wir trafen uns im Kaffeehaus, besprachen Details der nächsten Premiere und seiner Fernsehsendungen. Abends, nach der Vorstellung, fuhr ich ihn oft nach Hause, und im Auto erzählte er mir dann aus seinem bewegten Leben, wobei wir manchmal bis zu einer

Stunde vor seinem Haustor saßen, ehe er sich verabschiedete. Einmal gab er mir – da ich mit meinen 19 Jahren noch schwankte, ob ich das Schreiben oder das Theaterspielen zu meinem Beruf machen sollte – den weisen Rat, »es vielleicht doch lieber mit dem Schreiben zu probieren«.

Wien, am 28. Oktober 1893. Der Schuhfabrikant Moriz Farkas und seine Gattin Franziska geben die Geburt ihres jüngsten Sohnes bekannt. Der stolze Vater wird gefragt: »Wie soll er denn heißen, der Bub?« Moriz Farkas antwortet: »No, wie wird er heißen? Professor Karl Farkas natürlich!«

Wie anders als kabarettistisch-pointiert hätte Karl Farkas rund siebzig Jahre später – auf der Bühne des »Simpl« – seine eigene Geburt kommentieren sollen. Dennoch: Der Mann, den man »das Lachen des Jahrhunderts« nannte, der Generationen in guten wie in schlechten Zeiten königlich zu unterhalten verstand, der die große Kabaretttradition der zwanziger und dreißiger Jahre in unsere Tage herüberretten konnte, war ein durch und durch ernster Mensch. Der auch ungeduldig, ja geradezu schroff sein konnte – vor allem dann, wenn irgendetwas nicht so lief, wie er als Perfektionist es erwartete.

Ich weiß ein Lied davon zu singen, hatte ich doch am Beginn meiner Tätigkeit im »Simpl« keine Ahnung, wie ein Theaterbetrieb funktionierte. Dementsprechend klappte auch vieles nicht, was in meinem Tätigkeitsbereich lag, vor allem standen andauernd falsche Requisiten auf der Bühne. Einmal, als Farkas in einem Sketch als Sherlock Holmes auftrat, fehlte die Pfeife. Und manchmal wache ich heute noch, dreißig Jahre später, schweißgebadet auf, weil mir im Traum die Szene »Banküberfall« einfällt, in der auf dem Pult, an dem Farkas als Bankkassier Kowalski saß, das Telefon läutete – obwohl gar keines da war!

Als die Probenzeit vor der ersten Premiere vorbei und meine ärgsten Schnitzer überstanden waren, entspannte sich unser Verhältnis zusehends. Und es wurde mit jeder seiner Erzählungen in meinem kleinen, für 5000 Schilling erstandenen Auto herzlicher. Es war typisch für ihn, dass er einige Zeit brauchte, um fremden Menschen vertrauen zu können.

Wen wundert's, das Schicksal hatte mit Tiefschlägen in seinem Leben nicht gespart.

Im Nachlass von Karl Farkas fand ich einen Brief, den Frau Käthe Treitinger an den bereits berühmten Kabarettisten geschickt hatte. Die Nachbarin aus den Tagen der Kindheit in der Grünen Thorgasse am Wiener Alsergrund beweist uns mit ihren Zeilen, dass der kleine Karl schon humorbegabt war: »Mein erster und nachhaltigster Eindruck waren Sie, Herr Farkas, als Sie im Garten Witze erzählten. Ich habe mich schon damals dankbar unter Ihr Publikum gemischt und andächtig zugehört.«

Von einer künstlerischen Laufbahn sollte freilich vorerst keine Rede sein, hatten die Eltern doch exakte Pläne für die Zukunft ihrer Kinder geschmiedet: Karls Bruder Stefan sollte die väterliche Schuhfabrik übernehmen, Elisabeth und Käthe, die beiden Schwestern, waren ausersehen, dereinst »gute Partien« zu machen. Und Karl sollte Jus studieren.

Als 16-jähriger Gymnasiast verfasste er einen Einakter, den er zur Aufführung im Intimen Theater auf der Praterstraße einreichte. »Eines Tages bin ich nach der Schule mit der Straßenbahn in das Theater gefahren«, erzählte er mir während einer nächtlichen

Aufofahrt. »Bevor ich mich aber in die Direktion wagte, deponierte ich die Schultasche im gegenüberliegenden Kaffeehaus, weil einen Dichter mit einer Schultasche kein Mensch ernst genommen hätte.« Der Einakter – er trug den Titel *Wenn Frauen wollen* – wurde angenommen und am Intimen Theater mit großem Erfolg gespielt.

Als er den Eltern gestand, dass er Schauspieler werden wollte, kam es zu einer erregten Auseinandersetzung. »Niemals«, schrie der Vater, und Karl zog sich auf sein Zimmer zurück, um, wie er sagte, Schulaufgaben zu machen. In Wirklichkeit arbeitete er bereits an seinem zweiten Einakter.

Nie und nimmer, das wusste Karl jetzt, würde er unter normalen Umständen die Einwilligung zu einer Theaterkarriere erhalten. Aber die Umstände waren alles andere als normal. Auch Karls älterer Bruder zeigte künstlerische Ambitionen, wollte Maler werden. »Womit hab' ich das verdient?«, brüllte der Vater. »Gleich zwei missratene Söhne. Niemals, das ist mein letztes Wort.«

Lautes Türknallen. Stefan Farkas erhängte sich, keine zwanzig Jahre alt, in seinem Zimmer in der elterlichen Wohnung.

Der Vater erkannte nun, wohin sein autoritäres Verhalten geführt hatte. Noch unter schwerem Schock stehend, sagte er zu Karl: »Mein Sohn, ich will dich zu nichts zwingen. Mach deine Matura und werde dann, was du für richtig hältst.«

Karl Farkas besuchte die Akademie für Musik und darstellende Kunst, in der die spätere Burgschauspielerin Adrienne Gessner seine Studienkollegin war. Sie erinnerte sich: »Obwohl er kein ›schöner Mann‹ war, erkannten unsere Lehrer, dass aus ihm, auch in einem von Äußerlichkeiten geprägten Beruf, etwas Besonderes werden könnte.«

Doch Farkas musste warten. Kaum hatte er die Schauspielschule absolviert, ging die Nachricht von der Ermordung des Erzherzogs Franz Ferdinand um die Welt. Und es folgte die Kriegserklärung Österreich-Ungarns an Serbien.

Das Wort *Kriegserklärung* definierte der Kabarettist Karl Farkas viel später dann so: »Einen *Krieg* muss man nämlich *erklären*. Sonst versteht ihn keiner!«

Farkas meldete sich zu den Honvéds, brachte es bis zum Leutnant. Bei Přemysl verwundet, nahm er dennoch an den Isonzoschlachten teil und erkannte nach Kriegsende (natürlich im »Simpl«): »Der Krieg zerstört das, was er zu beschützen vorgibt, und bringt die Menschen um, damit sie einer besseren Zukunft entgegensehen.«

1918 war's endlich so weit, Farkas konnte nach Kriegsende zum Theater gehen. Nach Engagements in Olmütz, Mährisch-Ostrau und Linz holte ihn die Neue Wiener Bühne. »Ich habe Klassiker und Komödien gespielt«, erinnerte er sich während einer unserer Autofahrten, »aber auf die Idee, Kabarettist zu werden, wäre ich nie gekommen – Kabarettisten zählten für mich in dieser Zeit noch zur Gattung niederer Lebewesen.«

Nebenbei schrieb er immer noch Stücke, und er war wie Karl Kraus, Anton Kuh, Peter Altenberg, Egon Friedell und Alfred Polgar Stammgast im berühmten Café Central. »Wir Jungen durften ja nicht ganz in die Nähe dieser Berühmtheiten«, erzählte er. Und musste lachen, wenn er an seine Nachmittage als finanzschwacher Literat im Central dachte: »Gleich nach dem Mittagessen kamen wir hin, haben unzählige Gläser Wasser und Zeitungen konsumiert, bis vier Uhr nachmittag saßen wir dort und dann sagten wir noch zum Ober: ›Jean, reservieren Sie mir meinen Stuhl, ich geh' nur rasch nach Hause einen Kaffee trinken!‹«

»Ein Gulasch kostete eine Million Kronen«, so Farkas über die Inflationszeit, »ich verdiente 600 000 – also einen halben Erdapfel. Meine Gage wurde mit jedem Tag größer – und doch kleiner! Als sie bei fünf Millionen hielt, musste ich etwas tun, um nicht zu verhungern.«

Da sprang ihm eines Tages im *Wiener Tagblatt* folgendes Inserat ins Auge: »Das Cabarett ›Simplicissimus‹ sucht Nachwuchskräfte.« Farkas ging hin und bewarb sich als Blitzdichter – ein völlig neuer Berufsstand, den er hiermit erfunden hatte. »Nennen Sie mir ein Thema«, sagte Farkas zum »Simpl«-Direktor Egon Dorn, »und ich mach' Ihnen ein Gedicht daraus.«

Er wurde engagiert, trat täglich – nach der Vorstellung an der Neuen Wiener Bühne – im »Simpl« auf. Das Publikum rief ihm die Namen berühmter Künstler zu. Und Farkas dichtete »blitz«:

> *Die Frau, der ich mein Interesse lieh,*
> *Das ist die Paula Wessely.*
>
> *Glaubt mir, dass ich euch keinen Schmäh sag',*
> *Der beste Sänger ist der Slezak.*

Zeitzeuge Marcel Prawy erinnert sich, wie Farkas reagierte, als ihm der Name des Geigers Jan Kubelik zugerufen wurde:

> *Wenn ich in der Stube lieg',*
> *Denk ich an den Kubelik.*
> *Der hat sogar bei Richard Strauss,*
> *Die allerbeste Strichart 'raus.*

Farkas wurde als neuer Star unter den Kabarettisten gefeiert. Dennoch gab er die Hoffnung nicht auf, weiterhin ein seriöser Schauspieler bleiben zu können. Und machte sich selbst lustig darüber: »Ich komm' noch einmal ans Burgtheater. Und wenn ich mir eine Karte kaufen müsste!«

Er war über Nacht ein berühmter Mann. Die Wiener stürmten das Kabarett auf der Wollzeile, um die neuesten Farkas-Reime zu hören:

> *Pflückt ein Mädel Ribisel,*
> *Zwickt man sie ins Knie bissel.*
> *Pflückt das Mädel Orchideen,*
> *Kriegt sie häufig Storchideen ...*

»Es war atemberaubend«, erinnerten sich »Simpl«-Besucher nach Jahrzehnten noch, »die Leute riefen ihm die dümmsten Sachen zu – und er machte daraus in Sekunden ein kluges Gedicht.« Als etwa der in Genf beheimatete Völkerbund den Sanierungsplan für Österreich genehmigte, »schüttelte« Farkas den Unterschied zwischen »Frankfurtern« und »Wienern« aus dem Ärmel:

> *Die Frankfurter werden mit Senf garniert,*
> *Die Wiener werden in Genf saniert.*

Am Theater war er ein erfolgreicher Schauspieler, im Kabarett aber die Sensation. Farkas trat weiterhin auf mehreren Bühnen auf und führte auch Regie. So inszenierte er in den Kammerspielen die Komödie *Konsul Max* mit Maria Eis, Hans Moser und einer hübschen jungen Schauspielerin namens Anny Hán, die bald eine wesentliche Rolle in seinem Leben spielen sollte.

Dabei begann die Beziehung mit einem Eklat: Als Anny den Regisseur bat, sie vormittags von der Probe wegzulassen, da sie einen Filmdrehtag hatte, lehnte Farkas ab, worauf sie zu ihm sagte: »Herr Farkas, Sie sind ein widerlicher Mensch.«

Etwas später besuchte Anny Hán einen »Bunten Abend« im Löwenkino, in dem Farkas auftrat. Die Leute nannten wieder Namen, Begriffe, Zitate – und er »dichtete blitz«. Plötzlich rief ihm Anny einen Satz aus ihrer Rolle in *Konsul Max* zu.

Da vergaß Farkas, dass er vor vielen Menschen auf der Bühne stand, und fragte ins Dunkel des Kinosaales hinein: »Anny, wo bist du, können wir uns treffen?« Zwei Tage später, am 10. Jänner 1923, gingen sie ins Café Heinrichshof. Und waren von nun an unzertrennlich. Im Jahr darauf wurde geheiratet – was Farkas nicht davon abhielt, im »Simpl« die folgende Conférence zu halten:

»Ehe ist, wenn ein bis dahin vollkommen normaler Mann das unbezwingliche Bedürfnis in sich fühlt, für eine ihm bis zu diesem Zeitpunkt wildfremde Frau auf Lebzeiten Kost, Quartier, Kleider und Wäsche gratis beizustellen. Wofür die Gattin ihrerseits sich verpflichtet, getreulich all jene Sorgen mit ihm zu teilen – die er nie haben würde, wenn er sie nicht geheiratet hätte.«

Das sagte er im Kabarett. Privat war er ein begeisterter Ehemann. Und er bestand darauf, dass seine Frau ihren Beruf aufgab. »Er war ja so eifersüchtig«, erinnerte sich Anny Farkas – mit der mich auch lange nach seinem Tod noch ein freundschaftliches Verhältnis verband –, »wenn ich auf der Bühne meinen Partner küssen musste, stand er im Zuschauerraum und hat sich furchtbar aufgeregt.«

Im »Simpl« traf Farkas auf Fritz Grünbaum, mit dem er die Doppelconférence kreierte.

FARKAS: Ich gehe vorgestern über die Straße – ein gellender Pfiff, ein Mann in jagender Hast an mir vorbei, trägt einen Frauenhut …
GRÜNBAUM: Auf dem Kopf?
FARKAS: In der Hand! Hinter ihm die Polizei. Der Mann hatte nämlich in dieser Nacht viermal in ein und demselben Modesalon einen Einbruch verübt.
GRÜNBAUM: Da muss er ja den ganzen Laden ausgeräumt haben.
FARKAS: Nein, einen einzigen Hut hat er gestohlen – für die Frau, die er liebte!
GRÜNBAUM: Warum musste er wegen eines Hutes viermal einbrechen?
FARKAS: Sie hat ihn immer wieder zurückgeschickt – umtauschen!

Zwischen Grünbaum und Farkas kam es zu einer – teils echten, teils gespielten – Rivalität. Und so sagte Grünbaum seinen »Widersacher« Farkas eines Tages auf der Bühne an: »Meine Lieben! Sie haben doch sicher schon davon gehört, dass ein Mensch, der plötzlich einer drohenden Gefahr gegenübersteht, in Sekundenbruchteilen sein ganzes Leben an sich vorüberziehen sieht. Mir ist das heute so ergangen: Ich wollt' die Kärntner Straße überqueren, da rast ein Automobil auf mich zu – ich hab' schon deutlich gesehen, wie ich unter die Räder komm. Und in diesem Moment, als mein ganzes Leben an mir vorüber huschte, hab' ich ein Gelübde getan: Wenn ich aus dieser Gefahr gesund herauskomme, werde ich ab jetzt immer zu allen Menschen gut und freundlich sein. Ich werde jeden, auch wenn ich ihn nicht schmecken kann, behandeln, als wäre er mein bester Freund. Als nächster im Programm kommt jetzt mein bester Freund Karl Farkas!«

Österreich erlebt die »wilden« zwanziger Jahre: Die Operette ist tot, aus Amerika kommt die Revue, Farkas und Grünbaum sind deren ungekrönte Könige. Moderne Rhythmen, Girls in prächtigen Kostümen, breite Treppen und ein Feuerwerk an Pointen, das ist die Revue. Die Menschen wollen vergessen, wie schwer die Zeiten sind, wollen unbeschwert lachen. Die erfolgreichste Farkas-Revue dieser Zeit heißt *Die Wunder-Bar*, sie geht um die Welt, vor allem aber ein Lied daraus:

> *Wenn die Elisabeth*
> *Nicht so schöne Beine hätt',*
> *Hätt' sie viel mehr Freud*
> *Mit dem neuen langen Kleid …*

Farkas, dem der Text überhaupt nicht gefiel, erzählte später: »Das Lied ist zugleich mit dem Stück in sämtliche Sprachen übersetzt worden. Und dabei ist es doch der größte Blödsinn, der je von einem Menschen geschrieben wurde.« Die *Wunder-Bar* lief in Rom, Paris, am Broadway und wurde in Hollywood verfilmt. Farkas war ein gemachter Mann.

Fast gleichzeitig spielte er in Wien die Rolle seines Lebens: Am Stadttheater hatte 1931 Ralph Benatzkys Singspiel *Im weißen Rössl* Premiere, mit Farkas als Schönem Sigismund.

Wie im Kabarett, versorgt er auch hier sein Publikum mit aktuellen Pointen. Farkas zum Zusammenbruch der Creditanstalt:

»Leute mit Plattfüß' sind jetzt die Glücklichsten. Sie sind die Einzigen, die ihre Einlagen herausnehmen können!«

Am 10. März 1938 ist im »Simpl« die letzte Doppelconférence zu hören. Fritz Grünbaum auf der abgedunkelten Bühne zu Farkas: »Ich sehe nichts, absolut gar nichts. Da muss ich mich in die nationalsozialistische Kultur verirrt haben.«

24 Stunden später hat sich die nationalsozialistische Kultur nach Österreich verirrt. Bundeskanzler Kurt Schuschnigg weicht der Gewalt, und den beiden jüdischen Kabarettisten wird der Eintritt in den »Simpl« verwehrt.

Einmal – im Café Windhag, nur ein paar Schritte vom »Simpl« entfernt – erzählte mir Farkas von der abenteuerlichen Flucht, die er nun vor sich hatte. Über Prag gelangte er nach Paris, wo man ihn als »feindlichen Deutschen« in ein Lager sperrte. Als die Hitler-Truppen in Frankreich einmarschieren, flüchtete er zu Fuß über die Pyrenäen nach Spanien. Wie er das schaffte, blieb seiner Frau ein Rätsel: »Mein Mann hatte keinen Orientierungssinn. Als ich ihn seinerzeit mit dem Auto in die Kammerspiele führte, hat er jeden Abend gesagt: ›Ich hätte nicht gewusst, wie ich fahren soll. Wie du das immer findest.‹ Und dieser Mensch ist bei Nacht und Nebel allein über die Pyrenäen gegangen!«

Sein Marschgepäck bestand aus fünf Paketen Gauloises-Zigaretten, einem Gilette-Klingenrasierapparat, einer Zahnbürste, Bleistift, Notizblock und dem Band *Mit 5 PS* von Kurt Tucholsky.

Aber auch Spanien, wohin er nach einer nächtlichen Gewalttour bei klirrender Kälte gelangte, sollte sich als gefährliches Pflaster erweisen. Tausende deutsche Soldaten befanden sich auf der Iberischen Halbinsel, erinnerte sich Farkas Jahrzehnte später im

Kaffeehaus: »Als ich die Grenze überschritten hatte, besorgte ich mir eine Baskenmütze und fuhr so, als Spanier verkleidet, per Bahn in Richtung Lissabon – wozu ist man gelernter Schauspieler? Ich spielte also einen Spanier. Doch plötzlich stieg ein SS-Mann ein und setzte sich in demselben Coupé ausgerechnet mir gegenüber. Ich saß da, ›als Spanier‹ – ohne ein Wort Spanisch zu können. Nicht auszudenken, was geschehen wäre, hätte der Mann vis-à-vis eine Konversation beginnen wollen.«

Über Barcelona gelangte er nach Lissabon, organisierte ein paar »Bunte Abende« für Emigranten und kaufte sich die Schiffskarte in der Touristenklasse nach New York. Er trat dort im Emigrantenkabarett »Old Europe« auf, ehe er mit Jan Kiepura und Marta Eggerth als Frosch in der *Fledermaus* und später dann als Baron Zeta in der *Lustigen Witwe* – Dirigent war Robert Stolz – auf Amerikatournee ging. Nebenbei verfasste er für den Broadway ein Musical über die Tragödie von Mayerling. Der Theaterproducer lehnte ab, verlangte eine neue Version: »Ein Happy End muss her!« Farkas weigerte sich, die österreichische Geschichte zu verfälschen. Mayerling mit Happy End wurde niemals aufgeführt.

In Amerika erfährt er nach Kriegsende von der Ermordung Fritz Grünbaums im KZ Dachau. Ich erinnere mich, mit welcher Hochachtung und Liebe Farkas ein Vierteljahrhundert später von seinem Freund und Lehrmeister sprach. Wut und Trauer waren in seiner Stimme, wenn er Grünbaums Schicksal beklagte. »Ich habe seinen Tonfall noch heute derart im Ohr, dass ich hoffe, die Pointen ganz im Sinne dieses großartigsten aller Brettl-Humoristen zu servieren. Erreichen kann ich seine Wirkung leider nicht, wie es auch nach mir wohl niemand können wird.«

1948 kehrt Karl Farkas, von den Wienern wie ein König empfangen, heim. Und tritt selbstverständlich wieder im »Simpl« auf. Hugo Wiener ist Co-Autor, Ernst Waldbrunn sein neuer Partner in der Doppelconférence.

WALDBRUNN: Erst gestern hab' ich im Büro wieder einen phantastischen Traum gehabt. Schrecklich! Ich hab' geträumt, meine Frau und die Brigitte Bardot haben um mich gekämpft.
FARKAS: Was ist da so schrecklich daran?
WALDBRUNN: Meine Frau hat gewonnen!

Farkas entdeckt Wiens Komiker-Elite: Fritz Muliar, Heinz Conrads, Alfred und Maxi Böhm, Otto Schenk und Ossy Kolmann. Keiner ist unfehlbar – beim jungen Peter Alexander kann Farkas kein Talent erkennen: »Der kann ja nicht einmal singen!«

Österreichs Zeitgeschichte lässt sich anhand von Farkas-Pointen nachvollziehen. Aus seiner Conférence zum Thema Staatsvertrag: »Wir müssen jetzt neutral sein! Das heißt, wir haben nix zu tun, als nix zu tun. Und das liegt uns ja ...«

Apropos Neutralität: »Wir sind jetzt eine Brücke zwischen Ost und West, aber eine Hängebrücke. Denn wenn's drauf ankommt, lassen uns beide hängen.«

Als der letzte Besatzungssoldat österreichischen Boden verlässt, reimt Farkas:

Da sagt der Ami
I drah mi!

Die russischen Besatzer wiederum eröffnen nach ihrer Heimkehr in Sibirien einen Nobelheurigen, in dem »Iwan« Fritz Muliar von den goldenen Zeiten an der Donau schwärmt: »Knapp vor unserem Abzug musste ich noch den Sohn meiner Quartiersfrau zur Firmung führen.«

»Warum?«

»Er hat seine goldene Uhr zurückhaben wollen!«

»Aktualität ist alles«, war Farkas' Erfolgsgeheimnis. Er wusste immer, was die Menschen bewegte. Zur Zeit des Wiederaufbaues waren es Wohnungen und Geld. Neue Wohnungen hatten die Menschen bitter nötig, »denn in meinem Schlafzimmer«, sagte »Simpl«-Gast Rudolf Carl, »ist es so feucht, dass sich in der aufgestellten Mausefalle a Fisch g'fangen hat.« Und Waldbrunn kannte einen, der seit Einsetzen des Wirtschaftswunders »so reich ist, dass er sich ein neues Segelboot gekauft hat – nur weil das alte nass war«.

1965 endete die Partnerschaft von Karl Farkas und Hugo Wiener, nachdem es seit Jahren schon Auseinandersetzungen wegen der TV-*Bilanzen* gegeben hatte. Hugo Wiener war der Meinung, das Fernsehen schade dem »Simpl«, weil »das Publikum dann nicht mehr zu uns kommen muss«. Mit Wiener verließ auch dessen Frau Cissy Kraner den »Simpl«, die hier Chansons wie »Der Nowak läßt mich nicht verkommen« und »Der Vorderzahn« kreiert hatte.

Wie auch immer, Farkas wurde ein absoluter TV-Star, dessen *Bilanzen* viele Jahre zu den Straßenfegern des österreichischen Fernsehens zählten. Kein Stichwort ohne Farkas-Pointe: »Bekanntlich haben Edison und Marconi durch ihre Erfindungen das Fernsehen erst ermöglicht. Wir wollen ihnen das aber im Hinblick auf ihre sonstigen Leistungen nicht allzu sehr nachtragen.«

Dazu hatte Farkas auch keinen Grund, denn es war das Fernsehen, das ihm die große Popularität brachte. Als am 30. September 1957 die erste *Bilanz des Monats* live aus dem Studio in der Wiener Maxingstraße übertragen wurde, waren ganze sechstausend TV-Geräte angemeldet. Wer noch keinen Fernseher zu Hause hatte, nahm vor dem »Kistl« im Stammcafé Platz, den er für die *Bilanz*-Abende schon Tage vorher reservieren musste.

Vor dem Vorhang im Kabarett »Simpl«: Das markante Profil des großen Karl Farkas.

KARIKATUR: RUDOLF ANGERER

Wie im »Simpl«, bildete die Doppelconférence auch im Fernsehen den Höhepunkt jedes Farkas-Programms. »Das Wesen der Doppelconférence«, sagte Farkas zu Ernst Waldbrunn, »besteht darin, dass man einen äußerst intelligenten, gut aussehenden Mann nehme – das bin ich – und einen zweiten, also den Blöden, dazu stellt. Das bist, nach allen Regeln der menschlichen Physiognomie, natürlich du!«

»Mein Mann«, erzählte mir seine Frau Anny Farkas einmal, »war ein eher eitler Mensch. Er hätte daher nie den Blöden gespielt.« Also:

WALDBRUNN: Ich hab' eine Erfindung gemacht.
FARKAS: Was hast du erfunden?
WALDBRUNN: Tabletten, die den Durst löschen.
FARKAS: Wozu braucht man die?
WALDBRUNN: Das weißt du nicht? Karl, nimm an, du bist in der Wüste. Du hast Durst, weit und breit gibt es kein Wasser. Du nimmst eine Tablette – und der Durst ist weg.
FARKAS: Das ist wunderbar!
WALDBRUNN: Ja. Es hat nur einen Nachteil.
FARKAS: Was?
WALDBRUNN: Die Tabletten müssen in Wasser aufgelöst werden.

Farkas wurde – ähnlich wie Hans Moser – nachgesagt, sehr sparsam zu sein. Ich kann dies, auch wenn er mich das eine oder andere Mal zum Essen einlud, nicht leugnen. Er lebte bescheiden, war meist per Straßenbahn und fast nie im Taxi unterwegs. Abends, nach den »Simpl«-Vorstellungen, fand sich immer jemand, der ihn zu seinem Wohnhaus im siebenten Bezirk brachte – abgesehen von mir waren dies vor allem Maxi Böhm und Ossy Kolmann. Als einmal keiner aus dem Ensemble Zeit hatte, ihn in die Neustiftgasse zu bringen, bot sich Walter Stern, der Schwiegersohn des »Simpl«-Besitzers Baruch Picker, als Fahrer an. Der Altmeister des Wiener Kabaretts stieg in den Wagen und Herr Stern fragte: »Wie fahren wir?« Farkas antwortete nur: »Geben Sie Gas, ich sag's Ihnen schon. Da vorne fahren Sie rechts … jetzt geradeaus über die Kreuzung drüber … hier biegen Sie nach links ein.« – Bei der Spinnerin arn Kreuz, weit draußen am Stadtrand, fragte Herr Stern endlich: »Entschuldigen Sie, Herr Farkas, ich dachte, Sie wohnen in der Neustiftgasse?«

»Ja, das stimmt«, ließ sich Farkas nicht aus der Fassung bringen, »aber am Samstag fahre ich immer nach Edlach an der Rax.« Sprach's, ließ sich genüsslich zurückfallen und zu seinem Wochenendhaus, hundert Kilometer südlich von Wien, chauffieren. Dort wartete bereits seine Anny, rnit der er hier den spielfreien Sonntag zu verbringen pflegte.

Die Farkas-Anekdote führt uns zu einem der traurigsten Kapitel seines Lebens, hatte die Sparsamkeit doch einen ernsten Hintergrund. Dem Ehepaar war 1928 ein Sohn geboren worden, der sich zunächst prächtig entwickelte. Mit zweieinhalb Jahren erkrankte er jedoch an Gehirnhautentzündung, die irreparable Schäden hinterließ und 1938 eine weitere Familienkatastrophe zur Folge hatte: Da man dem behinderten Kind die Einreise in die USA verwehrte, musste Anny Farkas mit ihrem Sohn bei Verwandten in der Tschechoslowakei zurückbleiben. So war das Ehepaar acht Jahre lang voneinander getrennt.

Robert »Bobby« Farkas lebt heute, über siebzig Jahre alt, in einer privaten Anstalt für geistig Behinderte in Neulengbach bei Wien. Er sagt kein Wort, nimmt kaum Anteil an seiner Umwelt.

Karl Farkas ging es darum, seinen behinderten Sohn auch nach seinem Tod versorgt zu wissen. Und so legte er jeden Schilling, den er verdiente, für ihn an. Er war also kein »Schnorrer«, er hatte nur »Bobbys« Zukunft vor Augen, der für sich selbst nicht sorgen kann.

Farkas erzählte mir, so bald er Vertrauen zu mir gefasst hatte, sehr viel aus seinem Leben – doch das Schicksal seines Sohnes hat er nie erwähnt. Er versuchte dessen schweres Los zu verdrängen, überließ es seiner Frau, sich um »Bobby« zu kümmern, ihn in der geschlossenen Anstalt »Am Steinhof«, in der er damals wohnte, zu besuchen. »Er hätte es nicht ertragen, tagsüber ›Bobby‹ zu sehen und am Abend aufzutreten, Humor zu verbreiten«, sagte mir seine Frau später.

In den ersten Maitagen des Jahres 1971 wurde bekannt, dass sich Farkas in Spitalspflege begeben musste. Den Besuchern des »Simpl« wurde freigestellt, ob sie die Vorstellung ohne ihn sehen oder die Karten zurückgeben wollten. Karl Farkas, 77 Jahre alt, sollte das Spital nicht mehr verlassen.

Der an Darmkrebs erkrankte Künstler war seit langem schon trotz starker Schmerzen täglich im »Simpl« aufgetreten. Eine Operation, der er sich zwei Jahre zuvor unterziehen musste, konnte das Ende nur hinauszögern. Die Metastasen zerfraßen seinen Körper.

Die Ärzte hatten ihm nach dem schweren Eingriff im Jahre 1969 dringend empfohlen, sich von der Bühne zurückzuziehen. Farkas nahm den Rat nicht an – er hätte es wohl auch nicht überlebt. Denn das Theater, der tägliche Kontakt mit dem Publikum, das war sein Leben.

Farkas trat also weiterhin auf, fühlte sich aber zeitweise so elend, dass er tagsüber im Krankenhaus lag und abends für die Vorstellung Ausgang bekam. Er wurde mit der Rettung in die Wollzeile geführt und auf einer Bahre in den »Simpl« getragen. Ich selbst habe miterlebt, wie in der Künstlergarderobe ein alter, gebrochener, schwer kranker Mann geschminkt wurde. Doch kaum lugte seine signifikante Nase durch den dunkelroten Vorhang, war er ganz »der Alte«, conférierte, tanzte, sang, spielte.

Nach der Vorstellung wurde dann wieder ein schwer kranker Mann von der Rettung abtransportiert. Aber die zweieinhalb Stunden merkte kein Mensch etwas vom Leiden des damals schon legendären Kabarettisten. Der Applaus des Publikums hielt ihn aufrecht.

Nur seine Kollegen, die den sich immer mehr verschlechternden Zustand verfolgen konnten, hatten manchmal Tränen in den Augen, vor allem, wenn er mit einer Pointe die bittere Wahrheit verkündete: »Um Österreichs Literatur ist es schlecht bestellt, Grillparzer ist tot, Nestroy ist tot – no, und ich bin auch nicht mehr der Jüngste!«

Ende April wurde die Frühjahrs-*Bilanz* 1971 im Ronacher aufgezeichnet, wohin sich der todkranke Farkas noch mit eiserner Disziplin geschleppt hatte. Wenige Tage danach brach er in seiner »Simpl«-Garderobe zusammen. Im Spital notierte er dann noch Ideen für das nächste »Simpl«-Programm, das den Titel *Alles im ORF* tragen sollte.

Am 15. Mai sahen ihn Österreichs Fernsehteilnehmer in seiner allerletzten *Bilanz*: Farkas als Hans Joachim Kulenkampff, Ernst Waldbrunn als dessen »Diener« Martin Jente. Farkas über »Kuli«: »Ich weiß nicht, meine Damen und Herren, wie es Ihnen geht, aber ich hab' lieber einen kulen Kampff als einen kalten Krieg!«

Zum Zeitpunkt der Ausstrahlung dieser Sendung lag Farkas bereits im Koma, am nächsten Morgen war er tot. Tausende Österreicher begleiteten ihn auf seinem letzten Weg, der Portier des Zentralfriedhofs sagte, er hätte in seiner langjährigen Dienstzeit »noch keinen derart großen Trauerzug gesehen«.

Österreich wird nie wieder so lachen können wie damals, als es den Farkas noch gegeben hat.

»In einem kleinen Café in Hernals«

*Hermann Leopoldi,
Klavierhumorist*

Wenn er sich ans Klavier setzte, um ein neues Lied vorzutragen, dann war's am nächsten Tag ein Schlager. »Schön ist so ein Ringelspiel«, »Wie wär's mit einer schönen kleinen Überlandparty«, »I bin a stiller Zecher«, vor allem aber »In einem kleinen Café in Hernals«. Kein Wunder, dass man Hermann Leopoldi »Österreichs Maurice Chevalier« nannte.

Die Eltern des 1888 in Wien zur Welt gekommenen Kabarettisten waren verzweifelt. Der dickleibige Bub war ein richtiger Nichtsnutz, drückte sich vor jeder Form von Arbeit. Das Einzige, das er konnte, war Klavier spielen. Aber Pianisten gab's viele, und die meisten von ihnen fanden keine Beschäftigung.

Der Erste Weltkrieg brach aus, Hermann Leopoldi wurde zur Infanterie eingezogen und als Sohn eines biederen Tanzschulpianisten ans Klavier des Offizierskasinos »befohlen«.

Warum sollte er im Frieden nicht fortsetzen, womit er in Kriegszeiten begonnen hatte? Also stellte er sich in der »Herrenhofbar« als »Klavierhumorist« vor. Und innerhalb kürzester Zeit rissen sich Wiens Vergnügungsstätten um ihn.

Wär's so weiter gegangen, hätte man ihn heute längst vergessen. Erst als Hermann Leopoldi für seine Darbietungen keine geeigneten Schlager mehr fand, ging's richtig los. Da setzte er sich hin und komponierte selbst. »Powidltatschkerln«, »Am besten hat's ein Fixangestellter«, »Ich bin ein Kra- und Kra-Krankenkassenpatient«, »Warum machen denn die Madeln immer solche Spompanadeln«, »Schnucky, ach Schnucky, fahr' ma nach Kentucky«, »Ich bin ein unverbesserlicher Optimist«, »Soirée bei Tannenbaum«. Auch Wiens populärster Fußballer wurde musikalisch verewigt: »Ganz Wien nach Hütteldorf stets geht, wenn in der *Kronen Zeitung* steht: Heut' spielt der Uridil …«

Mit »In einem kleinen Café in Hernals« folgte 1928 sein populärstes Lied. Leopoldi hatte es gemeinsam mit dem Textdichter Peter Herz unter Pseudonym zu einem Schlagerwettbewerb geschickt. Es gab keinen Zweifel daran, dass das »Kleine Café« den ersten Preis gewinnen würde. Doch Leopoldi war so stolz auf seine Musik, dass er sie noch vor der Schlussveranstaltung einigen Freunden in der »Bodega-Bar« vorspielte, was sich in Wien schnell herumsprach. Da beim Schlagerwettbewerb aber nur Erstaufführungen zugelassen waren, wurde das »Kleine Café« disqualifiziert und fiel aus der Wertung. Was freilich nichts am überwältigenden Erfolg des Liedes ändern konnte, das unter dem Titel »In a little Café down the Street« sogar in der amerikanischen Hitparade an vorderer Stelle landete.

Als Leopoldi sah, dass er jedes Unterhaltungsetablissement durch seinen Vortrag bis auf den letzten Platz füllen konnte, gründete er eine eigene Bar, »L. W.« genannt – nach Leopoldi und seinem Kompagnon Fritz Wiesenthal, einem damals ebenfalls sehr bekannten Komiker. Doch als Geschäftsmann war Leopoldi gänzlich ungeeignet. Er liebte die schönen Frauen und legte sein Geld beim Pferderennen in der Krieau an. Obwohl das »L. W.« (in dem übrigens auch sein weniger bekannter Bruder Ferdinand Leopoldi auftrat) täglich ausverkauft war, musste es wieder zusperren, da Hermann Leopoldi bald mehr Geld verspielt als eingenommen hatte.

Sein ältester Sohn Norbert wurde ein ebensolcher Hallodri wie er. Als Leopoldi mit seiner Frau Jenny einmal die Sommerferien in

Velden verbrachte, verkaufte der lebenslustige junge Mann, um ein Liebesabenteuer zu finanzieren, die gesamte Wohnungseinrichtung. Die Eltern staunten nicht schlecht, als sie, vom Urlaub zurückgekehrt, in Wien eine leere Wohnung vorfanden. Doch der gar nicht strenge Herr Papa hatte Verständnis für Eskapaden, die seine eigenen hätten sein können.

Hermann Leopoldi, der populärste Alleinunterhalter, am Klavier. Wenige Monate nachdem diese Karikatur in einer Wiener Zeitung erschienen war, wurde er ins KZ Dachau verschleppt. Später konnte er in die USA emigrieren.
ZEITUNGSKARIKATUR, 1937

Erst als Hitler einmarschierte, nutzte Hermann Leopoldi – dessen Vater ursprünglich Kohn geheißen hatte – seine Popularität nichts mehr. Wiens beliebtester Vortragskünstler wurde ins KZ Dachau gesperrt, dem er nur durch unglaubliches Glück entkam: Seine Frau, die trotz Leopoldis legendärer Seitensprünge treu zu ihm stand, konnte ihn mit einem amerikanischen Visum aus dem Konzentrationslager holen. In New York angekommen, setzte er seine Karriere in der »Old-Vienna-Bar« fort. Sang dort nicht nur vom »Café down the Street«, sondern wurde auch mit der US-Version vom »Stillen Zecher« – »I am a quiet drinker« – und dem Chanson »Ja, da wär's halt gut, wenn man Englisch könnt'« umjubelt.

Nach dem Krieg kehrte er nach Österreich zurück. War einst Betja Milskaya – die in Amerika blieb und dort eine Familie gründete – seine Partnerin auf der Bühne, so hatte er in New York Helly Möslein (»Sah ein Knab' die Möslein steh'n«) kennen gelernt, mit der er jetzt in Wien auftrat. 1955 schenkte sie Leopoldi einen Sohn, der sich eine Zeit lang unter dem Namen Ronald Leopoldi als Schauspieler versuchte.

»Hermann Leopoldi war ebenso volkstümlich und jovial, wie man ihn sich vorgestellt hat«, erinnerte sich seine langjährige Partnerin Helly Möslein. »Nur hat er – ganz im Gegensatz zu seinen weinseligen Liedern – weder Alkohol getrunken noch beim Heurigen verkehrt.«

1959 unterschrieb er einen Vertrag, der ihm eine große Fernsehkarriere sichern sollte. Doch wenige Tage vor Beginn der Dreharbeiten erlag er einem Herzversagen.

ER HÄTTE SO GERNE GELACHT

So erlebte ich Maxi Böhm

*Mit Maxi Böhm,
Wien, im Kabarett Simpl,
1970.*

Ich wohnte damals Josefstädter Straße 9, dritter Stock, gleich beim Theater. Darüber ein ausgebauter Dachboden mit Terrasse. Der da oben lebte, galt als der witzigste Österreicher seiner Zeit. Doch das war nicht der Maxi Böhm, den ich tagtäglich sah. Der war ganz anders.

Man hat ihn vielfach unterschätzt. Ein Querschnitt vom wahren Schaffen dieses Mannes zeigt, welch großer Komödiant Maxi Böhm tatsächlich gewesen ist. Alles andere als nur Stichwortbringer für Karl Farkas. Alles andere als bloß »Witzepräsident«. Alles andere als ein Blödler ohne Tiefgang.

Ich darf sagen, dass wir befreundet waren, ich kannte ihn seit meiner Kindheit, war schon mit seinen beiden Söhnen und seiner Tochter befreundet. Bei ihm lernte ich, während etlicher gemeinsam verbrachter Urlaube in Ischl und am Semmering, herzhaft zu lachen, durch ihn kam ich mit Theater, Kabarett und letztlich auch mit dem Schreiben in Berührung, durch ihn lernte ich zahllose interessante Menschen kennen. Und Maxi Böhm war auch der Trauzeuge meiner ersten Ehe.

Spätabends, nach seinen Vorstellungen, läutete er oft an meiner Tür und fragte: »Trink' ma noch an' Kamillentee mitananda?« Sein ihn ein Leben lang quälendes Magenleiden (zu wenig Säure) hatte dieses Kraut zu seinem bevorzugten Getränk werden lassen. Wie immer in solchen Fällen hatte mein Wohnungsnachbar ein Stück Weißbrot, etwas Käse und einen Joghurtbecher mitgebracht, ich steuerte Teesackerl und heißes Wasser bei.

Vornehmlich lieferte er mir bei diesen spätabendlichen Treffen Anekdotisches aus seinem Leben: »Als ich einmal Karl Farkas erzählte, dass ich in Wien geboren wurde, aber in Teplitz-Schönau zur Schule gegangen bin, hat er gesagt: ›Da müssen Sie aber einen weiten Schulweg gehabt haben.‹«

Dr. Max Böhm, sein Vater, war Arzt und nebenberuflicher Theaterkritiker, wodurch der Bub schon früh mit der Bühne in Berührung kam. Am Stadttheater von Teplitz, wohin er den rezensierenden Vater oft begleitet hatte, bewunderte der kleine Max zum ersten Mal jenen Karl Farkas, der dort gemeinsam mit Fritz Grünbaum in der Doppelconférence brillierte. Eine schicksalhafte Begegnung, denn von da an hatte er nur noch den einen Wunsch: Kabarettist zu werden wie die beiden. Da ihm der strenge Herr Papa »die Schauspielerei« verbot, nahm Maxi hinter dem Rücken der Eltern privaten Sprechunterricht.

Jahrelang konnte ich die Erzählungen aus seinem Leben unbeschwert genießen: Von »Ich wurde schon sehr jung geboren, 1916 erblickte die Welt mein Licht« über Geschichten seiner Theaterstationen in der böhmischen Provinz, sein Engagement am Volkstheater in Wien, seine Zeit als Radio-Quizmaster (*Die große Chance*), bis zu dem Tag, als ihn sein großes Vorbild Karl Farkas an den »Simpl« holte.

Am 5. August 1979 jedoch begannen unsere Gespräche bei Kamillentee sehr ernst zu werden. Maxi Böhm hatte an diesem Tag seine geliebte Tochter Christine verloren. Ein bezauberndes Mädchen, eine schöne und talentierte Schauspielerin, die eine steile Karriere vor sich zu haben schien. Während eines Spaziergangs in ihrem Schweizer Urlaubsort Pontetresa rutscht die 25-Jährige auf einem mit Moos bewachsenen Felsen ab, stürzt fünf Meter in die Tiefe, bleibt reglos liegen.

Zwischen Nachmittags- und Abendvorstellung erfährt Maxi Böhm in Wien von dem Unglück. Und steht eine Stunde später wie immer auf der Bühne der Wiener Kammerspiele.

Zwei Telefonanrufe, die ich mein Leben lang nicht vergessen werde, erreichten mich innerhalb weniger Monate. »Die Christa ist tot«, sagte der Freund aus dem vierten Stock das eine Mal. Und am 7. Mai 1980: »Jetzt ist auch der Maxi nicht mehr da.« – Sein Sohn hatte sich, 31 Jahre alt, das Leben genommen.

Tiefe Depressionen waren der Verzweiflungstat vorausgegangen. Der Student wollte sich als ernsthafter Wissenschafter betätigen und glaubte, dass ihm dabei der Name des Vaters, dessen heitere Profession ihm von Kindheit an verhasst war, im Weg stand. Er befasste sich mit Gehirnforschung, errang mit seinen Theorien einen Anerkennungspeis, doch das für einen Forscher wichtigste Ergebnis – eine Publikation seines Werkes – erlebte Max Böhm junior nicht. Nach seinem Tod fanden die verzweifelten Eltern mehr als zwanzig Briefe von Verlagen, die seine Arbeiten unveröffentlicht retourniert hatten.

Der Tod zweier Kinder – ein Schicksal, mit dem der Vater nicht fertig werden konnte.

Und doch: Maxi Böhm spielt weiter. Kammerspiele, Josefstadt, Fernsehen. Tagsüber Proben, Rollen lernen, Aufzeichnung, abends Vorstellung. Kein Wiener Schauspieler absolviert in diesen Jahren so viele Auftritte wie Maxi Böhm. Das Theater wird zur Flucht aus der traurigen Realität.

Huberta Böhm, seine Witwe, erinnert sich, den Tod ihrer Kinder nur verkraftet zu haben, weil sie das Leben als Schule für ein späteres Dasein empfand. »Diese Auffassung teilte auch mein Mann. Es war mir ein Rätsel, wie er es fertig brachte, weiter zu spielen. Er muss das Unglück verdrängt haben. Und hat sich dabei vielleicht selbst kaputt gemacht.«

Gerade in diesen letzten, seinen schwersten Jahren, gelang Maxi Böhm, der sich nunmehr Max nannte, der Übergang vom Kabarettisten zum Charakterschauspieler. Die große Popularität stammte noch aus der Zeit des Kabaretts.

Karl Farkas war 1957, nach einem Auftritt im Wiener Etablissement »Casanova«, zu ihm in die Garderobe gekommen. »Sie wissen«, sagte Farkas, »dass ich Sie jetzt an den ›Simpl‹ holen werde?«

Böhms Antwort: »Ja das weiß ich seit meinem elften Lebensjahr, seit Sie 1926 in Teplitz-Schönau gastierten, seit damals weiß ich, dass ich eines Tages zu Ihnen kommen würde.« Das von Farkas für ihn vorgesehene Fach war, auf einen kurzen Nenner gebracht: »Der Blöde«.

Doch er war Farkas anfangs »nicht blöd genug«. Böhms Gesichtszüge erinnerten den Kabarett-Altmeister eher an die eines Mittelschulprofessors als an die eines Dummen, der im Kaffeehaussketch Paravent mit Parapluie oder Parvenü zu verwechseln hat. Böhm hatte »alles probiert, ich versuchte mehrere, besonders blöde Frisuren, kaufte mir die verschiedensten Augengläser – sogar Kindersonnenbrillen waren darunter, aber ich war Farkas noch immer zu gescheit«.

Durch Zufall fand er dann das Rezept für die geforderte Blödheit: »Während einer Szene mit Farkas fielen mir, da ich wieder einmal eine neue, besonders ›verwegene‹ Frisur ausprobiert hatte, die Haare ins Gesicht. Mit einer umständlichen Handbewegung versuchte ich sie aus der Stirn zu wischen.« Die Leute brüllten vor Lachen – und Maxi Böhm hatte ein Markenzeichen, das ihm bleiben sollte.

Für den Karikaturisten Rudolf »RANG« Angerer wischte sich Maxi Böhm schon im Kinderwagen mit der für ihn typischen Handbewegung die Haare aus der Stirn ...

ZEICHNUNG: RUDOLF ANGERER, 1972

Besonderer Beliebtheit erfreuten sich seine Parodien in den Farkas-*Bilanzen*, zu deren »Opfern« Bruno Kreisky, Henry Kissinger, Hans Rosenthal, Hildegard Knef, Marlene Dietrich, Gilbert

Bécaud und Ivan Rebroff zählten. 1970 parodierte er Leonard Bernstein für das Fernsehen. Der Maestro hörte davon und wollte, als er das nächste Mal in Wien weilte, die Sendung sehen. Im ORF-Zentrum auf dem Küniglberg kam es zum Treffen Böhm/Bernstein. Der Dirigent sah sich das Videoband an, lachte Tränen, sagte dann aber einschränkend: »Mr. Böhm, ich springe doch beim Dirigieren nicht!«

Im Anschluss an die Vorführung inspizierte Bernstein im selben Schneideraum eine Übertragung aus der Royal Albert Hall in London, in der er ein Strawinsky-Konzert dirigiert hatte. Nach einiger Zeit wandte er sich an Böhm, der immer noch neben ihm saß, und flüsterte ihm zu: »Mr. Böhm, Sie haben Recht. Ich springe wirklich.«

Nach Farkas' Tod führte Maxi Böhm, gemeinsam mit Hugo Wiener und Peter Hey, drei Jahre lang Wiens ältestes Kabarett, ehe ihn Franz Stoß an die Josefstadt holte. Anlässlich seines Abgangs vom »Simpl« wurde er gefragt, ob er – in all den Jahren Brettlkunst – zu der Meinung gelangt sei, dass Kabarett die Welt verändern könne. »Nein«, antwortete Maxi Böhm, »die Zeituhr rennt so, wie sie rennen muss, und das Schicksal nimmt seinen Lauf. Man kann Denkanstöße geben, mehr nicht – das ist die Berufsauffassung, die ich mir zu Eigen gemacht habe.« Dann zitierte er noch Konfuzius, der gemeint hatte, dass es besser sei, ein kleines Licht anzuzünden, als auf die große Dunkelheit zu fluchen.

Im Dezember 1982 – zweieinhalb Jahre nach dem Tod der Tochter, eineinhalb Jahre nach dem Tod des Sohnes – stand er wieder vor meiner Tür. Der jüngere Sohn Michael, dessen Frau Uschi, die vier Enkelkinder waren ihm geblieben, und er hatte große Freude an ihnen. Und doch: »Glaubst du«, fragte er in diesen Tagen, »dass ich noch einmal so werde, wie ich einmal war?« Er hatte seinen Schwung verloren, die Lebenslust, den Elan.

An diesem Abend – wer konnte ahnen, dass es unser letzter sein würde? – hatte er neben seinem kärglichen Nachtmahl auch ein Manuskript unterm Arm. In einer roten Mappe lagerten die ersten 172 Seiten seiner Lebenserinnerungen.

Seit Monaten hatte er mir schon, wann immer wir uns trafen – sei es im Lift, beim Bäcker, auf der Straße oder in unseren Wohnungen – von dem geplanten Buch erzählt. Da eine Geschichte aus Reichenberg, dort eine aus Prag oder Marienbad – und beim Plaudern fiel ihm oft noch eine Anekdote vom Grünbaum oder vom Kulenkampff ein, die er sich schnell auf einem der vielen Zettel notierte, die in seinen Anzugstaschen steckten – oder einfach auf eine von mir nebst Kamillentee zur Verfügung gestellte Papierserviette.

»Ich bitt' dich, lies dir's durch und sag mir, wie es dir gefällt«, forderte er mich an diesem Abend kurz vor Weihnachten freundschaftlich auf – und ich wollte ein kritischer Freund sein.

Ich las das Fragment seiner Memoiren, das sein Leben bis zum Jahr 1944 wiedergab – und war von Anfang an gefesselt. Die Geschichten, die ich zum Teil aus seinen Erzählungen kannte, waren von ihm ebenso köstlich wie ergreifend, je nach Lebensstation, zu Papier gebracht worden. Ich freute mich schon auf die zweite Hälfte.

Am 22. Dezember 1982 hatte er, vis-à-vis im Theater in der Josefstadt, Premiere. Er spielte den Striese im *Raub der Sabinerinnen*. Eine Bombenrolle – eine Rolle aber auch, für die sein Herz wohl zu schwach war. Er hatte tagtäglich vielstündige Proben und abends Vorstellung in den Kammerspielen. Jede Nacht fiel er erschöpft ins Bett.

Das war auch der Grund, warum wir uns in diesen letzten drei Wochen seines Lebens nicht mehr sahen. Und, obwohl mir das Manuskript seiner Memoiren so gut gefiel, wollte ich ihn in diesen für ihn so anstrengenden Tagen nicht stören. Ich dachte mir, nach der Premiere …

Oft habe ich mir nach seinem Tod vorgeworfen, dass ich ihm meine Begeisterung nicht trotzdem mitgeteilt habe; denn ich weiß, wie sehr ihm an der Veröffentlichung der Geschichten seines Lebens gelegen war. Und er hätte sich sicherlich gefreut, wenn ich, der Profi-Schreiber, ihm, dem Profi-Schauspieler, gesagt hätte, dass er ein nahezu ebenso talentierter Autor wie Komödiant ist.

Vier Tage nach der Premiere war Max Böhm tot. 66 Jahre alt, hat ihn sein Herz im Stich gelassen. In seinem Arbeitszimmer, genau über dem meinen, ist er leblos zusammengebrochen, ein Stück Kuchen in der Hand.

Als nach der Beerdigung seine Familie mit der Frage an mich herantrat, ob ich die Memoiren fertig schreiben würde, überlegte ich keinen Moment. Dokumentarisches Material hatte er, neben dem fix und fertigen Manuskript seiner ersten Lebenshälfte, zur Genüge hinterlassen.

Und so schrieb ich, mit Hilfe seiner Familie, seiner Freunde, seiner Kollegen und seines umfassenden Archivs, all das nieder, was in der Zeit nach 1944 passierte.

Ein gütiges Schicksal hat die Einbrecher, die Max Böhms Wohnung am Tag seines Begräbnisses plünderten, daran gehindert, sein wertvolles Archiv mitzunehmen.

Maxi Böhm war dazu ausersehen, uns zum Lachen zu bringen. Auch er hätte so gerne gelacht, doch hat es das Schicksal in seinen letzten Jahren nicht zugelassen.

Selten noch hat das Wort so gepasst: Er ist an gebrochenem Herzen gestorben.

DAS GEGENTEIL VOM HERRN KARL

Helmut Qualtinger, wer sonst?

Mit Helmut Qualtinger, Wien, im September 1982.

»I bin ka Genie – Gott sei Dank!« So lautete Helmut Qualtingers Selbsteinschätzung. Andere nannten ihn »Austrosaurier« oder »Nestroy Nr. 2«. Und selbst Hans Weigels Erkenntnis, dass sich in seinem Namen »Qual und Gewalt verbinden«, beschreibt ihn nur unvollständig. Die treffendste Beschreibung, die ich fand: »Qualtinger ist das Gegenteil seiner berühmtesten Rolle, das Gegenteil vom Herrn Karl.« Kein kleinkarierter Opportunist also, kein Spießer, kein Nörgler, kein Intrigant.

Ein Schlüsselsatz des *Herrn Karl* lautet: »Mir ham was auf die anderen g'wusst, die ham was auf uns g'wusst – man hat sich geeinigt.« Qualtinger hat sich nie geeinigt. Er blieb der Qualtinger, so oft er sich auch verändert hat. Und in der Veränderung war er unerreicht.

Bürgerlich war nur der Anfang. 1928 in Wien als Sohn eines Mittelschulprofessors und Diplomingenieurs zur Welt gekommen, »war ich schon als Kind nicht sehr jung, und darin hat sich bis heute nichts geändert«, sagte er, als das Erwachsenwerden längst fällig gewesen wäre. Der blond gelockte, zart gebaute Bub flog viermal aus der Mittelschule, was seinem Vater den resignierenden Satz entlockte: »Ich bin Chemiker, mein Sohn ist Komiker.« Helmut studierte Medizin, zog es aber dann doch vor, das väterliche Wortspiel in die Tat umzusetzen. Über den Umweg als Lektor und Journalist – er war Lokalreporter und Filmkritiker bei der *Welt am Abend* – landete er bei der Kabarettgruppe um Gerhard Bronner, Michael Kehlmann und Carl Merz.

Carl Merz erinnerte sich später an die Entstehungsgeschichte der populären Qualtinger-Figur Travnicek: »In den fünfziger Jahren machte die Familie Qualtinger (bestehend aus Helmut, seiner ersten Ehefrau Leomare und Sohn Christian, Anm.) gelegentlich Urlaub in Jugoslawien, wobei man sich einmal, via Adria, zu Schiff weiter nach Süden begab. Man kam, wie das so ist, mit den anderen Reisenden ins Gespräch, unter denen es auch Österreicher gab. Wiener, die es im Ausland häufig drängt, ihre Sorgen und Befürchtungen mit Landsleuten zu teilen – eine euphimistische Umschreibung jener Tätigkeit, die man im Inland schlicht als Raunzen bezeichnet. Ein Herr tat sich dabei hervor, freilich ohne dadurch aufzufallen: Er beklagte sich über das fremdartige Essen, belegte es mit verächtlichen Bezeichnungen, gab seiner Sehnsucht nach kalten Wiener Schnitzeln mit Erdäpfelsalat Ausdruck und war im Allgemeinen von der Tatsache negativ beeindruckt, dass die Einheimischen im Ausland Ausländer zu sein pflegen. Als ich mich nach Qualtingers Rückkehr wieder mit ihm traf, erzählte er von seinem Urlaub und so auch von jenem Herrn, er berichtete nicht nur von ihm, er kopierte ihn auch und improvisierte einige seiner Dialoge. Der Travnicek war geboren.«

Wie es überhaupt all die berühmt gewordenen Qualtinger-Figuren wirklich gegeben hat, keine einzige musste erfunden werden.

Auf einmal sagt mir der Puntigam,
Sag, was is wahr, an dem Tamtam?
Ich hab da so was aufgeschnappt,
Du hättest einen Unfall g'habt?
Drauf sag ich: es is nix passiert,
Mei Porsche ist schon repariert,
Nur leider ist mir ein Passant,
Bevor er g'storben is, einigrannt ...

Als Qualtinger dieses, von Gerhard Bronner verfasste Chanson 1958 erstmals in der Fernsehsendung *Spiegel vorm G'sicht* sang, sprach sich in Windeseile herum, dass der Porschefahrer in »Der Papa wird's scho richten« der Sohn des Nationalratspräsidenten war, der damals tatsächlich einen Fußgänger niedergefahren und danach Fahrerflucht begangen hatte. Wahr ist auch eine andere Geschichte, nämlich die vom »G'schupften Ferdl«. Bronner hatte vor der Premiere des Kabarettprogramms *Brettl vorm Kopf* eine Orchesterprobe in der hiefür angemieteten Tanzschule Thumser auf der Neulerchenfelderstraße in Wien. Da er in den Tanzschulräumlichkeiten seine Aktentasche vergaß, musste Bronner abends noch einmal hingehen, wodurch er Zeuge eines Raufhandels wurde, der in dem Satz »Pass auf, G'schupfter, die Sau hat a Messer« gipfelte. Bronner schrieb noch am selben Abend jenes legendäre Lied nieder, das zum wohl populärsten Qualtinger-Song avancieren sollte:

Heute ziagt der g'schupfte Ferdl frische Socken an,
Grün und gelb gestreift, das ist so elegant.
Schmiert mit feinster Brillantine seine Locken an,
Putzt die Schuach und nachher haut er sich ins G'wand
Weil beim Thumser draußen in Neulerchenfeld ist Perfektion.

Als ob es eines Beweises seiner tatsächlichen Existenz bedurft hätte, »outete« sich im Juni 2000 der aus Hernals stammende Ferdinand V. bei einem Prozess im Wiener Landesgericht mit den Worten: »I bin der g'schupfte Ferdl«. Weder waren die Socken grün und gelb gestreift, noch hatte er – fast ein halbes Jahrhundert danach – Locken, die man mit Brillantine hätte bändigen können. Dafür war der »G'schupfte Ferdl« inzwischen siebzig Jahre alt sowie um zehn Kinder, 23 Enkel, sieben Urenkel – und 52 Vorstrafen – »reicher« geworden. Tanzen ginge er längst nicht mehr, sagte er, aber die Musik sei nach wie vor sein Hobby, denn Bill Haley, Glenn Miller und Louis Armstrong hätten »guate Hadern« hinterlassen.

Und auch der Herr Karl hat wirklich gelebt. Der Wiener Schauspieler Nikolaus Haenel arbeitete nach dem Krieg im Vorratskeller eines Lebensmittelgeschäfts, in dem ein Mann beschäftigt war, der genau dieser Herr Karl war. Er hieß freilich Pepi – war also in Wirklichkeit ein Herr Josef. Haenel erzählte dem Duo Merz-Qualtinger von dieser eher unerfreulichen Erscheinung österreichischer Zeitgeschichte – und die beiden verlegten dessen Existenz aus dem Dunkel des Vorratskellers ins Scheinwerferlicht der Bühne.

Seit den frühen Tagen am Kabarett hatte Qualtinger jegliche Bürgerlichkeit des Elternhauses abgelegt. Nicht nur auf der Bühne!

Legendär bleiben seine Streiche: Beim Unterrichtsminister Felix Hurdes stellte Qualtinger eines Tages den Antrag, den Buchstaben U aus dem deutschen Sprachschatz entfernen zu lassen, da dieser »unsittlich, unseriös und unschön« sei. Nächtelang war »Quasi« mit einer Leiter unterm Arm unterwegs, um etliche U's von den Portalen der Wiener Innenstadtgeschäfte abzumontieren. Ein andermal wurde er zu mitternächtlicher Stunde am menschenleeren Salzburger Domplatz geortet, wo er den schauerlichen Ruf »Jederfrau« erschallen ließ.

Was er mit perfekt verstellter Stimme alles unternahm, um seine Mitbürger zu täuschen, ist Legion: Als »russischer Offizier« bestellte er Außenminister Leopold Figl in den Wiener Stadtpark – der auch prompt dorthin kam. Etliche Journalisten eilten zum Westbahnhof, um auf Einladung des Österreichischen PEN-Clubs den von Qualtinger erfundenen »Eskimodichter und Literaturnobelpreisträger Kobuk« zu interviewen. Doch vor ihnen stand, mit einer Pelzmütze am Kopf: Qualtinger, wer sonst?

Eine andere seiner berühmten Schnurren trug sich zu, nachdem das österreichische Fernsehen 1958 Franz Werfels *Der veruntreute Himmel* mit Annie Rosar in der Hauptrolle gesendet hatte. Der Kabarettist parodierte die Rosar etwas später in einem TV-Brettl. Worauf sich Frau Rosar telefonisch bei Fernsehdirektor Gerhard Freund meldete. Sie sei über die Imitation bitterböse und wolle sich darüber beschweren, dass Freund – gerade nach ihrem großen Erfolg – so etwas zugelassen hätte. Gerhard Freund war die Angelegenheit überaus peinlich. Einerseits versuchte er der großen Schauspielerin zu erklären, dass es für Kabarettisten keinerlei Zensur gäbe, andererseits wollte er die alte Dame nicht verletzen. Doch die Rosar war nicht zu beruhigen, rief insgesamt sechs Mal in der Fernsehdirektion an und ging Freund mit ihren Interventionen schon ein wenig auf die Nerven. Beim siebenten Mal ließ er sich verleugnen – rief aber etwas später doch zurück. Annie Rosar war erstaunt: »Herr Direktor, ich habe in meinem ganzen Leben noch nie bei Ihnen angerufen!«

Wer also war's, der sich über seine eigene Parodie beschwerte? Der Qualtinger!

Er konnte das Komödienspielen einfach nicht lassen. Selbst viel später dann, nach dem Ende seiner Kabarettzeit, als man ihn irrtümlich schon erwachsen wähnte. Da erhielt eines Tages der berühmte Terror- und Aggressionsforscher Friedrich Hacker in seiner psychiatrischen Klinik in Los Angeles einen Anruf aus dem Weißen Haus. Am Apparat: Helene von Damm, die aus Österreich stammende persönliche Sekretärin des damaligen Präsidenten Ronald Reagan. »Herr Professor«, sagte die aufgeregte Anruferin, »Sie müssen dem Präsidenten helfen. Er ist ... äh, er ist ... plötzlich verrückt geworden.«

Hacker zeigte sich in dieser, für die gesamte Hemisphäre möglicherweise gefährlichen Situation als verantwortungsvoller Arzt, bestieg das nächste Flugzeug nach Washington, meldete sich im Weißen Haus bei Frau von Damm. Die sehr verwundert war: »Ich habe Sie nicht angerufen.« Es war – na klar: Qualtinger, der für diesen Streich selbst die hohen Telefongebühren aus Wien nicht scheute.

Wollte »Quasi« überhaupt ernst genommen werden?

Wohl nur von denen, die ihn ernst nehmen wollten. Seine Scherze waren die traurigsten Witze, die er je gehört habe, urteilte ein Freund. Denn hinter jeder Qualtinger-Pointe steckte bittere, allzu bittere Wahrheit.

In Wien wusste man das spätestens Anfang der sechziger Jahre, als er gemeinsam mit Carl Merz (man sprach von den »Ideen des Merz«) jene Figur erfand, mit der er unsterblich wurde: »*Der Herr Karl*«, schrieb Hans Weigel, »wollte einem bestimmten Typus auf die Zehen treten, und ein ganzes Volk schrie Au.«

In den letzten Jahren seines Lebens wollte er vom Kabarett ebenso wenig wissen wie vom *Herrn Karl*. »Eines Tages«, sagte er – als der *Herr Karl* bereits am Broadway und in Japan aufgeführt worden war – »hab i nimmer wollen, obwohl ich mit dem *Herrn Karl* noch viele Jahre hätt' auftreten können.« Da versuchte er einen »deutschen Herrn Karl« zu kreieren: *Kassel, ein Deutscher* sollte das benachbarte Pendant heißen. Doch Qualtinger ließ den Plan wieder fallen, drehte Filme, versuchte sich am Theater.

Und übersiedelte nach Hamburg. »Manchmal weiß ich nicht, ob ich ein Mensch bin oder ein Wiener«, verkündete er. Und: »Ich lebe in Hamburg, weil ich Wien nicht mehr aushalte!«

Natürlich blieb er auch dort der unwienerisch-urwienerische Qualtinger. Also musste ein dubioser Hafenwirt für einige Zeit seine Kneipe schließen, weil er abwechselnd von einem »Mafia-Boss« und einem »mit der Aufklärung der Sache betrauten Polizeibeamten« angerufen wurde. Beides war – der Qualtinger.

Doch er kehrte wieder heim – denn »schreiben kann i nur in Wien«.

Und so war er auf seiner langen Reise vom Medizinstudenten zum Journalisten, vom Lektor zum Kabarettisten, vom Schauspieler zum Regisseur zuletzt Schriftsteller geworden. Qualtinger schrieb Bücher. *Die rot-weißrote Rasse, Der Mörder und andere Leut, Drei Viertel ohne Takt* hießen die Satirenbände. Für Hans Weigel war er »weniger ein Original als ein Originalgenie. Qualtinger, was immer er sonst noch sein mag, ist ein legitimer Satiriker. Eines aber nur ganz und gar: ein Kabarettist, der Größte deutscher Sprache in diesem Jahrhundert (vorher gab es keine).«

Man ortete »Quasi«, den 100-Kilo-Mann mit den feinen, aristokratisch anmutenden Händen, in seinen letzten Jahren in den Wiener Innenstadtbeiseln Oswald und Kalb und Max in der Herrengasse. Immer auf Menschensuche, hat er die dort angetroffenen Typen in seinen Satiren »verbraten«. Aus der »Hamburger Emigration«, wie er sein Auslands-Zwischenspiel nannte, hatte er die Schauspielerin Vera Borek mitgebracht, die er in Wien heiratete. Zeitweise, gestand er selbst, »ein großer Trinker« zu sein.

»Wie legst du die Rolle an?«, fragte ihn Johann Sklenka im berühmt gewordenen Sketch zweier Schmierenkomödianten. Und er antwortete: »Hintergründig.«

Die Hintergründe hat Qualtinger immer erforscht, in allem, was er tat. Als er im Herbst 1973 in der Verfilmung von Thomas Bernhards *Kulterer* einen Häftling spielte, der Angst vor seiner Freilassung hat, ließ er sich tagelang in die Männerstrafanstalt Garsten sperren – in der dann auch gedreht wurde –, um die Gefängnisatmosphäre studieren zu können. »Ich hab mit den Gefangenen regen Kontakt gehabt«, erzählte mir Qualtinger, als ich ihn dort während der Dreharbeiten aufsuchte. Für ihn »war das Leben in der Anstalt deprimierend, aber keineswegs neu. Vor vielen Jahren bin ich selbst gesessen. Aus politischen Gründen, weil ich in den letzten Kriegswochen in einer Widerstandsbewegung war.«

Mit der Zeit sei in Garsten »eine gute Zusammenarbeit« zwischen Filmcrew und Häftlingen entstanden, die so weit ging, dass mehrere Gefangene – für Gagen von 45 bis 2000 Schilling – im *Kulterer* als Kleindarsteller mitwirkten. Qualtinger karikierte sich als Häftling der »Zelle 38« und schenkte mir das Werk am Ende meines Besuchs.

Selbstporträt Helmut Qualtingers, gezeichnet während der »Kulterer«-Dreharbeiten in der Strafanstalt Garsten, 1973.

Auch später sollte ich ihn noch einmal als skurrilen Zeitgenossen erleben. Er erschien zur Präsentation eines meiner Bücher, nahm in den eleganten Verlagsräumen einen schweren silbernen Kerzenleuchter vom Kamin, warf ihn beim Fenster hinaus. Und ging wieder.

Jeder Versuch, Qualtinger zu beschreiben, bleibt unvollständig. »Du bist«, hat ein Freund zu ihm gesagt, »kein Schauspieler, du bist ein Ereignis.«

QUELLENVERZEICHNIS

Rosa Albach-Retty, *So kurz sind hundert Jahre, Erinnerungen*. Aufgezeichnet von Gertrud Svoboda-Srncik, Wien–München 1978.

Anton Bauer, *Das Theater in der Josefstadt zu Wien*, Wien–München 1957.

Maxi Böhm, *Bei uns in Reichenberg, Unvollendete Memoiren*. Fertig erzählt von Georg Markus, Wien–München 1983.

Gerhard Bronner, *Die goldene Zeit des Wiener Cabarets, Anekdoten, Texte, Erinnerungen*, St. Andrä-Wördern 1995.

Burgtheater, *Aufführungen und Besetzungen von 200 Jahren*, Wien 1976.

Robert Dachs, *Oskar Werner, Ein Nachklang*, Wien 1988.

Marlene Dietrich, *Ich bin Gott sei Dank Berlinerin*, Berlin 1987.

Edda Fuhrich, Gisela Prossnitz (Hrsg.), *Max Reinhardt, Ein Theater, das den Menschen wieder Freude gibt ... Eine Dokumentation*, München–Wien 1987.

Edda Fuhrich, Gisela Prossnitz (Hrsg.), *Paula Wessely/Attila Hörbiger, Ihr Leben – ihr Spiel, Eine Dokumentation*, München–Wien 1985.

Anton Maria Girardi, *Das Schicksal setzt den Hobel an, Der Lebensroman Alexander Girardis*, Braunschweig 1941.

Ernst Haeusserman, *Das Wiener Burgtheater*, Wien–München–Zürich 1975.

Johannes Heesters, *Es kommt auf die Sekunde an, Erinnerungen an ein Leben im Frack*. Aufgezeichnet von Willibald Eser, München 1978.

Peter Herz, *Gestern war ein schöner Tag, Liebeserklärung eines Librettisten an die Vergangenheit*, Wien 1985.

Paul Hörbiger, *Ich hab' für euch gespielt, Erinnerungen*. Aufgezeichnet von Georg Markus, Wien–München 1979.

Curd Jürgens, *... und kein bisschen weise, Autobiographischer Roman*, Locarno 1976.

Margie Jürgens (Hrsg.), *Curd Jürgens, Wie wir ihn sahen. Erinnerungen von Freunden*, München–Wien 1985.

Karl Kraus, *Die Fackel*, München 1968–1970.

Georg Markus, *Das große Karl Farkas Buch*, Wien–München 1993.

Georg Markus, *Geschichten aus Österreich*, Wien–München 1987.

Georg Markus, *Geschichten der Geschichte*, Wien–München 1993.

Georg Markus, *Hans Moser, Ich trag im Herzen drin ein Stück vom alten Wien*, Wien–München 1980.

Georg Markus, *Hans Moser. Der Nachlass*, Wien 1989.

Georg Markus (Hrsg.), *Mein Elternhaus*, Düsseldorf 1990.

Georg Markus, *Katharina Schratt. Die heimliche Frau des Kaisers*, Wien–München 1982.

Georg Markus, *Schuld ist nur das Publikum, Geschichten aus dem Theater*, Wien–München 1994.

Georg Markus, *Sie werden lachen, es ist ernst, Eine humorvolle Bilanz des 20. Jahrhunderts aus Österreich*, Wien–München 1999.

Marie Mautner-Kalbeck, *Kainz. Ein Brevier*, Wien 1907.

Josef Meinrad, *Da streiten sich die Leut' herum... Aufgezeichnet von Gerd Holler*, Wien–München 1995.

Thierry de Navacelle, *Marlene Dietrich*, Berlin 1987.

Elisabeth Orth, *Märchen ihres Lebens, Meine Eltern Paula Wessely, Attila Hörbiger*, Wien–München–Zürich 1975.

Marcel Prawy, *Die Wiener Oper. Geschichte und Geschichten*, Wien–München–Zürich 1969.

Gottfried Reinhardt, *Erinnerungen an Max Reinhardt*, München–Zürich 1973.

Ines Rieder, *Wer mit wem? Berühmte Frauen und ihre Liebhaberinnen*, München 1997.

Heinz Rühmann, *Das war's, Erinnerungen*, Frankfurt am Main–Berlin 1982.

Heinz Rühmann, *Ein Leben in Bildern. Herausgegeben von Manfred Bartel*, Frankfurt am Main–Berlin 1987.

Salzburger Festspiele (Hrsg.), *70 Jahre »Jedermann«*, Salzburg 1990.

H. R. Schieferer, *Die Geschichte des Wiener Stadttheaters*, Dissertation, Wien 1967.

Heinrich Schweiger, *Bilder eines Schauspielers*. Aufgezeichnet von Ursula Schweiger-Stenzel, Neudörfl 1995.

Renate Seydel (Hrsg.), *Romy Schneider, Bilder ihres Lebens*, Berlin 1987.

Renate Seydel (Hrsg.), *Ich, Romy, Tagebuch eines Lebens*, München 1988.

Hans Thimig, *Neugierig wie ich bin, Erinnerungen*. Aufgezeichnet von Edda Fuhrich, Gisela Prossnitz und Renate Wagner, Wien–München 1983.

Hugo Thimig erzählt, Briefe und Tagebuchnotizen. Ausgewählt und eingeleitet von Franz Hadamovsky, Graz–Köln 1962.

Gerhard Tötschinger, *Christiane Hörbiger, Eine Biographie aus der Nähe*, München 1993.

Rudolf Ulrich, *Österreicher in Hollywood*, Wien 1993.

Hans Weigel, *Attila Hörbiger*, Velber bei Hannover 1963

Hans Weiss, Ronald Leopoldi, *In einem kleinen Café in Hernals ... Hermann Leopoldi und Helly Möslein*, Wien–München–Zürich o.J.

Friedrich Weissensteiner, *Publikumslieblinge*, Wien 1993.

Stefan Zweig, *Die Welt von Gestern, Erinnerungen eines Europäers*, Stockholm 1944.

Personenregister

Acosta, Mercedes de 243
Aichinger, Herbert 20
Albach, Karl Julius 127
Albach, Wolf 208
Albach-Retty, Rosa 11, 110, 112, 116f., 119ff., 208
Albach-Retty, Wolf 127, 208, 277
Albers, Hans 55, 225, 234
Alexander, Peter 160, 294
Almassy, Susanne 138
Altenberg, Peter 286
Amann, Erich 127f.
Andergast, Maria 250
Angeli, Heinrich von 89
Angerer, Rudolf 296, 312
Anschütz, Heinrich 111
Antel, Franz 44, 165, 253
Antheil, George 277
Armstrong, Louis 321
Aslan, Raoul 11, 96, 112f., 115, 162f.
Astaire, Fred 271
Austerlitz, Franz 271

Bacharach, Burt 246
Bachler, Klaus 118
Bahr, Hermann 56, 86, 138, 145
Balser, Ewald 96, 109, 143, 164f.
Bara, Theda 239
Bardot, Brigitte 294
Bartok, Eva 202
Basil, Friedrich 220ff.

Basler, Lulu 199
Bassermann, Albert 11, 79, 112, 143
Bäuerle, Adolf 133, 138
Baumeister, Bernhard 110, 112
Bécaud, Gilbert 312f.
Beethoven, Ludwig van 136
Benatzky, Ralph 291
Benedix, Roderich 87
Benning, Achim 116, 168
Berger, Helmut 215
Berger, Senta 271
Bergman, Ingrid 16, 250, 269, 276
Bergner, Elisabeth 11, 143, 242
Bernhard, Thomas 325
Bernheim, Maria 224
Bernstein, Leonard 313
Bey, Turhan 271
Biasini, Daniel 216
Biasini, Sarah 127, 216
Birch-Pfeiffer, Charlotte 90
Birgel, Willy 230
Bismarck, Otto von 120
Bizet, Georges 120
Blasel, Karl 137f.
Blatzheim, Hans-Herbert 210, 212
Bleibtreu, Hedwig 9, 112
Bogart, Humphrey 269, 276
Böhm, Alfred 61, 138
Böhm, Christine 310
Böhm, Huberta 311

Böhm, Max jun. 310
Böhm, Maxi 282, 294, 297, 307ff.,
Böhm, Michael 313
Böhm, Ursula 313
Bois, Curt 143
Borek, Vera 325
Bösendorfer, Ludwig 68
Boyer, Charles 275
Brahm, Otto 144
Brandauer, Klaus Maria 84, 118, 263, 271
Brando, Marlon 165
Brecht, Bertolt 203
Brod, Max 21
Bronner, Gerhard 319f.
Brynner, Yul 241
Buchmann, Iphigenie 148
Burckhard, Max 92
Burton, Richard 167
Buschek, Fräulein 20

Calderón de la Barca 105
Carl, Karl 136
Carl, Rudolf 295
Carreras, José 193f.
Caruso, Enrico 187ff.
Castell-Rüdenhausen, Wulf-Diether Graf 236
Castiglioni, Camillo 147
Chaplin, Charlie 43, 250
Chevalier, Maurice 241, 262, 302
Christie, Agatha 245
Chruschtschow, Nikita 264

Clair, René 244
Colbert, Claudette 271
Colette 242
Conrads, Heinz 294
Cooper, Gary 241, 260
Corelli, Franco 192
Crawford, Joan 261
Csokor, Franz Theodor 165
Curtiz, Michael 269
Czernin, Ottokar Graf 105f.

Dagover, Lil 143
Dahlke, Paul 143
Damm, Helene von 323
Darvas, Lili 143
Darwin, Charles 120f.
Day, Doris 270
De Mille, Cecil B. 276
De Niro, Robert 262
DeBakey, Michael 205
Degischer, Vilma 11, 138, 143, 151f., 155ff.
Degler, Marion 138
Delon, Alain 213ff.
Dene, Kirsten 118
Deutsch, Ernst 110, 143, 270
Devrient, Max 109
Dietrich, Marlene 9, 55, 232, 237ff., 251, 260, 312
Dingelstedt, Franz von 110, 152
Domingo, Placido 193f.
Dorn, Egon 287
Dorsch, Käthe 110, 143
Dostojewski, Fjdor Michailowitsch 120
Douglas, Kirk 260
Droemer, Hertha 227
Duhm, Fräulein 20
Düringer, Annemarie 110

Edison, Thomas Alva 295
Eggerth, Marta 293
Eichberg, Richard 230f.
Eidlitz, Karl 117

Eis, Maria 109, 288
Eisenbach, Heinrich 39
Elisabeth, Kaiserin 89, 108, 129, 211, 215ff.
Elizabeth II., Königin von England 183
Elßler, Fanny 138
Eybner, Richard 112, 130

Fairbanks, Douglas jr. 241
Falckenberg, Otto 221f.
Farkas, Anny 289, 297f.
Farkas, Elisabeth 284
Farkas, Franziska 282
Farkas, Karl 11, 42f., 281ff., 308ff.
Farkas, Käthe 284
Farkas, Moriz 283
Farkas, Robert 298f.
Farkas, Stefan 284f.
Feiler, Hertha 225, 227
Figl, Leopold 58, 322
Flatow, Curth 174
Flick, Friedrich Karl 204
Fontane, Theodor 88
Ford, Glenn 264
Formes, Margarethe 90
Forst, Willi 22, 44, 55, 202, 232, 250ff.
Franz Ferdinand, Erzherzog 286
Franz Joseph I., Kaiser 64, 67f., 70, 86, 88ff., 93f., 108f., 121, 128f., 211
Freud, Sigmund 198f., 261
Freund, Gerhard 322f.
Frey, Erik 138
Friedell, Egon 98, 148, 286
Friedrich der Große, König von Preußen 234
Fritsch, Willy 209, 223, 230ff.
Fröhlich, Gustav 230

Gabillon, Ludwig 109
Gabin, Jean 241

Gable, Clark 261, 276
Gaisberg, Fred 191
Ganz, Bruno 84
Garbo, Greta 9, 242f.
George, Heinrich 143
Gessner, Adrienne 81, 112, 116, 285
Gettke, Josepha 53f.
Gigli, Benjamino 192
Giordano, Umberto 189
Girardi, Alexander 63ff., 79, 109, 138, 251, 255
Girardi, Leonie 68
Glas, Uschi 10
Gläser, Franz 136
Goebbels, Joseph 56, 177, 224, 233, 245, 252
Goethe, Johann Wolfgang von 105, 148, 157f., 198
Gogol, Nikolaj W. 153
Gold, Käthe 110, 163
Goldoni, Carlo 148, 153
Göring, Hermann 224
Gottschlich, Hugo 81
Granichstaedten, Bruno 43
Grant, Cary 250, 286
Grillparzer, Franz 92, 105, 202, 300
Grünbaum, Fritz 290ff., 309, 314
Gründgens, Gustaf 11, 165
Grünfeld, Alfred 69
Gutmayer, Direktor 37
Gutwenger, Madeleine 20
Gyimes, Wilhelm 238

Haas, Waltraut 254
Haase, Friedrich 79
Habsburg, Otto von 128
Hacker, Friedrich 204ff., 323
Hackl, Karlheinz 84, 118
Haenel, Nikolaus 321
Haeusserman, Ernst 26, 80, 143, 167

Haizinger, Amalie 111, 157f.
Haley, Bill 321
Harell, Marte 253
Hartl, Karl 11, 163, 225, 251, 254
Harvey, Lilian 223, 230ff.
Hasdeu, Grete 45
Hasenauer, Karl von 109
Haubenstock, David Christopher 216f.
Hauptmann, Gerhart 16, 125, 202f.
Havilland, Olivia de 271
Hebbel, Friedrich 202
Heesters, Johannes 11, 173ff., 230
Heesters, Wiesje 175
Heims, Else 145
Heine, Albert 118
Heintel, Kurt 138
Heltau, Michael 84, 117f.
Hemingway, Ernest 241, 246
Hennings, Fred 112
Henreid, Paul 268f.
Hepburn, Audrey 262
Hepburn, Katherine 271
Herz, Peter 303
Hey, Peter 313
Heymann, Werner Richard 223
Hilpert, Heinz 98
Hinterstoisser, Dr. 68
Hitchcock, Alfred 244, 260, 269
Hitler, Adolf 36, 44, 56, 148, 165, 177f., 225, 233f., 245, 250, 263, 275, 305
Hoffman, Dustin 262
Hoffmann, Joseph 66f.
Hoffmann, Paul 112
Hofmannsthal, Hugo von 74, 145, 148, 198
Hohenfels, Stella 92, 109, 129

Holaubek, Josef 114
Holden, William 264
Holt, Hans 138, 223, 250, 252, 254f.
Holt, Renate 250
Holtei, Karl von 137
Holzmeister, Judith 110, 202
Honecker, Erich 234
Hörbiger, Alfred 51
Hörbiger, Attila 9, 11, 18, 23ff., 27, 29, 51f., 54, 84, 95ff., 112, 130, 143, 163
Hörbiger, Christiane 101
Hörbiger, Hanns 51f., 99
Hörbiger, Maresa 27, 101, 118
Hörbiger, Paul 11, 29, 34, 44, 47ff., 96, 99ff., 112, 115, 143, 163, 169, 220, 223f., 232, 234, 250, 252, 254
Hörbiger, Thommy 59
Hoven, Adrian 254
Hradsky, Fräulein 20
Huber, Gusti 109, 199
Huber, Josef 134f.
Huber, Leopold 134
Hummel, Fanny 153
Hurdes, Felix 322

Ibsen, Henrik 26, 92, 100, 117, 138
Iffland, August Wilhelm 83
Imhoff, Fritz 160, 252
Innitzer, Theodor Kardinal 80

Jakob, Winnie 99
Janitschek, Hans 277
Jannings, Emil 143, 240
Jaray, Hans 143, 200
Jarno, Josef 38, 138
Jelinek, Elfriede 25
Jente, Martin 300
Jeritza, Maria 193

Jesserer, Gertraud 118
Joseph II., Kaiser 104f.
Juhnke, Harald 10
Julier, Franz 37
Julier, Serafina 37
Jürgens, Curd 11, 29, 44, 110, 197ff., 253
Jürgens, Margie 198, 205
Jürgens, Simone 203

Kainz, Josef 9, 92, 110f., 125, 129
Kaiser, Joachim 30
Kalbeck, Florian 25
Kallina, Elisabeth 162
Kálmán, Emmerich 43
Karajan, Herbert von 144
Karlweis, Oskar 143, 223
Karoly, Lily 138
Kastner, Bruno 233
Kaunitz, Alois Wenzel Fürst 104f.
Käutner, Helmut 202
Kehlmann, Michael 319
Kelly, Gene 270
Kemp, Paul 225
Kennedy, John F. 264
Kiepura, Jan 192ff., 293
Kinsky, Ulrich Graf 146
Kissinger, Henry 312
Kleist, Heinrich von 88, 153, 202
Klingenberg, Gerhard 130
Knef, Hildegard 230, 312
Köck, Johann Michael 132f., 135
Kolmann, Ossy 294, 297
Kolowrat, Alexander Graf 251
Kornhäusel, Josef 136
Kortner, Fritz 26, 117, 270
Kramer, Leopold 52f.
Kramer, Stanley 167
Kraner, Cissy 295
Kraus, Alfredo 192

Kraus, Karl 93, 108, 286
Krauß, Werner 11, 29, 77ff., 96, 113ff., 143, 163, 165
Kreisky, Bruno 51, 312
Kubelik, Jan 287
Kuh, Anton 42, 69, 286
Kulenkampff, Hans Joachim 300, 314

Lamac, Carl 55
LaMarr, Barbara 275
Lamarr, Hedy 268, 273ff.
Lang, Fritz 55, 232, 244, 269, 270
Lang, Lotte 138
Lanner, Joseph 137
La Roche, Carl 112
Laube, Heinrich 88, 107
Laughton, Charles 245
Leander, Zarah 55, 230
Lederer, Francis 268, 271
Lehár, Franz 40, 176
Leigh, Vivian 167
Lemmon, Jack 215, 260
Léon, Victor 177
Leopoldi, Ferdinand 303
Leopoldi, Hermann 301ff.
Leopoldi, Jenny 303
Leopoldi, Norbert 303
Leopoldi, Ronald 305
Lessing, Gotthold Ephraim 92, 108
Lewinsky, Josef 107, 125
Liewehr, Fred 112, 117, 143f.
Lindner, Robert 110
Lindtberg, Leopold 98, 166
Lingen, Theo 143
Liszt, Franz 120
Litvak, Anatole 164
Lohner, Helmuth 84, 110, 139
Löhner-Beda, Fritz 40ff.
Lorre, Peter 268
Lothar, Ernst 98, 163

Lubitsch, Ernst 244
Ludwig II., König von Bayern 111, 215

MacLaine, Shirley 262
Mandl, Fritz 274f.
Mann, Heinrich 240
Mann, Thomas 143, 149
Marconi, Guglielmo 295
Marecek, Heinz 138
Maria Theresia, Kaiserin 93, 104
Marie Valerie, Erzherzogin 91, 128
Marischka, Ernst 210ff.
Marischka, Hubert 43, 177
Marischka, Lilli 210
Marlen, Trude 208
Marvin, Lee 167
Matthau, Walter 260
Mature, Victor 276
Matz, Johanna 254
Mayer, Elisabeth 132
Mayer, Karl 132ff., 137
Mayer, Louis B. 275
Medelsky, Lotte 111, 125
Meinrad, Germaine 74, 76, 82ff.
Meinrad, Josef 11, 73ff., 110, 160, 254
Merz, Carl 319, 321, 324
Metternich, Pauline Fürstin 65
Meyen, Harry 215f.
Meyer, Robert 84, 118
Miller, Glenn 321
Milskaya, Betja 305
Mitterwurzer, Friedrich 110
Moissi, Alexander 79, 104, 112, 143
Molière 148
Molnár, Franz 27, 138
Monaco, Mario del 192
Monroe, Marilyn 260, 268
Montand, Yves 204

Moore, Roger 204
Moreau, Jeanne 167, 214
Mosenthal, Salomon Hermann von 86
Moser, Blanca 35f., 39, 44
Moser, Hans 29, 33ff., 59, 143, 160, 204f., 250, 252, 254f., 274, 288, 297
Moser, Josef 38
Möslein, Helly 305
Mozart, Wolfgang Amadeus 105
Muliar, Fritz 84, 118, 294
Müller, Johann Heinrich 105
Mussolini, Benito 275
Müthel, Lothar 162, 165, 202

Nentwich, Marianne 138
Nestroy, Johann 64, 74, 81f., 100f., 108, 136, 138, 160, 300
Neumayr, Anton 160, 206
Nicoletti, Susi 45, 110
Niese, Hansi 20, 138
Nötel, Luis 90

O'Hara, Maureen 271
O'Toole, Peter 215
Odilon, Helene 65f., 68
Olivier, Laurence 167
Orth, Elisabeth 101, 118
Ott, Elfriede 138

Pabst, G. W. 232
Pallenberg, Max 42f., 79, 138, 143, 148
Paryla, Karl 21
Pasternak, Joe 270
Pavarotti, Luciano 188, 192ff.
Pekny, Romuald 84
Petters, Heinz 84
Peymann, Claus 107, 118

Philip, Herzog von Edinburgh 183
Philipp, Gunther 160
Piaf, Edith 242
Piccaver, Alfred 193f.
Pick, Gustav 65
Picker, Baruch 297
Pluhar, Erika 118
Pokorny, Franz 137
Polgar, Alfred 98, 204, 286
Pommer, Erich 231
Power, Anne 164
Power, Tyrone 164
Prack, Rudolf 232
Prawy, Marcel 191, 194, 287
Preminger, Otto 80, 215, 268, 270
Ptack, Christl 60
Puccini, Giacomo 189

Quadflieg, Will 84
Qualtinger, Christian 319
Qualtinger, Helmut 11, 317ff.
Qualtinger, Leomare 319
Quinn, Anthony 167

Raimund, Ferdinand 27, 65, 69, 74, 92, 100f., 134, 138, 160
Reagan, Ronald 264, 276, 323
Rebroff, Ivan 313
Redford, Robert 261
Reimers, Georg 109
Reinhardt, Edmund 145
Reinhardt, Gottfried 145, 148
Reinhardt, Max 10, 21, 43f., 54, 98, 100, 108, 112, 138, 141ff., 153, 155f., 222, 240, 269, 274
Reisch, Walter 270
Reischel, Wolfgang 135, 137

Remarque, Erich Maria 165, 241
Rethel, Simone 175
Richter, Helene 111
Rilke, Rainer Maria 198
Riva, Maria 242
Roda Roda, Alexander 52
Rogers, Ginger 271
Rökk, Marika 176, 230
Roller, Alfred 154
Romanowsky, Richard 143
Rosar, Annie 200f., 322f.
Rosenthal, Hans 312
Rossini, Gioacchino 193
Rothschild, Albert Baron 66, 68
Rudolf, Kronprinz 217
Rudolf, Leopold 138f.
Rueprecht, Albert 138
Rühmann, Heinz 9, 11, 55, 143, 167, 219ff., 230, 274
Rühmann, Peter 226

Sachs, Gunther 204
Salten, Felix 64, 70, 155
Sandrock, Adele 92, 109
Schell, Maria 164
Schell, Maximilian 247
Schenk, Otto 84, 139, 294
Schiller, Friedrich 100, 104f., 118, 134, 148, 202, 220
Schlenther, Paul 92f., 110
Schlichter, Rudolf 147
Schmalvogel, Karl 182f.
Schnauber, Cornelius 269f.
Schneider, Magda 208f., 217
Schneider, Romy 126ff., 167, 207ff.
Schnitzler, Arthur 45, 92, 108, 138, 198, 213, 261
Scholz, Wenzel 136
Schöne, Hermann 153
Schönerer, Alexandrine von 65

Schönthan, Franz von 93
Schopf, Hansi 108f.
Schratt, Katharina 67, 85ff., 107f., 112, 125
Schreyvogel, Joseph 105ff.
Schubert, Franz 29
Schuschnigg, Kurt 292
Schwandner, Anton 20
Schwarzenegger, Arnold 263, 271
Schweiger, Heinrich 78, 117, 168
Seidler, Alma 117, 143
Sekler, Eduard 42
Sellers, Peter 215
Selliers, Franz 104
Semper, Gottfried 109
Serre, Henri 167
Shakespeare, William 53, 92, 100, 105, 147f., 164
Shaw, George Bernard 16, 21
Sieber, Rudolf 241, 246
Signoret, Simone 167
Sima, Oskar 254
Sinatra, Frank 270
Sklenka, Johann 325
Skoda, Albin 11, 96, 163, 165
Slezak, Leo 192, 287
Sonnenthal, Adolf Ritter von 92, 107ff., 125
Spiegel, Sam 270
Springer, Georg 84
Stallone, Sylvester 261
Stefano, Giuseppe di 192
Stein, Leo 177
Steinhauer, Erwin 84
Stejskal, Franz Ritter von 67
Stern, Walter 297f.
Sternberg, Josef von 232, 238f., 241, 243, 245, 270
Stewart, James 276
Stolz, Robert 42, 293
Stoß, Franz 138, 313
Strakosch, Alexander 87

Strauß, Johann Sohn 64f., 70, 120, 148, 252
Strauß, Johann Vater 137
Strauss, Richard 145, 261, 287
Strawinsky, Igor Fjodorowitsch 313
Strindberg, August 138
Stroheim, Eric von 269f.
Suppé, Franz von 137

Tauber, Richard 192
Taylor, Liz 250
Taylor, Robert 236, 276
Thiele, Wilhelm 223
Thimig, Fritz 152
Thimig, Hans 143, 151f., 154, 156ff.
Thimig, Helene 24, 143, 147, 149, 151f., 154, 156
Thimig, Hermann 11, 112, 143, 151ff.
Thimig, Hugo 90, 109, 112, 118, 151ff., 157f.
Tracy, Spencer 261, 276
Tramitz, Monica 60
Treitinger, Käthe 284
Trenker, Luis 233
Tressler, Otto 112
Treumann, Louis 177
Truffaut, François 167
Tucholsky, Kurt 292

Udet, Ernst 203, 224
Ulbricht, Walter 234

Ullrich, Luise 230, 232, 235f.
Uridil, Pepi 303

Ventura, Lino 204
Verdi, Giuseppe 189
Victoria, Königin von England 120, 210f.
Viertel, Berthold 98
Visconti, Luchino 215
Vlck, Mizzi 20
Voss, Gert 84, 118
Vrana, Arnos 61

Wagner, Richard 120, 193
Wagner-Jauregg, Julius 66f.
Waldbrunn, Ernst 138, 294ff., 300
Waldoff, Claire 242
Wallace, Edgar 55
Wayne, John 241, 264
Wedekind, Frank 138
Weigel, Hans 99, 318, 324
Weil, Robert 189
Weingart, Felix 100
Weis, Fred 282
Weiss, Friedl 40
Weissmüller, Johnny 271
Welitsch, Ljuba 181ff.
Welles, Orson 215, 244
Werbezirk, Gisela 42, 138
Werfel, Franz 98, 198, 203, 322
Werner, Oskar 9, 11, 44, 77f., 84, 110, 159ff., 271

Wessely, Anna 19
Wessely, Carl 19
Wessely, Josefine 18f.
Wessely, Paula 9, 11, 15ff., 55, 95, 97ff., 110, 112, 116, 143, 156, 163, 250, 255, 287
Wicki, Bernhard 271
Wiener, Hugo 238, 294f., 313
Wiesenthal, Fritz 303
Wiesenthal, Simon 25
Wilbrandt-Baudius, Auguste 112
Wilder, Billy 11, 232, 244f., 259f., 262ff., 268ff., 271
Wildgans, Anton 112
Wilhelm I., deutscher Kaiser 88
Winter, Frau 178
Wohlbrück, Adolf 17
Wohlgemuth, Else 112
Woiwode, Lina 254
Wolter, Charlotte 10, 82, 107
Wyler, William 166
Wyman, Jane 264

Zasche, Theo 69
Zechel, Josef 20
Zelta, Franz 161
Zinnemann, Fred 268, 270f.
Zuckmayer, Carl 16, 98, 156, 203, 226
Zweig, Stefan 10, 203

»Vergnüglich formulierte Zeitdokumente«

Prominente Stimmen über Georg Markus und seine Bücher

»Ich liebe es, Leuten zu begegnen, von denen ich etwas lernen kann. Einer von ihnen ist mein Freund Georg Markus. Seine historischen Reportagen sind überaus informativ, aber auch in höchstem Maße vergnüglich. Ich meine, dass man für ihn einen neuen Titel erfinden müsste. Georg Markus ist der große, unerreichte Professor der Austrologie - nicht der Astrologie, sondern der Austrologie!«
MARCEL PRAWY

»Georg Markus, Austria's highest profile celebrity journalist.«
»THE GUARDIAN«, London

»Das ist ein hoch gelungenes, respektables Buch, das ich fasziniert gelesen habe. Eine Biografie, wie sie sein soll.«
HANS WEIGEL ÜBER DIE SIGMUND-FREUD-BIOGRAFIE VON GEORG MARKUS

»Er ist nicht nur einer der liebenswürdigsten Kollegen unserer Branche - er ist auch einer der besten. Seine Recherchen haben sehr oft historische Dimension, seine Bücher und Artikel sind vergnüglich formulierte Zeitdokumente. Gäbe es einen Georg Markus nicht schon, müsste man ihn erfinden.«
ALFRED WORM, HERAUSGEBER »NEWS«

»Lesenswert und kurzweilig!«
»BERLINER ILLUSTRIRTE ZEITUNG« ÜBER DAS MARKUS-BUCH »SCHULD IST NUR DAS PUBLIKUM«

»Georg Markus ist ein Meister des leichten, lockeren Erzählens.«
FRITZ MULIAR

»Eine ausgezeichnete Biografie, kenntnisreich und spannend.«
GÜNTHER NENNING ÜBER DIE FREUD-BIOGRAFIE VON GEORG MARKUS

»Georg Markus ist ein Sherlock Holmes der Geschichtsschreibung, sein Buch »Tausend Jahre Kaiserschmarrn« ist Satire vom Allerfeinsten. Er hat ein fabelhaftes Geschichtsbuch geschrieben. So sollte an unseren Schulen der Geschichtsunterricht aussehen. Geschichte begreift man am besten, wenn Geschichten erzählt werden.«
HEINZ SCHEWE, »ISRAEL NACHRICHTEN«

»Markus ist der fleißigste Sammler von Anekdoten seit Friedrich Torberg.«
RENÉ FREUND, »WIENER ZEITUNG«

»Wer etwas Kurzweiliges lesen und dabei auch noch was lernen, über die Vergangenheit etwas erfahren und ab und zu auch schmunzeln will, ist mit diesem Buch bestens bedient.«
»WELT AM SONNTAG« ÜBER »GESCHICHTEN DER GESCHICHTE« VON GEORG MARKUS

»Georg Markus, der profundeste Kenner der Komödianten.«
»TELEMAX« ROBERT LÖFFLER, »KRONEN ZEITUNG«

Amalthea